직독직해로 읽는

안네의 일기

The Diary of a Young Girl

직독직해로 읽는

안네의 일기

The Diary of a Young Girl

개정판 1쇄 발행 2019년 4월 10일
초판 1쇄 발행 2011년 6월 20일

원작	안네 프랑크
역주	더 콜링(김정희, 박윤수, 이혜련)
디자인	DX
일러스트	정은수
발행인	조경아
발행처	랭귀지북스
주소	서울시 마포구 포은로2나길 31 벨라비스타 208호
전화	02.406.0047 **팩스** 02.406.0042
이메일	languagebooks@hanmail.net
홈페이지	www.languagebooks.co.kr
등록번호	101-90-85278 **등록일자** 2008년 7월 10일
ISBN	979-11-5635-113-9 (13740)
가격	13,000원

ⓒ LanguageBooks 2011

이 도서의 국립중앙도서관 출판예정도서목록(CIP)은 서지정보유통지원시스템 홈페이지(http://seoji.nl.go.kr)와
국가자료공동목록시스템(http://www.nl.go.kr/kolisnet)에서 이용하실 수 있습니다. (CIP제어번호 : CIP2019011582)

직독직해로 읽는

안네의 일기

The Diary of a Young Girl

안네 프랑크 원작
더 콜링 역주

Language Books

머리말

"어렸을 때 누구나 갖고 있던 세계명작 한 질.
그리고 TV에서 하던 세계명작 만화에 대한 추억이 있습니다."

"친숙한 이야기를 영어 원문으로 읽어 봐야겠다고 마음 먹고 샀던 원서들은
이제 애물단지가 되어 버렸습니다."

"재미있는 세계명작 하나 읽어 보려고 따져 보는 어려운 영문법,
모르는 단어 찾느라 이리저리 뒤져 봐야 하는 사전.
몇 장 넘겨 보기도 전에 지칩니다."

영어 독해력을 기르려면 술술 읽어가며 내용을 파악하는 것이
중요합니다. 현재 수능 시험에도 대세인 '직독직해' 스타일을 접목시
킨 〈직독직해로 읽는 세계명작 시리즈〉는 세계명작을 영어 원작으
로 쉽게 읽어갈 수 있도록 안내해 드릴 것입니다.

'직독직해' 스타일로 읽다 보면, 영문법을 들먹이며 따질 필요
가 없으니 쉽고, 끊어 읽다 보니 독해 속도도 빨라집니다. 이 습관
이 들여지면 어떤 글을 만나도 두렵지 않을 것입니다.

명작의 재미를 즐기며 영어 독해력을 키우는 두 마리의 토끼
를 잡으세요!

〈직독직해로 읽는 세계명작 시리즈〉의 나의 소중한 파트너 오랜 친구 윤수, 쿨하게 이번 번역 작업을 함께해 준 번역자 혜련 씨와 바쁜 일정 중에도 따뜻한 문자로 안부 묻던 일러스트레이터 은수 씨, 좋은 동역자 디자인 DX, 그리고 이 책이 출판될 수 있도록 늘 든든하게 지원해 주시는 랭귀지북스에 감사의 마음을 전합니다.

마지막으로 내 삶의 이유가 되시는 하나님께 영광을 올려 드립니다.

더 콜링 김정희

목차

I hope I shall be able to confide in you completely,

as I have never been able to do in anyone before,

and I hope that you will be a great support and

comfort to me.

네게 비밀을 모두 털어 놓을 수 있게 되기를 바라며,

전에는 누구에게도 할 수 없었기에,

그리고 또한 네가 나에게 커다란 지지와 위안이 되어 주길.

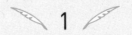

1

Sunday, 14 June, 1942
1942년 6월 14일 일요일

On Friday, June 12th, / I woke up at six o'clock / and no
6월 12일 금요일에는,　　　　　6시에 깼어　　　　　　　놀랄 일도

wonder; / it was my birthday. But of course / I was not
아니지;　　　　그날은 내 생일이었거든.　　하지만 물론　　　나는 안 돼

allowed / to get up at that hour, / so I had to control my
　　그렇게 일찍 일어나서는,　　　　　　그래서 호기심을 눌러야 했지

curiosity / until a quarter to seven. Then I could bear
　　　　　6시 45분까지.　　　　　　그리고는 더 이상 참을 수 없었어,

it no longer, / and went to the dining room, / where I
　　　　　　　　그래서 식당으로 갔지,

received a warm welcome / from Moortje (the cat).
거기에서 따뜻한 환영을 받았어　　　무제(고양이)한테.

Key Expression

treat의 의미

treat는 '대하다, 다루다, 처리하다' 등의 의미를 가진 동사입니다.
특히 'treat + 사람 + to~'의 형태로 쓰일 때는 '(사람)에게 ~을 대접하다'라
는 뜻을 나타냅니다.

ex) During recess I treated everyone to sweet biscuits.
　　쉬는 시간에 나는 모두에게 달콤한 비스킷을 대접했어.
　　Fanny had been going out with another boy and treated her accordingly.
　　파니는 다른 남자애와 데이트를 했고 그래서 그 애를 똑같이 대했어.

---

curiosity 호기심 | bear 참다, 견디다 | no longer 더 이상 ~이 아닌 | undo 풀다 | possibly 아마 | peony
모란, 작약 | thoroughly 완전히 | spoil 망치다, 응석받이로 키우다 | terrific 멋진, 훌륭한 | call for 데리러 오다
| recess 쉬는 시간

Soon after seven / I went to Mummy and Daddy / and
7시가 지나고 바로　　　엄마와 아빠한테 갔어

then to the sitting room / to undo my presents. The first
그리고 나서 거실로 갔어　　　내 선물을 풀으려고.

to greet me / was you, / possibly the nicest of all. Then
날 처음 맞은 것은　너였어.　아마 가장 멋진 선물인.

on the table / there were / a bunch of roses, / a plant, /
그리고 테이블 위에　있었지　장미꽃 다발과,　묘목,

and some peonies, / and more arrived / during the day.
그리고 작약꽃 몇 송이가　더 많이 도착했어　그날 동안에.

I got masses of things / from Mummy and Daddy, / and
여러 가지 선물들을 받았어　엄마와 아빠에게서,

was thoroughly spoiled / by various friends. Among
그리고 완전히 응석받이가 되어 버렸지　친구들에게서 받은 선물들로.

other things I was given / *Camera Obscura*, / a party
내가 받은 것들은　〈카메라 옵스큐라〉라는 책과,　파티 게임,

game, / lots of sweets, / chocolates, / a puzzle, / a brooch,
많은 사탕,　초콜릿,　퍼즐,　브로치,

/ *Tales and Legends of the Netherlands* by Joseph Cohen,
요셉 코엔이 쓴 〈네덜란드의 설화와 전설〉,

/ *Daisy's Mountain Holiday* / (a terrific book), / and some
〈데이지의 산 속 휴가〉　(멋진 책이지),

money. Now I can buy / *The Myths of Greece and Rome*
그리고 돈.　이제 난 살 수 있어　〈그리스와 로마 신화〉를

/ — grand!
— 멋지지!

Then Lies called for me / and we went to school. During
그때 리스가 나를 데리러 왔고　우리는 학교에 갔지.

recess / I treated everyone to sweet biscuits, / and then
쉬는 시간에　난 모두에게 달콤한 비스킷을 대접했어.

we had to go back / to our lessons.
그리고 다시 해야 했지　우리 수업을.

Now I must stop. Bye-bye, / we're going to be great pals!
이제 그만 써야겠어.　안녕,　우리는 좋은 친구가 될 거야!

Monday, 15 June, 1942
1942년 6월 15일 월요일

I had my birthday party / on Sunday afternoon. We
내 생일 파티를 했어   일요일 오후에는.   우리는

showed / a film *The Lighthouse Keeper* with Rin-Tin-
보여 줬지   명견 린틴틴이 나오는 〈등대지기〉라는 영화를,

Tin, / which my school friends thoroughly enjoyed. We
          내 친구들이 정말 즐겁게 봤어.

had a lovely time. There were lots of girls and boys.
우리는 멋진 시간을 보냈어.   많은 여자 친구들과 남자 친구들이 있었지.

Mummy always wants to know / whom I'm going to
엄마는 언제나 알고 싶어 하셔   내가 누구와 결혼할지.

marry. Little does she guess / that it's Peter Wessel; / one
          엄마는 짐작도 못 하시지   페터 베셀이라는 것을;

day / I managed, / without blushing / or flickering an
하루는   겨우 했지,   얼굴을 붉히거나   눈 한 번 깜박거리지 않고,

eyelid, / to get that idea right / out of her mind. For years
          그 생각은 지워 버리시라고   엄마의 마음속에서.   몇 년 간

/ Lies Goosens and Sanne Houtman / have been my best
리스 고센과 산네 하우트만이   내 가장 친한 친구들이었어.

friends. Since then, / I've got to know Jopie de Waal /
          그리고는,   요피 드 발을 알게 되었어

at the Jewish Secondary School. We are together a lot /
유대인 중학교에서.   우리는 많은 시간을 함께해

and she is now my best girl friend. Lies is more friendly
그리고 그녀는 지금 나의 제일 친한 친구야.   리스는 다른 친구와 더 친하게

with another girl, / and Sanne goes to a different school,
지내고,   산네는 다른 학교에 다니는데,

/ where she has made new friends.
          거기에서 새 친구를 사귀었어.

lighthouse 등대 | little 거의 없는 | manage to 간신히 해내다

Saturday, 20 June, 1942
1942년 6월 20일 토요일

Dear Kitty,
키티에게,

I haven't written for a few days, / because I wanted first of
며칠 동안 일기를 쓰지 않았어,   왜냐하면 먼저 생각하고 싶었거든.

all to think / about my diary. It's an odd idea / for someone
내 일기에 대해.   이상한 발상이야   나같은 사람이

like me / to keep a diary; / not only because I have never
일기를 쓴다는 것은;   한 번도 쓴 적이 없기 때문이기도 하고

done so / before, / but because it seems to me / that neither
전에,   보이는 것 때문이기도 해

I — nor for that matter anyone else — / will be interested
나나 — 그 일에 관해 다른 사람도 —   관심이 없을 것처럼

/ in the unbosomings / of a thirteen-year-old schoolgirl.
비밀을 털어 놓은 일에   13살짜리 학생의.

Still, / what does that matter? I want to write, / but more
여전히,   무슨 상관이람?   나는 쓰고 싶고,   무엇보다,

than that, / I want to bring out / all kinds of things / that lie
꺼내 놓고 싶어   모든 종류의 이야기를

buried deep in my heart.
내 가슴 깊숙이 묻혀 있는.

There is a saying / that "paper is more patient than man";
격언이 있어   "종이는 사람보다 인내심이 강하다"라는;

/ it came back to me / on one of my slightly melancholy
이 말이 떠올랐어   약간 우울한 날이면,

days, / while I sat chin in hand, / feeling too bored and limp
손에 턱을 고고 앉아 있었을 때,   너무 지루하고 축 처져서

/ even to make up my mind / whether to go out or stay at
마음을 정하지 못한 채   밖에 나갈지 집에 있을지.

home. Yes, / there is no doubt / that paper is patient / and as
그래,   틀림없이   종이는 인내심이 있어

I don't intend to show / this cardboard-covered notebook, /
나는 보여 줄 생각이 없으니까   이 두꺼운 표지의 공책을,

unbosom 비밀을 털어놓다 | saying 속담, 격언 | limp 축 늘어진 | there is no doubt that~ 의심의 여지가
없다, 틀림없이 ~하다 | string (사람, 동물의) 한 떼, 줄 | glimpse 힐끗 보기 | stubborn 다루기 힘든, 대하기
어려운

bearing the proud name of "diary," / to anyone, / unless I
"일기"라는 자랑스러운 이름을 가진,　　　　아무에게도,

find a real friend, / boy or girl, / probably nobody cares.
진정한 친구를 찾지 않는 이상,　남자든 여자든,　아마 아무도 신경 쓰지 않을 거야.

And now I come to the root of the matter, / the reason for
그리고 지금 문제의 근원인,

my starting a diary: / it is that I have no such real friend.
내가 일기 쓰기를 시작하는 이유는:　진정한 친구가 없다는 거야.

Let me put it more clearly, / since no one will believe
좀 더 명확하게 말한다면,　　아무도 믿지 않을 것이기 때문이야

/ that a girl of thirteen feels herself / quite alone in the
13살짜리 소녀가 느끼거나　　　이 세상에 자기 혼자라고,

world, / nor is it so. I have darling parents / and a sister
실제 혼자라는 것을. 사랑하는 부모님이 계시고　16살 언니가 있기는 해.

of sixteen. I know about thirty people / whom one might
약 30명 정도의 사람을 알고 있고　　친구라고 부를 수 있는

call friends / — I have strings of boy friends, / anxious
— 남자 아이들도 줄을 서 있지,

to catch a glimpse of me / and who, / failing that, / peep
내가 한 번이라도 봐 주기를 바라는　그리고,　내가 봐 주지 않으면,

at me through mirrors / in class. I have relations, / aunts
거울로 나를 훔쳐보는　　교실에서.　친척들이 있고,

and uncles, / who are darlings too, / a good home, / no
이모나 삼촌같은,　역시 사랑하는,　좋은 집도 있지,

— I don't seem to lack anything. But it's the same with
아니야 — 아무것도 부족한 것이 없는 것 같아.　하지만 다른 친구들과 같아,

all my friends, / just fun and joking, / nothing more. I
그저 장난치거나 농담하는 것일 뿐,　더 이상은 아니야.

can never bring myself to talk / of anything outside the
결코 말할 수 없어　　일상적인 이야기 외에는.

common round. We don't seem to be able to get any
더 가까워질 수 없는 것 같고,

closer, / that is the root of the trouble. Perhaps I lack
그것이 문제의 근원이야.　아마 자신감이 부족한

confidence, / but anyway, / there it is, / a stubborn fact /
것이겠지만,　어쨌든,　있고,　풀기 어려운 사실이

and I don't seem to be able to do anything / about it.
어떻게도 할 수 없어　　그 문제에 대해서는.

15

Hence, / this diary. In order to enhance in my mind's
그래서, 이 일기를 쓰는 거야. 내면의 눈을 강화하기 위해

eye / the picture of the friend / for whom I have waited
친구의 모습을 보는 내가 그렇게 기다려 왔던,

so long, / I don't want to set down / a series of bald facts
적고 싶지는 않아 숨김없는 사건들을 나열하여

/ in a diary / like most people do, / but I want this diary
일기에 대부분의 사람들이 하는 것처럼, 일기 자체가 내 친구가 되었으면

itself to be my friend, / and I shall call my friends Kitty.
좋겠어, 그래서 키티라고 부를래.

No one will grasp / what I'm talking about / if I begin
아무도 이해하지 못할 거야 내가 무슨 이야기를 하려는지 키티 네게 편지를

my letters to Kitty / just out of the blue, / so, / albeit
쓰기 시작하면 갑자기, 그래서, 마지못해서이긴

unwillingly, / I will start / by sketching in brief / the
하지만, 시작할게 간단하게 설명하여

story of my life.
내 인생 이야기를.

My father was thirty-six / when he married my mother,
아빠는 36살이셨어 엄마와 결혼하셨을 때,

/ who was then twenty-five. My sister Margot was born
25살이었던. 마르호트 언니는 태어났고

/ in 1926 / in Frankfort-on-Main, / I followed / on June
1926년에 프랑크포르트-온-마임에서, 나도 이어 태어났어 1929년 6월

12, 1929, / and, / as we are Jewish, / we emigrated to
12일에, 그리고, 우리는 유대인이기 때문에, 네덜란드로 이주했고

Holland / in 1933, / where my father was appointed /
1933년에. 여기에서 아빠는 임명되셨지

Managing Director of Travies N.V. This firm is in close
트라비스 N.V.사의 이사로. 이 회사는 긴밀한 관계가 있는데

relationship / with the firm of Kolen & co. / in the same
콜렌이라는 회사와 같은 빌딩에 있는,

building, / of which my father is a partner.
아빠는 콜렌사의 파트너야.

* 독일군은 모든 유대인에게 다른 사람과 구별되도록 눈이 띄는 육각 모양의 노란 별을 달도록 강요했다.

The rest of our family, / however, / felt the full impact
우리 친척들은, 하지만, 큰 충격을 느껴서

/ of Hitler's anti-Jewish laws, / so life was filled with
히틀러의 반유대법에 대해, 인생이 걱정으로 가득 차 있지.

anxiety. In 1938 / after the pogroms, / my two uncles /
1938년에 반유대정책이 발표된 후, 삼촌 두 분은

(my mother's brothers) / escaped to the U.S.A. My old
(엄마 형제들이야) 미국으로 망명하셨어.

grandmother came to us, / she was then seventy-three.
나이 많은 할머니가 우리에게 오셨는데, 그때 73살이셨어.

After May 1940 / good times rapidly fled: / first the war,
1940년 5월 이후 좋은 시절은 빨리 가 버렸지: 처음에는 전쟁이고,

/ then the capitulation, / followed by the arrival of the
그 다음에는 무조건 항복이었는데, 독일군이 들어온 이후,

Germans, / which is when the sufferings of us Jews /
그때 바로 우리 유대인의 고통이

really began. Anti-Jewish decrees followed each other
진짜 시작되었지. 반유대 법령들이 계속되었어

/ in quick succession. Jews must wear a yellow *star
빠르게 잇달아서. 유대인들은 노란 별을 달아야만 해

/ Jews must hand in their bicycles, / Jews are banned
유대인은 자전거를 내놓아야 하고, 전차를 타지 못하며,

from trams / and are forbidden to drive. Jews are only
운전하는 것도 금지되었어.

allowed to do their shopping / between three and five
유대인은 물건을 살 수 있고 3시~5시에만

o'clock / and then only in shops / which bear the placard
가게에서만 "유대인 가게"라는 플래카드가 붙어 있는.

"Jewish shop." Jews must be indoors / by eight o'clock /
유대인은 실내로 들어가야만 하고 8시까지는

and cannot even sit in their own gardens / after that hour.
심지어 자기 정원에도 앉아 있으면 안 돼 그 시간 이후에는.

---

enhance 강화하다, 늘리다 | set down ~을 적어두다 | bald 노골적인, 숨김없는 | grasp 이해하다, 파악하다 |
out of the blue 뜻밖에, 갑자기 | albeit 비록 ~이지만 | unwillingly 본의 아니게, 마지 못해 | sketch 개요를
설명하다 | in brief 간략히 | impact 영향, 효과 | flee 질주하다, 사라지다 | capitulation 무조건 항복 | decree
법령 | ban 금지하다

17

Jews are forbidden to visit / theaters, / cinemas, / and
유대인은 방문하는 것이 금지되어 있어   극장이나,   영화관,

other places of entertainment. Jews may not take part in
그리고 다른 오락 장소같은 곳을.   유대인은 대중 스포츠에 참가해서도 안 돼.

public sports. Swimming baths, / tennis courts, / hockey
수영장,   테니스장,

fields, / and other sports grounds / are all prohibited to
하키장,   그리고 다른 운동 경기장도   모두 금지되었어.

them. Jews may not visit Christians. Jews must go to
유대인은 기독교인을 찾아가서는 안 돼.   유대인은 유대인 학교에만

Jewish schools, / and many more restrictions / of a similar
다녀야 하고.   더 많은 제약들이 있지   비슷한 종류의.

kind.

So we could not do this / and were forbidden to do that.
그래서 우리는 이것도 할 수 없고   저것도 금지되어 있어.

But life went on / in spite of it all. Jopie used to say to
하지만 삶은 계속됐지   그런 모든 것에도 불구하고. 요피가 내게 말한 적이 있어

me / "You're scared to do anything, / because it may be
"넌 뭐든 하기 두려워 하는구나,   금지되어 있을까 봐."

forbidden." Our freedom was strictly limited. Yet things
우리의 자유는 엄격하게 제한되어 있어.

were still bearable.
그래도 아직은 견딜만 해.

Granny died in January 1942; / no one will ever know /
할머니는 1942년 1월에 돌아가셨어;   결코 아무도 모를 거야

how much she is present in my thoughts / and how much I
할머니가 얼마나 내 마음속에 남아 있고   내가 얼마나 할머니를 사랑

love her / still.
하는지   아직도.

In 1934 / I went to school at the Montessori Kindergarten
1934년에   몬테소리 유치원에 입학해서

/ and continued there. It was at the end of the school year,
계속 다녔어.   학기 마지막이었어,

/ I was in form 6B, / when I had to say good-by to Mrs.
6B 학년의,   내가 K 선생님과 작별 인사를 해야만 했던 때가.

K. We both wept, / it was very sad. In 1941 / I went, /
우리 둘 다 울었고,   아주 슬펐어.   1941년에   갔어

with my sister Margot, / to the Jewish Secondary School,
마르호트 언니와 함께,   유대인 중학교로,

/ she into the fourth form / and I into the first.
언니는 4학년으로   나는 1학년으로.

So far everything is all right / with the four of us / and
지금까지는 모든 일이 순조롭고   우리 가족 네 사람에게

here I come to the present day.
지금 오늘에 이르렀어.

Saturday, 20 June, 1942
1942년 6월 20일 토요일

Dear Kitty,
키티에게,

I'll start straight away. It is so peaceful / at the moment,
바로 시작할게.   매우 조용해   지금은,

/ Mummy and Daddy are out / and Margot has gone / to
엄마와 아빠는 나가시고   마르호트 언니는 갔어

play ping-pong / with some friends.
탁구를 치러   친구들과.

I've been playing ping-pong / a lot myself / lately. We
탁구를 치고 있어   나도 많이   최근에는.

ping-pongers / are very partial to an ice cream shop,
탁구 치는 사람들은   아이스크림 가게를 매우 좋아해,

/ Delphi / or Oasis, / where Jews are allowed. We've
델피나   오아시스같은,   거기에는 유대인이 가도 되거든.

given up / scrounging for extra pocket money.
우리는 포기했지 용돈을 더 타는 것을.

take part in 참가하다 | partial to~ ~을 매우 좋아하는 | scrounge 얻어 내다

19

Oasis is usually full / and among our large circle of
오아시스에는 대부분 꽉 차 있어   그리고 많은 친구 무리 중에서

friends / we always manage to find / some kindhearted
우리는 언제나 찾아내곤 하지   마음씨 좋은 아저씨나

gentleman / or boy friend, / who presents us / with more
남자 친구를,   선물로 사 주는   많은 아이스크림을

ice cream / than we could devour / in a week.
먹어 치울 수 있는 것보다 많이   일주일 동안.

I expect / you will be rather surprised / at the fact / that I
내 생각에   넌 다소 놀라겠지   사실에

should talk of boyfriends / at my age. Alas, / one simply
남자 친구 이야기를 한다는   내 나이에.   아아,

can't seem to avoid it / at our school. As soon as a boy
아무도 피할 수 없는 듯 해   학교에서는.   남자 애가 물어봐서

asks / if he may bicycle home with me / and we get into
자전거를 함께 타고 집에 가도 되냐고   이야기를 시작하자마자,

conversation, / nine out of ten times / I can be sure / that
열에 아홉은   확신하건대

he will fall head over heels in love / immediately / and
그 애는 내게 홀딱 빠져서   즉시

simply won't allow me / out of his sight. After a while /
못하게 할 걸   그의 시야에서 벗어나지.   시간이 약간 흐른 후에

it cools down of course, / especially as I take little notice
물론 감정은 진정되지,   특히 내가 열렬한 시선을 모른 체 하고

of ardent looks / and pedal blithely on.
자전거 페달을 경쾌하게 밟으니까.

If it gets so far / that they begin about "asking Father"
만약 진도가 매우 나가서   "아빠에게 허락 받겠다"고 말하기 시작하면

/ I swerve slightly / on my bicycle, / my satchel falls, /
나는 살짝 방향을 틀어   자전거에서,   가방이 떨어지고,

the young man is bound to get off / and hand it to me,
남자 애는 어쩔 수 없이 내려서   가방을 주워 줘,

/ by which time / I have introduced / a new topic of
그때가 되면   나는 시작하지   새로운 주제의 이야기를.

conversation.

These are the most innocent types; / you get some /
이런 아이들은 가장 순진한 스타일이야;   다른 아이들도 있어

who blow kisses / or try to get hold of your arm, / but
키스를 보내거나   팔을 잡으려는,

then they are definitely knocking / at the wrong door.
하지만 그 아이들은 분명히 잘못 찾은 거지   번지수를.

I get off my bicycle / and refuse to go further / in their
난 자전거에서 내려   그리고 더 이상 가는 것을 거절하지   함께,

company, / or I pretend to be insulted / and tell them / in
          혹은 모욕당한 척 하며   그들에게 말하지

no uncertain terms / to clear off.
분명하게   사라지라고.

There, / the foundation of our friendship is laid, / till
자,   우리 우정의 기초가 놓여졌구나,

tomorrow!
내일 봐!

Yours, Anne
안네가

devour 먹어치우다 | fall head over heels in 홀딱 빠지다 | take notice of 주목하다 | ardent 열렬한 | pedal
on 페달을 밟다 | blithely 쾌활하게 | swerve 갑자기 방향을 틀다 | satchel 책가방 | be bound to 어쩔 수 없이
~하다 | refuse 거절하다 | in one's company ~와 함께 | pretend to ~하는 척하다 | insulted 모욕 받은 | in
no uncertain terms 확실하게 | foundation 기초, 토대

Sunday, 21 June, 1942
1942년 6월 21일 일요일

Dear Kitty,
키티에게,

Our whole class B, / is trembling, / the reason is / that
B반 모두가,   떨고 있어,   이유는

the teacher's meeting / is to be held soon. There is much
교사 회의가   곧 열리기 때문이야.   짐작들을 해

speculation / as to who will move up / and who will stay
          누가 진급할지   그리고 누가 유급될지에 대해.

put. Miep de Jong and I / are highly amused / at Wim
    미프 드 용과 나는   아주 즐거워   빔과 자크 때문에,

and Jacques, / the two boys behind us. They won't have
우리 뒤에 있는 두 남자 애들인.   그 애들은 돈이 하나도 남지

a florin left / for the holidays, / it will all be gone / on
않을 거야   휴일에 쓸,   돈을 날릴 것이기 때문이야   내기에.

betting. "You'll move up," / "Shan't," / "Shall," / from
        "넌 진급할 거야,"   "아니야, 못 해,"   "할 거라니까,"

morning till night. Even Miep pleads for silence / and my
라고 아침부터 밤까지 떠들지.   심지어 미프가 조용히 하라고 간청하고

angry outbursts / don't calm them.
내 분노가 폭발해도   그 애들을 진정시키지 못 해.

According to me, / a quarter of the class should stay /
내 생각에는,   우리 반 사분의 일이 유급되어야 해

where they are; / there are some absolute cuckoos, / but
그들 학년에;   완전 정신 나간 애들도 약간 있거든,

teachers are the greatest freaks / on earth, / so perhaps /
하지만 선생님들이 가장 대단한 괴짜들이기 때문에   세상에서,   아마

they will be freakish / in the right way / for once.
그 애들도 이상하게 진급하겠지   적당한 방법으로   한 번쯤은.

---

speculation 추측, 짐작 | as to ~에 관해 | stay put 가만히 있다, 유급되다 | florin 2실링, 용돈 | plead for
간청하다 | outburst 감정의 폭발, 분출 | according to ~에 따르면 | cuckoo 뻐꾸기, 미친 사람 | freak 괴짜
| squeeze through 간신히 성공하다 | composition 작문 | chatterbox 수다쟁이 | puzzle out 알아내다
| ponder 곰곰히 생각하다 | fountain pen 만년필 | scribble 갈겨쓰다 | beyond doubt 의심의 여지 없이 |
allotted 할당된, 배정받은

I'm not afraid / about my girl friends and myself, / we'll
걱정하지 않아   내 여자 친구들과 나에 대해서는,

squeeze through somehow, / though I'm not too certain /
우리는 어떻게든 통과할 거야,   확실하지 않지만

about my math. Still we can but wait / patiently. Till then, /
내 수학 성적은.   그렇지만 기다릴 수밖에 없어   참을성 있게.   그때까지는,

we cheer each other along.
서로 격려하고 있어.

I get along quite well / with all my teachers, / nine in all,
난 꽤 잘 지내   우리 선생님 모두와,   전부 아홉 분인데,

/ seven masters and two mistresses. Mr. Keptor, / the old
남자 선생님이 일곱 분이고 여자 선생님이 두 분이야.   켑터 선생님은,   나이 드신 수학

math master, / was very annoyed with me / for a long time /
선생님인데,   나 때문에 많이 언짢아 하셨어   한동안

because I chatter so much. So I had to write a composition
왜냐하면 내가 아주 떠들었거든.   그래서 난 작문을 써야 했어

/ with "A Chatterbox" / as the subject. A chatterbox!
"수다쟁이"라는   주제로.   수다쟁이라니!

Whatever could one write? However, / deciding I would
도대체 무슨 내용을 쓸 수 있겠어?   그러나,   나중에 생각하기로 결정하고,

puzzle that out later, / I wrote it / in my notebook, / and
제목을 써 놓고   내 공책에,

tried to keep quiet.
조용히 하려고 노력했지.

That evening, / when I'd finished my other homework, / my
그날 저녁에,   다른 숙제를 끝냈을 때,

eyes fell on the title / in my notebook. I pondered, / while
내 시선이 그 제목으로 갔어   공책에 있는.   곰곰이 생각했어,   잘근잘근

chewing / the end of my fountain pen, / that anyone can
씹으면서   만년필 끝을,   누구나 날려 쓸 수 있다고

scribble / some nonsense / in large letters / with the words
말도 안 되는 이야기를   큼직한 글씨로   단어 사이를 많이 띄어 쓰면

well spaced / but the difficulty was / to prove / beyond
하지만 어려운 점은   증명하는 것이었지

doubt / the necessity of talking. I thought and thought / and
분명히   수다의 필요성을.   생각하고 또 생각하다가

then, / suddenly having an idea, / filled my three allotted
그때,   갑자기 생각이 나서,   배정된 세 쪽을 다 채웠고

23

sides / and felt completely satisfied.
아주 만족스러웠지.

My arguments were / that talking is a feminine
나의 논점은   수다란 여자의 특성이라서

characteristic / and that I would do my best / to keep
                       최선을 다할 것이지만

it under control, / but I should never be cured, / for my
참기 위해,   그러나 고쳐지지 않을 것이다,

mother talked as much as I, / probably more, / and what
왜냐하면 엄마도 나만큼 말을 많이 하시니까,   아마 더 할 것이다,   그러니 어떻게

can one do / about inherited qualities? Mr. Keptor had to
하겠느냐   유전적인 기질인데?   켑터 선생님은 웃을 수밖에 없었지

laugh / at my arguments, / but when I continued to hold
            내 논점에 대해,   하지만 내가 계속 떠들자

forth / in the next lesson, / another composition followed.
         다음 시간에,   다른 작문 숙제를 내 주었어.

This time / it was "Incurable Chatterbox," / I handed
이번에는   "구제불능의 수다쟁이"였어,   나는 숙제를 제출했고

this in / and Keptor made no complaints / for two whole
이것을   켑터 선생님은 불평이 없으셨어   다음 두 시간 내내.

lessons. But in the third lesson / it was too much / for
                하지만 세 번째 수업 시간에는   너무 심하게 떠들었어   선생님이 더

him again. "Anne, / as punishment for talking, / will do a
참지 못하시도록. "안네,   떠든 벌로,

composition / entitled / 'Quack, quack, quack, says Mrs
작문을 해 와라   제목으로   '꽥, 꽥, 꽥, 수다쟁이 아주머니가 떠든다'라는.'

Natterbeak,'" / shouts of laughter / from the class. I had to
                       웃음이 터져나왔지   온 교실에서.   나도 웃을 수

laugh too, / although I felt / that my inventiveness on this
밖에 없었어,   비록 느꼈지만   이 주제에 대한 내 창의력이

subject / was exhausted. I had to think of something else,
              고갈되었다고.   뭔가 다른 것을 생각해내야 했지

/ something entirely original. I was in luck, / as my friend
완벽하게 독창적인.   난 운이 좋았어,   왜냐하면 내 친구 산네가

Sanne / writes good poetry / and offered to help / by doing
              시를 잘 쓰는데   도와준다고 했거든

the whole composition / in verse. I jumped for joy.
전체 작문을 쓰도록   운문으로.   난 기뻐서 펄쩍 뛰었지.

Keptor wanted to make a fool of me / with this absurd
켑터 선생님은 날 놀리려고 했어   이런 우스꽝스러운 주제로,

theme, / I would get my own back / and make him / the
난 갚아 줄 거야   그리고 선생님을 만들 거야

laughingstock of the whole class. The poem was finished
온 교실의 웃음거리로.   그 시는 완성되었고

/ and was perfect. It was about a mother duck and a father
완벽해.   엄마 오리와 아빠 백조에 관한 이야기야

swan / who had three baby ducklings. The baby ducklings
        세 마리의 아기 오리가 있는.   아기 오리들은

/ were bitten to death / by Father / because they chattered
물려 죽었어   아빠에게   너무 많이 떠들었기 때문에.

too much. Luckily / Keptor saw the joke, / he read the
다행히도   켑터 선생님은 농담을 알아듣고,   크게 읽어 주셨어

poem out loud / to the class, / with comments, / and also to
                반 전체에,   해설까지 곁들여서,

various other classes.
그리고 또 다른 반에서도.

Since then / I am allowed to talk, / never get extra work, / in
그때부터   난 수다를 떨어도 돼,   더 이상 숙제도 없어,

fact / Keptor always jokes about it.
사실   켑터 선생님은 언제나 그 시에 대해 농담을 하셔.

Yours, Anne
안네가

Key Expression ♀

동사 + to death : ~해 죽[이]다

'나 배고파 죽겠어'라는 표현을 영어로 어떻게 표현할까요? 정답은 'I'm starved to death'라고 합니다. 이처럼 우리말에서 '~해 죽(이)다' 라는 뜻을 표현할 때, '동사 + to death'의 형태를 사용합니다. '~해 죽다'의 경우에는 수동태를, '~해 죽이다'의 경우에는 능동태를 자주 사용합니다.

▶ beat to death : 때려 죽이다 / ▶ burn to death : 태워 죽이다
▶ be bored to death : 지루해 죽다 / ▶ be scared to death : 무서워 죽다

ex) The baby ducklings were bitten to death by Father
    아기 오리들은 아빠 오리에게 물려 죽었어.

inherited 유전의, 물려받은 | hold forth 말을 장황하게 늘어놓다 | incurable 불치의, 구제 불능의 | natter 구제
수다 떨다 | beak 부리 | inventiveness 창의력이 풍부함, 독창적임 | verse 시, 운문 | absurd 우스꽝스러운,
터무니 없는 | get one's own back 복수하다 | laughingstock 웃음거리 | duckling 오리 새끼

Wednesday, 24 June, 1942
1942년 6월 24일 수요일

Dear Kitty,
키티에게,

It is boiling hot, / we are all positively melting, / and in
찌는 듯이 더워,　　모두 정말 녹아 버릴 것 같아,　　　　그런데 이런

this heat / I have to walk everywhere. Now I can fully
더위 속에　　난 어디든 걸어 다녀야 해.　　　이제야 정말 진가를 알겠어

appreciate / how nice a tram is; / but that is a forbidden
전차가 얼마나 좋은지;　　하지만 그것은 금지된 호사야

luxury / for Jews / — shank's mare is good enough for
유대인에게　　— 다리만으로 충분하다는 것이지.

us. I had to visit the dentist / in the Jan Luykenstraat
치과에 가야 했어　　얀 루이켄 가에 있는

/ in the lunch hour / yesterday. It is a long way / from
점심 시간에　　어제.　　먼 거리야

our school / in the Stadstimmertuinen; / I nearly fell
학교에서　　스타스티메르타위넨에 있는;　　거의 잘 뻔했어

asleep / in school / that afternoon. Luckily, / the dentist's
학교에서　　그날 오후에.　　다행히도,

assistant was very kind / and gave me a drink / — she's a
치과 간호사가 매우 친절해서　　마실 것을 주었지

good sort.
— 좋은 사람이야.

We are allowed / on the ferry / and that is about all.
우리는 허가 받았어　　배를 타는 것은　　그리고 그것이 다야.

There is a little boat / from the Josef Israelskade, / the
작은 보트가 있는데　　요셉 이스라엘 부두에,

man there took us / at once / when we asked him. It is
그곳의 아저씨가 태워 주셨어　　바로　　우리가 부탁했을 때.

not the Dutch people's fault / that we are having such a
네덜란드 사람들의 잘못이 아니야　　우리가 이렇게 비참한 순간을 겪는 것은.

miserable time.

positively 분명히 | shank's mare 자기의 다리, 도보 | sort (특정 부류의) 사람 | at once 바로 | safekeeping
보관, 보호 | agony 고통, 괴로움 | bicycle shed 자전거 보관소

I do wish / I didn't have to go to school, / as my bicycle
난 정말 바라지   학교에 가지 않아도 되기를,   왜냐하면 내 자전거를

was stolen / in the Easter holidays / and Daddy has given
도둑 맞았거든   부활절 휴가 때   그리고 아빠가 엄마 자전거를 주셨어

Mummy's / to a Christian family / for safekeeping. But
            기독교인 가족에게   보관을 위해.

thank goodness, / the holidays are nearly here, / one more
하지만 정말 다행이야,   방학이 다가오니까,   일주일만 있으면

week / and the agony is over.
            이 고생도 끝나지.

Something amusinghappened / yesterday, / I was passing
재미있는 일이 일어났어   어제,   자전거 보관소를 지나고

the bicycle sheds / when someone called out to me. I looked
있었어   누군가 날 불렀을 때.   주위를 돌아

around / and there was the nice-looking boy / I met on the
보니   잘생긴 남자 애가 있는 거야

previous evening, / at my girl friend Eva's home. He came
그 전날 저녁에 만났던,   친구 에바의 집에서.   그는 수줍게 다가

shyly / towards me / and introduced himself / as Harry
와서   내게   자기 소개를 했지   해리 골드버그라고.

Goldberg. I was rather surprised / and wondered / what
            나는 좀 놀라기도 하고   궁금했어   그가 원하는

he wanted, / but I didn't have to wait long. He asked / if I
것이 뭔지,   하지만 오래 기다릴 필요가 없었어.   그 애가 물어봤어

would allow him / to accompany me / to school. "As you're
내가 허락할지   함께 가는 것을   학교에.

going my way / in any case, / I will," / I replied / and so
같은 방향으로 가니까   어차피,   그렇게."   난 대답했지   그리고 우리는

we went together. Harry is sixteen / and can tell / all kinds
함께 갔어.   해리는 열 여섯 살이고   말할 줄 알아

of amusing stories. He was waiting for me again / this
여러 가지 재미있는 이야기들을. 해리는 또 날 기다리고 있었어

morning / and I expect he will / from now on.
오늘 아침에   그리고 그 애는 그렇게 할 것 같아   앞으로도.

Yours, Anne
안네가

Tuesday, 30 June, 1942
1942년 6월 30일 화요일

Dear Kitty,
키티에게,

I've not had a moment / to write to you / until today. I was
시간이 없었어   네게 글을 쓸   오늘까지.

with friends all day / on Thursday. On Friday / we had
하루 종일 친구랑 있었단다   목요일에는.   금요일에는

visitors, / and so it went on / until today. Harry and I / have
손님이 오셨고,   계속 그런 식이었어   오늘까지.   해리와 난

got to know each other well / in a week, / and he has told
서로 잘 알게 되었어   일주일 만에,   그리고 해리가 내게 말해 줬어

me / a lot about his life; / he came to Holland alone, / and is
자기 인생에 대해 많은 것을;   해리는 네덜란드에 혼자 왔대,

living with his grandparents. His parents are in Belgium.
그리고 조부모님과 살고 있어.   해리 부모님은 벨기에에 계셔.

Harry had a girl friend / called Fanny. I know her too,
해리에게는 여자 친구가 있었어   파니라는.   나도 파니를 알아,

/ a very soft, / dull creature. Now that he has met me, /
아주 온순하고,   따분한 아이지.   해리는 날 만났기 때문에,

he realizes / that he was just daydreaming / in Fanny's
깨달았어   자기가 그냥 공상을 하고 있었다는 것을   파니라는 존재에 대해.

presence. I seem to act / as a stimulant / to keep him awake.
난 역할을 하는 것 같아   자극제로써의   해리를 꿈에서 깨우는.

You see / we all have our use, / and queer ones too / at times!
알다시피   우리는 제 각각의 쓸모가 있어,   이상한 사람들이라도 말이지   가끔은!

Jopie slept here / on Saturday night, / but she went to Lies /
요피가 우리 집에서 잤어   토요일 밤에,   하지만 리스 네 집으로 가버렸어

on Sunday / and I was bored stiff. Harry was to have come
일요일에   그래서 난 지루해 죽을 지경이었지. 해리가 오기로 했어

/ in the evening, / but he rang up / at 6 P.M. I went to the
그날 저녁에,   하지만 전화를 했지   오후 6시에.   내가 전화를 받자,

telephone, / he said, / "Harry Goldberg here, / please may I
해리가 말했어,   "해리 골드버그입니다,   안네랑 통화할 수 있을

speak to Annie?" / "Yes, Harry, / Anne speaking."
까요?"   "응, 해리,   나 안네야."

"Hullo, Anne, / how are you?"
"안녕, 안네   잘 있었어?"

"Very well, / thank you."
"응,   고마워."

"I'm terribly sorry / I can't come this evening, / but I would
"정말 미안한데   오늘 저녁에 못 가,

like to just speak to you; / is it all right / if I come / in ten
하지만 네게 이야기를 좀 하고 싶어;   괜찮니   내가 가도

minutes?"
10분 후에?"

"Yes, / that's fine, / good-by!"
"응,   좋아,   안녕!"

"Good-by, / I'll be with you soon."
"안녕,   곧 갈게."

Receiver down.
수화기를 내려 놓았지.

I quickly changed into another frock / and smartened up my
재빨리 다른 옷으로 갈아 입었고   머리를 조금 매만졌어.

hair a bit. Then I stood nervously / at the window / watching
그런 다음 초조하게 서 있었지   창문가에   해리를 기다리

for him. At last / I saw him coming. It was a wonder / I
면서.   드디어   해리가 오는 것을 봤어.   놀라웠지

didn't dash down at once; / instead I waited patiently / until
내가 서둘러서 당장 내려가지 않은 것이;   대신 참을성 있게 기다렸어   그가 초인종을

he rang. Then I went down / and he positively burst in /
올릴 때까지. 그리고 내려갔고   해리가 정말 불쑥 들어 오는 거야

when I opened the door. "Anne, / my grandmother thinks /
내가 문을 여니.   "안네,   우리 할머니는 생각하셔

you are too young / to go out regularly with me, / and that I
네가 너무 어리다고   나랑 교제하기에는,   그리고 내가 파니

should go to the Leurs, / but perhaps you know / that I am
한테 가야 한다고,   하지만 너도 아마 알 거야

not going out with Fanny any more!"
난 이제 파니랑 데이트 하지 않는다는 것을!"

now that ~이기 때문에 | daydream 공상에 젖다 | stimulant 자극제 | queer 이상한 사람, 괴짜 | at times
가끔 | bored stiff 지루해 죽을 지경인 | be to ~하기로 하다 | frock 드레스, 옷 | smarten up 손질하다, 멋
부리다 | watch for 기다리다 | burst in 불쑥 들어오다

29

"No, / why is that, / have you quarreled?"
"몰랐어, 왜 그래, 싸웠니?"

"No, not at all. I told Fanny / that we didn't get on well
"아니, 전혀. 파니한테 말했거든 우리는 잘 어울리지 않아서,

together, / so it was better for us / not to go out together
낫겠다고 더 이상 함께 데이트를 하지 않는 것이,

any more, / but she was always welcome in our home,
하지만 우리 집에 오면 언제나 환영이고,

/ and I hope / I should be in hers. You see, / I thought /
나도 바란다고 파니 네 집에서 환영받기를. 있잖아, 난 생각했어

Fanny had been going out with another boy / and treated
파니가 다른 남자 애랑 데이트를 했다고

her accordingly. But that was quite untrue. And now my
그래서 그렇게 대했어. 하지만 그것은 사실이 아니었어. 지금은 우리 삼촌이

uncle says / I should apologize to Fanny, / but of course / I
말하기를 파니에게 사과해야 한대, 하지만 물론

didn't want to do that / so I finished the whole affair. That
그렇게 하고 싶지 않아서 모든 것을 끝냈지.

Key Expression

be supposed to : ~하기로 되어 있다
be supposed to ~는 '~하기로 되어 있다'라는 의미의 숙어로 예정, 혹은 의
무를 나타냅니다.

ex) I'm not supposed to, because my grandparents are very much against the
Zionists.
난 (가면) 안 돼, 왜냐하면 우리 조부모님이 시온주의자들을 매우 반대하시거든.

* 유대인들의 국가 건설을 위한 민족주의 운동

get on well 사이좋게 지내다 | accordingly 부응해서, 그에 맞춰 | affair 일, 사건 | fall into line 보조를 맞추다
| in a sense 어떤 의미로는 | wood-carving 목각 | by no means 결코 ~이 아닌 | fanatic 광적인 사람, 광신도
| leaning 성향 | mess 엉망, 문제

was just one of the many reasons, / My grandmother would
물론 그것은 여러 가지 이유 중 하나일 뿐이야, 우리 할머니는 낫다고 생각하셔

rather / I went with Fanny than you, / but I shan't; / old
내가 너보다는 파니와 사귀는 것이, 하지만 그러지 않을 거야;

people have / such terribly old-fashioned ideas / at times,
노인들은 하시지 그런 끔직하게 촌스러운 생각을 때로는,

/ but I just can't fall into line. I need my grandparents, /
하지만 난 그 말씀을 따를 수 없어. 난 할아버지, 할머니가 필요해,

but in a sense / they need me too. From now on / I shall be
하지만 어떤 면에서는 그들도 내가 필요하시지. 지금부터는 난 시간이 있어

free / on Wednesday evenings. Officially / I go to wood-
수요일 저녁마다. 공식적으로는 목각 수업에 가지

carving lessons / to please my grandparents, / in actual
조부모님을 기쁘게 해 드리려고, 하지만 사실은

fact / I go to a meeting of the *Zionist Movement. I'm not
시온주의 운동 회합에 간단다.

supposed to, / because my grandparents are very much
난 가면 안 돼, 왜냐하면 우리 조부모님이 시온주의자들을 아주 반대하시기 때문에.

against the Zionists. I'm by no means a fanatic, / but I have
난 절대 광신자는 아니야.

a leaning that way / and find it interesting. But lately / it
하지만 그쪽 성향이 있고 재미있더라고. 그런데 최근에는

has become such a mess there / that I'm going to quit, / so
그 모임이 엉망이 되어가고 있어서 그만둘까 해,

next Wednesday will be my last time. Then I shall be able
그러니 다음 주 수요일이 마지막 모임이 될 거야. 그럼 널 볼 수 있어

to see you / on Wednesday evening, / Saturday afternoon, /
수요일 저녁, 토요일 오후,

Sunday afternoon, / and perhaps more."
일요일 오후에, 그리고 아마 더 자주."

"But your grandparents are against it, / you can't do it /
"하지만 너희 조부모님이 반대하시잖아, 만나면 안 돼

behind their backs!"
조부모님 모르게!"

"Love finds a way."
"사랑하니까 방법이 있을 거야."

31

Then we passed the bookshop / on the corner, / and
그리고 나서 우리는 서점을 지나갔는데   길 모퉁이의,

there stood Peter Wessel / with two other boys, / he said
거기에 페터 베셀이 서 있었지   다른 남자 애 둘이랑,   그가 "안녕"하

"Hello" / — it's the first time / he has spoken to me / for
고 말했어   — 그때가 처음이었어   내게 말을 건 것은

ages, / I was really pleased.
오랫동안,   난 정말 기뻤지.

Harry and I walked / on and on / and the end of it / all
해리와 나는 걸었어   계속   그리고 결국

was that I should meet him / at five minutes to seven / in
해리를 만나기로 했어   6시 55분에

the front of his house / next evening.
해리 네 집 앞에서   다음 날 저녁에.

Yours, Anne
안네가

Friday, 3 July, 1942
1942년 7월 3일 금요일

Dear Kitty,
키티에게,

Harry visited us / yesterday / to meet my parents. I had
해리가 우리 집에 왔어   어제   우리 부모님을 만나러.

bought / a cream cake, / sweets, / tea, / and fancy biscuits,
나는 샀어   크림 케이크,   사탕,   차,   그리고 맛있는 비스킷을,

/ quite a spread, / but neither Harry nor I / felt like sitting
꽤 진수성찬이지,   하지만 해리도 나도   뻣뻣하게 앉아 있고 싶지

stiffly / side by side / indefinitely, / so we went for a walk,
않아서   나란히   언제까지나,   산책을 나갔어,

/ and it was already ten past eight / when he brought me
그런데 벌써 8시 10분이 되어 버렸어   해리가 날 집에 바래다 줬을 때.

home. Daddy was very cross, / and thought / it was very
아빠는 화가 많이 나셨지,   그리고 생각하셨어   내가 굉장히 잘못했

wrong of me / because it is dangerous for Jews / to be out
다고   왜냐하면 유대인에게는 위험하기 때문이야

after eight o'clock, / and I had to promise / to be in ten to
8시 이후에 밖에 있는 것은,   그래서 난 약속을 해야 했어   8시 10분 전까지는 들어

eight / in future.
오겠다는   앞으로는.

Tomorrow / I've been invited to his house. My girlfriend
내일   해리 네 집에 초대 받았어.

Jopie teases me / the whole time / about Harry. I'm honestly
친구 요피는 나를 놀려   내내   해리에 대해.   난 사실 사랑에 빠진

not in love, / oh, no, / I can surely have boyfriends / — no
건 아니야,   아니,   분명히 남자 친구들이 있을 수는 있어   — 아무도

one thinks anything of that — / but one boyfriend, / or
그 점에 대해서는 이상하게 생각하지 않아 —   하지만 특정 남자 친구,   그러니까

beau, / as Mother calls him, / seems to be quite different.
애인은,   엄마가 해리를 부르시는 것처럼,   많이 다른 것 같아.

Harry went to see Eva / one evening / and she told me /
해리가 에바를 보러 갔대   어느 날 저녁에   그리고 에바가 내게 말해 줬지

that she asked him, / "Who do you like best, / Fanny or
해리에게 물어 봤다고,   "누구를 더 좋아하니,   파니 아니면 안네?"

Anne?" He said, / "It's nothing to do with you!" But when
해리가 말했대,   "너랑 상관없는 일이잖아!"   하지만 해리가

he left / (they hadn't chatted together any more / the whole
갈 때   (둘은 더 이상 이야기 하지 않았지   그날 저녁 내내),

evening), / "Now listen, / it's Anne, / so long, / and don't
그날 저녁 내내),   "자 들어봐,   안네야,   안녕,   아무한테도 얘기하

tell a soul." And like a flash / he was gone.
지 마."   그리고 눈깜짝할 사이에   가 버렸대.

It's easy to see / that Harry is in love with me, / rather fun
쉽게 알 수 있어   해리가 나와 사랑에 빠졌다는 것을,   기분 전환을 위해서

for a change. Margot would say, / "Harry is a decent lad." /
가 아니라.   마르호트 언니라면 말할 거야,   "해리는 예의 바른 청년이야."

I agree, / but he is more than that. Mummy is full of praise:
나도 동감해,   하지만 해리는 더 멋지지.   엄마는 칭찬이 자자하셔:

/ a good-looking boy, / a well-behaved, / nice boy. I'm glad
잘 생긴 남자 애고,   예의 바르고,   좋은 남자 애라고. 기뻐

/ that the whole family approve of him. He likes them too,
온 가족이 그를 받아들여주시니.   해리도 우리 가족을 좋아하지만,

---

spread 다양함, 진수성찬 | stiffly 어색하게, 뻣뻣하게 | beau 남자 친구 | so long 잘 있어, 안녕 | like a flash
순식간에, 눈깜짝할 사이에 | decent 괜찮은, 예의바른 | lad 사내애, 청년 | approve 받아들이다, 인정하다

/ but he thinks / my girlfriends are very childish, / and
생각하지   내 여자 친구들은 많이 유치하다고,

he's quite right.
맞는 말이야.

Yours, Anne
안네가

Sunday morning, 5 July, 1942
1942년 7월 5일 일요일 아침

Dear Kitty,
키티에게,

Our examination results / were announced / in the
시험 결과가   발표됐어

Jewish Theater / last Friday. I couln't have hoped for
유대인 극장에서   지난주 금요일에. 난 더 이상 좋은 결과를 바랄 수 없을 정도였지.

better. My report is not at all bad, / I had one vix satis,
내 성적은 전혀 나쁘지 않았지,   빅스에 합격했어,

/ a five for algebra, / two sixes, / and the rest were all
대수학에서 5점을 받았고,   6점짜리가 두 과목, 나머지는 모두 7점이나 8점이야.

sevens or eights. They were certainly pleased at home,
집에서도 확실히 좋아하셨지,

/ although over the question of marks / my parents
시험 점수에 관한 한

are quite different / from most. They don't care a bit
우리 부모님은 좀 다르시지만   대부분과.   부모님은 상관하지 않으셔

/ whether my reports are good or bad / as long as I'm
내 시험 점수가 좋든 나쁘든   내가 건강하고 행복하며,

well and happy, / and not too cheeky: / then the rest will
너무 버릇없지 않다면: 그러면 나머지는 저절로 올

come by itself. I am just the opposite. I don't want to be
것이라고.   난 정 반대야.   나쁜 학생이 되고 싶지 않거든,

a bad pupil, / I should really have stayed / in the seventh
사실은 다녔어야 했지만   7학년에

form / in the Montessori School / but was accepted for
몬테쏘리 학교에서   유대인 학교에 입학 허가가 났어,

satis 합격 | algebra 대수학 | cheeky 건방진, 까부는 | by itself 저절로 | persuasion 설득 | rely on 기대하다
| brilliant (재능이) 뛰어난, 우수한 | sum laude 우등으로 | brainy 아주똑똑한 | rotten 끔찍한, 비참한 |
superfluous 불필요한 | take over 인수하다 | fall into ~에 빠지다 | clutch 붙잡음, 수중(手中) | of one's own
accord 자진해서, 스스로 | fetch 잡으러 오다

the Jewish schools, / the headmaster took Lies and me /
교장 선생님은 리스와 날 데려가셨어

conditionally / after a bit of persuasion. He relied on us
조건부로   설득을 좀 하신 후.   교장 선생님은 우리를 믿으셔

/ to do our best / and I don't want to let him down. My
최선을 다하리라고   그래서 선생님을 실망시키고 싶지 않아.

sister Margot / has her report too, / brilliant as usual.
마르호트 언니도   역시 성적표를 가져왔어   평소처럼 아주 훌륭한.

She would move up / with sum laude / if that existed at
언니는 진급할 수 있을 거야   우등 성적으로   학교에 진급 제도가 있다면,

school, / she is so brainy. Daddy has been at home a lot
언니는 아주 똑똑해.   아빠는 집에 많이 계셔

/ lately, / as there is nothing for him to do / at business,
최근에는,   하실 일이 없기 때문이야   회사에서,

/ it must be rotten / to feel so superfluous. Mr. Koophuis
기분이 끔찍할 거야   쓸모없다고 느낀다면.   쿠피스 씨가 트라비스 사를

has taken over Travies / and Mr. Kraler the firm Kolen &
인수했고   크랄러 씨가 콜렌 사를 인수했어.

Co. When we walked / across our little square together /
산책할 때   함께 작은 광장을 가로질러서

a few days ago, / Daddy began to talk of us / going into
며칠 전에,   아빠가 우리에게 말씀하기 시작하셨어   숨는 일에 대해.

hiding. I asked him / why on earth / he was beginning to
아빠에게 물어봤지   도대체 왜   그런 일에 대해 이야기 하기 시작하

talk of that / already. "Yes, Anne," / he said, / "you know
시는지   벌써.   "그래, 안네,"   아빠가 말씀하셨어, "너도 알지

/ that we have been taking / food, / clothes, / furniture /
우리가 옮겼다는 것을   음식과,   옷,   가구를

to other people / for more than a year now. We don't want
다른 사람들에게   일 년도 넘는 기간 동안.   원치 않지만

/ our belongings to be seized / by the Germans, / but we
우리 재산을 빼앗기기   독일군에게,

certainly don't want / to fall into their clutches ourselves.
확실히 바라지 않아   우리 자신이 그들에게 잡히는 것을.

So we shall disappear / of our own accord / and not wait /
그래서 스스로   사라질 거야   기다리지 않고

until they come and fetch us."
독일군이 우리를 잡으러 올 때까지."

"But, Daddy, / when would it be?" He spoke so seriously /
"하지만, 아빠, 언제요?" 아빠가 아주 심각하게 말하셔서

that I grew very anxious.
난 매우 불안해졌어.

"Don't you worry about it, / we shall arrange everything.
"걱정하지 마라, 우리가 모든 것을 준비할 거야.

Make the most of your carefree young life / while you
너희는 근심 없는 어린 시절을 즐기렴 할 수 있을 때"

can." That was all. Oh, / may the fulfillment of these
그것이 다야. 아, 부디 이런 우울한 말들이 실현되는 것은

somber words / remain far distant yet!
먼 훗날이길!

Yours, Anne
안네가

Wednesday, 8 July, 1942
1942년 7월 8일 수요일

Dear Kitty,
키티에게,

Years seem to have passed / between Sunday and now. So
몇 년은 흐른 것 같아 일요일부터 지금까지.

much has happened, / it is just as if the whole world had
아주 많은 일들이 일어났어, 마치 전 세계가 뒤집힌 것 같아

turned / upside down. But I am still alive, / Kitty, / and
거꾸로. 하지만 난 아직 살아 있어, 키티,

that is the main thing, / Daddy says.
그것이 중요한 일이지, 아빠가 말씀하시는 것처럼.

Yes, / I'm still alive, / indeed, / but don't ask / where or
그래, 난 아직 살아 있어, 정말로, 하지만 묻지 말아줘 어디에서 어떻게 살고

how. You wouldn't understand a word, / so I will begin by
있는지. 넌 한 마디도 이해하지 못할 테니, 이야기를 시작하게

telling you / what happened / on Sunday afternoon.
무슨 일이 생겼는지 지난 일요일 오후에.

---

* 나치 친위대(Schutzstaffel)

make the most of one's life 인생을 즐기다 | carefree 근심 없는, 속 편한 | fulfillment 실행 | somber 침울한, 우울한 | upside down 나치 친위대(Schutzstaffel) | call-up 소집, 징집 | concentration camp 집단 수용소 | cell 감옥 | doomed 불운한 | in all 총, 모두 합쳐 | Joodse 유대인의 | invalid 환자 | suspense 긴장감

At three o'clock / (Harry had just gone, / but was coming
3시에 (해리는 막 돌아갔지만, 나중에 다시 올 예정이었어)

back later) / someone rang the front doorbell. I was lying
누군가 현관 초인종을 울렸어. 난 느긋하게 누워서

lazily / reading a book / on the veranda / in the sunshine,
책을 읽고 있어서 베란다에서 햇빛 속에,

/ so I didn't hear it. A bit later, / Margot appeared / at the
그 소리를 듣지 못했어. 잠시 후에, 마르호트 언니가 나타났어

kitchen door / looking very excited. "The *S.S. have sent
부엌 문가에 매우 흥분한 모습으로. "나치 친위대가 보냈어

/ a call-up notice for Daddy," / she whispered. "Mummy
아빠에게 소집영장을." 언니가 속삭였어.

has gone to see Mr. Van Daan / already." (Van Daan is
"엄마는 반 단 아저씨를 만나러 가셨어 벌써 " (반 단 아저씨는 친구야

a friend / who works with daddy in the business.) It was
아빠와 함께 사업하시는.)

a great shock to me, / a call-up; / everyone knows / what
엄청 놀랐어, 소집영장이라니; 모두 알고 있어 그것이

that means. I picture concentration camps and lonely
뭘 뜻하는지. 집단 수용소와 쓸쓸한 감옥을 떠올려 보았어

cells / — should we allow him / to be doomed to this?
— 우리가 아빠를 보내야 하는 걸까 그런 곳에 불행해지도록?

"Of course / he won't go," / declared Margot, / while we
"물론 아빠는 가지 않을 거야," 언니가 단정지었어,

waited together. "Mummy has gone / to the Van Daans /
같이 기다리는 동안. "엄마가 가셨어 반 단 아저씨 네 집으로

to discuss / whether we should move into our hiding place
상의하러 우리가 은신처로 옮겨야 하는지를

/ tomorrow. The van Daans are going with us, / so we
내일. 반 단 아저씨 가족은 우리와 함께 갈 거야,

shall be seven in all." Silence. We couldn't talk any more,
그래서 모두 일곱 명이 되는 거지." 침묵. 더 이상 이야기 할 수 없었어,

/ thinking about Daddy, / who, / little knowing / what was
아빠를 생각하면서, 아빠는, 알지도 못하신 채

going on, / was visiting some old people / in the Joodse
무슨 일이 있는지, 노인들을 방문하고 계셨지 요양원에 있는;

Invalids; / waiting for Mummy, / the heat and suspense, /
엄마를 기다리는데, 더위와 긴장 때문에,

37

all made us very overawed and silent.
우리는 매우 두려웠고 조용히 했어.

Suddenly / the bell rang again. "That is Harry," / I said. /
갑자기   초인종이 다시 울렸어.   "해리야,"   난 말했어.

"Don't open the door." Margot held me back, / but it was
"문 열지 마."   언니는 나를 막았지만,

not necessary / as we heard Mummy and Mr. Van Daan
그럴 필요가 없었어   엄마와 반 단 아저씨 소리를 들었기 때문이지

/ downstairs, / talking to Harry, / then they came in / and
아래층에서,   해리에게 말하는,   그런 후 엄마와 아저씨는 들어오셨고

closed the door behind them. Each time the bell went,
등 뒤로 문을 닫았어.   매번 초인종이 울릴 때마다,

/ Margot or I had to creep softly down to see / if it was
언니나 내가 살금살금 기어내려가 살펴봐야 했어

Daddy, / not opening the door / to anyone else.
아빠인지,   문을 열어 주지 않고서   아무에게도.

Margot and I were sent out of the room. Van Daan wanted
언니와 난 방에서 나와야 했어.   반 단 아저씨가 이야기 하고 싶

to talk / to Mummy alone. When we were alone together /
어 하셨어   엄마하고만.   다시 우리끼리 있게 되었을 때

in our bedroom, / Margot told me / that the call-up was not
우리 침실에서,   언니는 내게 말했지   동원영장은 아빠에게 온 것이 아니라,

for Daddy, / but for her. I was more frightened than ever
사실은 언니 것이라고.   난 그 어느 때보다 겁에 질렸어

/ and began to cry. Margot is sixteen; / would they really
그래서 울기 시작했지.   언니는 열 여섯 살이야;   정말 독일군은 데려가려는 걸까

take / girls of that age away alone? But thank goodness /
그 나이의 소녀들끼리만?   하지만 감사하게도

she won't go, / Mummy said so herself; / that must be what
언니는 안 갈 거야,   엄마가 그랬거든;   그것이 바로 아빠가 말하려 했

Daddy meant / when he talked about us / going into hiding.
던 것임에 틀림없어   우리에게 이야기 했을 때   은신하는 것에 대해.

overawed 잔뜩 두려운 | creep 살금살금 움직이다

Into hiding / — where would we go, / in a town / or
숨게 되면   — 어디로 가는 걸까,   도시일까

the country, / in a house / or a cottage, / when, / how, /
아니면 시골,   집일까   아니면 오두막,   언제,   어떻게,

where…?
어디로…?

There were questions / I was now allowed to ask, / but I
여러 가지 질문들이 떠올랐지만   이제는 물어 볼 수 있는,

couldn't get them / out of my mind. Margot and I began
말을 꺼낼 수 없었어   내 마음속에서.   언니와 난 짐을 싸기 시작했어

to pack / some of our most vital belongings / into a
가장 중요한 소지품들을

school satchel. The first thing I put in / was this daisy,
학교 책가방에.   가장 먼저 챙긴 것은   이 일기장이고,

/ then hair curlers, / handkerchiefs, / schoolbooks, / a
그리고 머리 마는 기구,   손수건,   교과서,

comb, / old letters; / I put in the craziest things / with the
빗,   오래된 편지들이야;   난 가장 바보스러운 것들을 챙겼지   생각하면

idea / that we were going into hiding. But I'm not sorry, /
우리가 은신하러 가는 것을.   하지만 난 괜찮아,

memories mean / more to me than dresses.
추억들은 의미하니까   내게는 옷보다 더 많은 것을.

At five o'clock / Daddy finally arrived, / and we phoned
5시에   아빠가 드디어 도착하셨고,   우리는 쿠피스 씨에게 물어

Mr. Koophuis to ask / if he could come around / in the
보려 전화했어   오실 수 있는지

evening. Van Daan went and fetched Miep / has been in
저녁에.   반 단 아저씨는 미프 아주머니를 데리러 가셨어

the business with Daddy / since 1933 / and has become
아주머니는 아빠와 함께 일을 하셨고   1933년부터   친한 친구가 되었지

a close friend / likewise her brand-new husband, Henk.
아주머니의 새신랑, 헹크 아저씨도 마찬가지고.

Miep came and took / some shoes, / dresses, / coats, /
미프 아주머니는 와서 갖고 가셨어   신발과,   옷,   외투,

underwear, / and stockings / away in her bag, / promising to
속옷,   스타킹을   아주머니 가방에 담아서,   돌아오겠다고 약속하

return / in the evening. Then silence fell on the house; / not
시고   저녁에.   침묵이 집 안에 내려 앉았지;

one of us / felt like eating anything, / it was still hot / and
아무도   뭘 먹고 싶어 하지 않았어,   아직 더웠고

everything was very strange. We let our large upstairs room
모든 것이 아주 이상했어.   우리는 이층 큰 방을 임대해 주고 있어

/ to a certain Mr. Goudsmit, / a divorced man in his thirties,
가우드스미트라는 아저씨에게,   30대의 이혼한 남자인,

/ who appeared to have nothing to do / on this particular
그 아저씨는 아무 할 일이 없었나 봐   그 날 따라 저녁에;

evening; / we simply could not get rid of him / without
우리는 쫓아낼 수 없었어

being rude; / he hung about / until ten o'clock. At eleven
예의를 지키느라;   아저씨는 어슬렁거렸지   10시까지.   11시에

o'clock / Miep and Henk Van Santen arrived. Once again,
미프 아주머니와 헹크 반 산텐 아저씨가 도착했어.   다시 한 번,

/ shoes, / stocking, / books, / and underclothes disappeared
신발,   스타킹,   책,   그리고 속옷이 사라졌어

into Miep's bag and Henk's deep pockets, / and at eleven-
미프 아주머니와 헹크 아저씨의 깊은 주머니로,   그리고 11시 30분에

thirty / they too disappeared. I was dog-tired / and although
다시 가셨어.   난 아주 피곤해서   알았지만

I knew / that it would be my last night / in my own bed, / I
이것이 나의 마지막 밤이 될 것이라는 것을   내 침대에서,

fell asleep immediately / and didn't wake up / until Mummy
바로 잠이 들어서   일어나지 않았지   엄마가 날 깨울 때까지

called me / at five-thirty the next morning. Luckily / it was
다음 날 아침 5시 30분에.   다행히

not so hot as Sunday; / warm rain fell steadily / all day.
일요일만큼 덥지 않았어;   따뜻한 비가 계속해서 내렸지   하루 종일.

vital 필수적인, 중요한 | likewise 똑같이, 마찬가지로 | hang about 어슬렁거리다 | dog-tired 기진맥진한

We put on / heaps of clothes / as if we were going to
우리는 입었어   무지 많은 옷을   마치 북극에라도 가는 것처럼,

the North Pole, / the sole reason / being to take clothes
             그 이유는 단지   옷을 가져가기 위해서였어.

with us. No Jew in our situation / would have dreamed
우리 같은 처지의 유대인들은 아무도   나가는 것을 꿈도 꾸면 안 되기

of going out / with a suitcase / full of clothing. I had on
때문이야   가방을 갖고   옷이 가득 찬.   입었어

/ two vests, / three pairs of pants, / a dress, / on top of
조끼 두 벌,   바지 세 벌,   원피스,   그 위에

that / a skirt, / jacket, / *summer coat, / two pairs of
치마,   재킷,   서머코트,   스타킹 두 켤레,

stockings, / lace-up shoes, / woolly cap, / scarf, / and still
    레이스업 신발,   털 모자,   스카프,   그리고 더 입

more; / I was nearly stifled / before we started, / but no
었어;   거의 숨이 막힐 지경이었어   출발하기 전에,

one inquired about that.
하지만 아무도 괜찮은지 물어보지 않았지.

Margot filled her satchel / with schoolbooks, / fetched her
언니는 가방을 채우고,　　　　　　교과서로　　　　　　자전거를 가져와서,

bicycle, / and rode off behind Miep / into the unknown, / as
　　　　미프 아주머니 뒤를 따라 타고 떠났어　어딘가로,

far as I was concerned. You see I still didn't know / where
내가 아는 한.　　　　　　그때까지도 몰랐어

our secret hiding place was to be. At seven-thirty / the door
우리의 비밀 은신처가 어디가 될지.　　　7시 30분에

closed behind us. Moortje, my little cat, / was the only
등 뒤로 문이 닫혔어.　　우리 작은 고양이, 무르제가　　유일한 존재였지

creature / to whom I said farewell. She would have a good
　　　　내가 작별 인사를 한.　　　무르제에게 좋은 집을 찾아 주세요

home / with the neighbors. This was all / written in a letter /
이웃 중에.　　　　　　이 말이 전부였지　　편지에 쓴 것은

addressed to Mr. Goudsmit.
가우드스미트 아저씨에게 쓴.

There was one pound of meat / in the kitchen / for the cat,
고기 1파운드가 있었어　　　　　　부엌에　　　　고양이를 위해 남긴,

/ breakfast things / lying on the table, / stripped beds, / all
　아침에 먹은 것들이　　식탁 위에 놓여 있었고,　헝클어진 침대가

giving the impression / that we had left helter-skelter. But
인상을 주지　　　　　　우리가 허둥지둥 떠났다는.

we didn't care about impressions, / we only wanted to /
하지만 남들의 생각은 신경 쓰지 않았어,　　단지 원했을 뿐이야,

get away, / only escape / and arrive safely, / nothing else.
빠져 나가기를　　오로지 탈출해서　안전하게 도착하기를,　다름이 아니라.

Continued tomorrow.
내일 또 쓸게.

Yours, Anne
안네가

---

* 여름 옷 위에 걸치는 가벼운 코트. 방한이 목적이 아니므로 속에 입는 옷과 같은 천으로 얇은 것이나 비치는 옷감 등이 쓰인다.

heaps of 많은 | lace-up 끈으로 묶게 되어 있는 (신발) | stifled 숨이 막히는 | stripped 벗겨진, 헝크러진 |
helter-skelter 허둥지둥

A. 다음 문장을 해석해 보세요.

(1) It's an odd idea / for someone like me / to keep a diary; / not only because I have never done so before, / but because it seems to me / that neither I - nor for that matter anyone else — / will be interested in the unbosomings / of a thirteen-year-old schoolgirl.

→

(2) I know about thirty people / whom one might call friends / — I have strings of boy friends, / anxious to catch a glimpse of me / and who, / failing that, / peep at me through mirrors in class.

→

(3) We always manage to find / some kindhearted gentleman / or boy friend, / who presents us / with more ice cream / than we could devour / in a week.

→

(4) I'm not supposed to, / because my grandparents are very much against the Zionists.

→

B. 다음 주어진 문장이 되도록 빈칸에 써서 넣으세요.

(1) 쉬는 시간에 나는 모두에게 달콤한 비스킷을 대접했어.

During recess _____ .

(2) 좀 더 명확하게 말할게.

→

(3) 하지만 그 모든 것에도 불구하고 삶은 계속되었지.

But life went on _____ .

Answer

A. (1) 나같은 애가 일기를 쓴다는 건 이상하지. 예전에 해 본 적이 없어서가 아니라 13살짜리 여학생이 털어놓는 비밀에는 나 뿐만 아니라 아무도 관심이 없을 것처럼 보이기 때문이야. (2) 나는 친구라고 부를 수 있는 친구가 30명쯤 있어. 내가 한 번이라도 봐 주기를 바라다가 실패하고는 교실 거울로 나를 훔쳐보는 남자 친구들

(4) 아기 오리들은 <u>아빠 (오리)</u>에게 물려 죽었어.

The baby ducklings _____.

C. 다음 주어진 문구가 알맞은 문장이 되도록 순서를 맞춰 보세요.

(1) 그녀는 그것이 페터 베셀이라고는 짐작도 못할 거야.
(it's / guess / does / Little / she / Peter Wessel / that)
→

(2) 해리도 나도 뻣뻣하게 앉아 있고 싶지 않았어.
(Harry / felt / stiffly / Neither / I / sitting / like / nor)
→

(3) 이런 우울한 말들이 실행되는 것은 부디 먼 훗날이길!
(the fulfillment / far distant / May / of / yet / these somber
words / remain)
→

(4) 난 더 이상 좋은 결과를 기대할 필요가 없었을 정도야.
(better / have / I / hoped / couldn't / for)
→

D. 다음 단어에 대한 맞는 설명과 연결해 보세요.

(1) confide   ▶   ◀ ① change direction suddenly

(2) swerve   ▶   ◀ ② morally correct or acceptable

(3) outburst   ▶   ◀ ③ sudden strong expression of
                                   emotion

(4) decent   ▶   ◀ ④ tell a secret

이 줄을 서 있지. (3) 우리는 언제나 우리에게 일주일 동안에도 다 먹을 수 없는 아이스크림을 선물로 사 주
는 마음씨 좋은 아저씨나 남자 친구를 찾아내곤 하지. (4) 난 가면 안 돼, 왜냐하면 우리 조부모님이 시온주
의자들을 매우 반대하시거든. | B. (1) I treated everyone to sweet biscuits (2) Let me put it more clearly. (3)
in spite of it all (4) were bitten to death by Father | C. (1) Little does she guess that it's Peter Wessel. (2)
Neither Harry nor I felt like sitting stiffly. (3) May the fulfillment of these somber words remain far distant
yet. (4) I couldn't have hoped for better. | D. (1) ④ (2) ① (3) ③ (4) ②

45

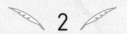

Thursday, 9 July, 1942
1942년 7월 9일 목요일

Dear Kitty,
키티에게,

So we walked in the pouring rain, / Daddy, / Mummy,
그렇게 우리는 쏟아지는 빗속을 걸었어,　　　　　아빠와,　　　엄마,

/ and I, / each with a school satchel and shopping bag
그리고 나는, 각자 책가방과 쇼핑백을 들고

/ filled to the brim / with all kinds of things / thrown
입구까지 꽉 찬　　　　　온갖 물건들로

together anyhow.
어떻게든 쑤셔 넣은.

We got sympathetic looks / from people / on their way
동정어린 시선을 받았단다　　　　　사람들로부터　　　일터로 향하는.

to work. You could see / by their faces / how sorry they
알 수 있을 거야　　　사람들 얼굴에서　　　얼마나 미안하게 생각하는지

were / they couldn't offer us a lift, / the gaudy yellow
우리를 태워 줄 수 없어서,　　　　　눈에 띄는 노란 별을 단 우리가

star spoke for itself.
유대인인 것이 자명하니까.

Only when we were on the road / did Mummy and
큰 길에 와서야   엄마와 아빠는

Daddy / begin to tell me / bits and pieces / about the
내게 말씀하기 시작하셨어   조금씩   계획에 대해.

plan. For months / as many of our goods and chattels and
여러 달 동안   가능한 한 많은 물건들과 소지품, 생필품 등을

necessities of life as possible / had been sent away / and
옮겨 놓으셨고

they were sufficiently ready for us / to have gone into
그래서 모든 물품이 충분히 준비되었다고   우리가 은신하기 위해

hiding / of our own accord / on July 16. The plan had had
자발적으로   7월 16일에.   계획은 앞당겨져야만 했어

to be speeded up / ten days / because of the call-up, / so
열흘이   동원영장 때문에,

our quarters would not be so well organized, / but we had
그래서 숙소는 제대로 정리되지 못했지,

to make the best of it. The hiding place itself / would be
하지만 우리는 참고 견뎌야 했어.   은신처 자체는

in the building / where Daddy has his office. It will be
건물 안에 있을 거야   아빠 사무실이 있는.

hard for outsiders / to understand, / but I shall explain
외부인은 힘들 거야   이해하기,   하지만 설명할게

that / later on. Daddy didn't have many people / working
        나중에.   아빠에게는 직원이 많지 않았어

for him: / Mr. Kraler, / Koophuis, / Miep, / and Elli
같이 일하는: 크랄러 씨,   쿠피스 씨,   미프 아주머니, 그리고 엘리 보센 언

Vossen, / a twenty-three-year-old typist / who all knew
니가 있어,   23살의 타이피스트인   모두 우리가 올 것을 아는.

of our arrival. Mr. Vossen, / Elli's father, / and two boys
보센 씨와,   엘리 언니의 아버지인,

worked in the warehouse, / they had not been told.
창고에서 일하는 두 남자 직원에게는,   알리지 않았어.

brim 윗부분, 입구 | gaudy 촌스러운, 눈에 띄는 | speak for itself 자명하다 | chattel 소지품 | of one's own
accord 자발적으로 | quarter 지구, 숙소 | make the best of it (힘든 상황에서) 나름대로 최선을 다하다

I will describe the building: / there is a large warehouse
건물을 설명해 줄게:　커다란 창고가 있어

/ on the ground floor / which is used as a store. The front
1층에는　가게로 쓰이는.

door to the house / is next to the warehouse door, / and
집으로 들어오는 정문은　창고 문 옆에 있어,

inside the front door / is a second doorway / which leads to
그리고 정문 안쪽에는　또 다른 출입구가 있어

a staircase. There is another door / at the top of the stairs,
계단으로 가는.　문이 또 하나 있지　계단 위에,

/ with a frosted glass window in it, / which has "Office"
반투명 유리가 달린,　유리 위에는 "사무실"이라 써 있어

written / in black letters / across it. That is the large main
검은 글씨로　가로 질러서.　그곳은 커다란 주요 사무실이야,

office, / very big, / very light, / and very full. Elli, / Miep,
아주 넓고,　환하고,　물건들로 꽉 차 있지. 엘리 언니와, 미프 아주머니,

/ and Mr. Koophuis / work there / in the daytime. A small
그리고 쿠피스 씨는　이곳에서 일해　낮에.

dark room / containing the safe, / a wardrobe, / and a large
작고 어두운 방은　금고와,　옷장,　그리고 큰 선반이

cupboard / leads / to a small somewhat dark second office.
있는　통하지　작고 다소 어두운 두 번째 사무실로.

Mr. Kraler and Mr. Ban Daan / used to sit here, / now it is
크랄러·씨와 반 단 아저씨가　이곳에서 일했었는데,　지금은 단지

only Mr. Kraler. One can reach Kraler's office / from the
크랄러 씨뿐이야.　크랄러 씨 사무실에 갈 수 있어

passage, / but only via a glass door / which can be opened
복도에서,　하지만 유리문을 통해서만　안에서는 열리지만,

from the inside, / but not easily from the outside.
밖에서는 쉽게 열리지 않는.

---

frosted glass 반투명 유리 | showroom 전시실, 가장 멋진 방 | dignified 품위 있는 | linoleum 리놀륨(건물
바닥재로 쓰이는 물건) | faucet 수도꼭지 | landing 층계참 | annexe 부속 건물, 딴채

From Kraler's office / a long passage goes past the coal
크랄러 씨 사무실에서부터   긴 복도가 석탄 창고로 이어져 있어,

store, / up four steps / and leads to the showroom of
          네 계단을 올라가면   빌딩 전체에서 가장 멋진 방으로 갈 수 있지:

the whole building: / the private office. Dark, dignified
          개인 사무실이야.   짙은 색의 품위 있는 가구,

furniture, / linoleum and carpets on the floor, / radio, /
          바닥에 깔려 있는 리놀륨과 양탄자,   라디오,

smart lamp, / everything first-class. Next door / there is a
멋진 전등,   모든 것이 최고급이지.   옆 방에는

roomy kitchen / with a hot-water faucet / and a gas stove.
넓은 부엌이 있어   온수가 나오는 수도와   가스 난로가 있는.

Next door the W.C. That is the first floor.
그 다음은 화장실이야.   여기가 2층이지.

A wooden staircase leads / from the downstairs passage
나무로 된 계단을 오르면   아래층 복도로부터

/ to the next floor. There is a small landing / at the top.
          다음 층이 나와.   작은 계단참이 있어   꼭대기에는.

There is a door / at each end of the landing, / the left one
문이 있지   계단참 양쪽 끝에는 각각,   왼쪽 문은

/ leading to a storeroom / at the front of the house / and to
          창고와 연결되어 있어   집의 앞쪽에 있는   그리고 다락

the attics. One of those really steep Dutch staircases runs /
방들로.   진짜 가파른 네덜란드 식 계단과 통해 있어

from the side / to the other door / opening on to the street.
측면에서   다른 문으로   거리 쪽으로 난.

The right-hand door / leads to our "Secret Annexe." No
오른쪽 문은   우리의 "은신처"로 이어져.

one would ever guess / that there would be so many rooms
아무도 짐작조차 못할 거야   그렇게 많은 방이 있으리라고

/ hidden / behind that plain gray door. There's a little step
          숨겨진   그렇게 평범한 회색 문 뒤로.   작은 계단이 있는데

/ in front of the door / and then you are inside.
          문 앞에   그 다음 은신처로 들어가게 되는 거지.

There is a steep staircase / immediately opposite the
가파른 계단이 있어   바로 입구 맞은 편에.

entrance. On the left / a tiny passage / brings you into a
원쪽의   작은 통로는   방으로 갈 수 있어

room / which was to become / the Frank family's bed-
될 예정인   우리 가족의 거실 겸 침실이,

sitting-room, / next door / a smaller room, / study and
              다음 문은   작은 방이야,   공부방과 침실이 될

bedroom / for the two young ladies / of the family. On
          어린 두 숙녀를 위한   우리 가족의.

the right / a little room / without windows / containing
오른쪽에는   작은 방이 있어   창문이 없는

the washbasin / and a small W.C. / compartment, / with
세면대와   작은 화장실과   칸막이가 있고,   그리고 또

another door / leading to Margot's and my room. If you
다른 문이 있는   마르호트 언니와 내 방으로 통하는.

go up / the next flight of stairs / and open the door, / you
올라가서   다음 계단을   문을 열면,

are simply amazed / that there could be such a big light
깜짝 놀랄 거야   넓고 밝은 방이 있다는 것에

room / in such an old house / by the canal. There is a gas
이런 낡은 집에   운하 옆의.   가스 난로가 있어

stove / in this room / (thanks to the fact / that it was used
이 방에   (사실 덕에   이 방이 실험실이었다는)

as a laboratory) / and a sink. This is now the kitchen /
              그리고 싱크대가.   이곳이 지금은 부엌이 되었지

for the Ban Daan couple, / besides being general living
반 단 부부의,   거실로 쓰이는 것 외에도,

room, / dining room, / and scullery.
식당과,   그리고 부엌방.

---

bed-sitting-room 침실 겸 거실 | washbasin 세면기 | compartment 칸막이, 사물함 | canal 운하, 수로 |
scullery 부엌방 | corridor 복도, 통로 | longwinded 장황한 | description 묘사, 서술 | dwelling 주거지 |
chock-full 꽉 들어찬 | rubbish 쓰레기 | indescribably 형언할 수 없게

A tiny little corridor room / will become Peter Van
작은 복도 방은   페터 반 단의 방이 될 거야.

Daan's apartment. Then, / just as on the lower landing, /
그리고,   아래층 계단참에 있는 것처럼,

there is a large attic. So there you are, / I've introduced
커다란 다락방이 있지.   자 여기까지야,   네게 소개했어

you / to the whole of our beautiful "Secret Annexe."
우리의 아름다운 "은신처" 전체를.

Yours, Anne
안네가

Friday, 10 July, 1942
1942년 7월 10일 금요일

Dear Kitty,
키티에게,

I expect / I have thoroughly bored you / with my
짐작해   완전히 널 지루하게 했을 거라고

longwinded descriptions of our dwelling. But still I think
우리 집에 대한 장황한 설명으로.   하지만 아직도 생각해

/ you should know / where we've landed.
네가 알아야 한다고   우리가 정착한 곳에 대해.

But to continue my story / — you see, / I've not finished
하지만 이야기를 계속하자면   — 알다시피,   아직 끝나지 않았어 —

yet — / when we arrived at the Prinsengracht, / Miep
우리가 프린센흐라흐트에 도착하자,   미프 아주머니는

took us quickly / upstairs / and into the "Secret Annexe."
우리를 서둘러 데려가셨어   위층으로   그리고 "은신처"로.

She closed the door behind us / and we were alone.
미프 아주머니가 문을 닫자   우리뿐이었어.

Margot was already waiting for us, / having come much
마르호트 언니는 이미 우리를 기다리고 있었어,   훨씬 빨리 와서

faster / on her bicycle. Our living room and all the other
자전거를 타고.   거실과 다른 모든 방들은

rooms / were chock-full of rubbish, / indescribably
쓰레기로 꽉 들어차 있었어,   형언할 수 없이 가득.

so. All the cardboard boxes / which had been sent to
모든 상자들이 .... 사무실로 보낸

the office / in the previous months / lay piled / on the
.... 지난 몇 달 간 .... 쌓여 있었어

floor and the beds. The little room was filled / to the
바닥과 침대에. .... 작은 방은 차 있었지 .... 천정까지

ceiling / with bedclothes. We had to start clearing up /
.... 침구로. .... 우리는 청소를 시작해야 했어

immediately, / if we wished to sleep / in decent beds /
즉시, ... 자고 싶다면 .... 제대로 된 침대에서.

that night. Mummy and Margot were not in a fit state / to
그날 밤 .... 언니와 엄마는 상태가 아니었지

take part, / they were tired / and lay down on their beds,
참여할 만한, ... 피곤해서 .... 침대에 누워 있었어,

/ they were miserable, / and lots more besides. But the
언니와 엄마는 우울해 했고, ... 그 외에도 여러 가지 이유가 있었지.

two "clearers-up" of the family / — Daddy and myself
하지만 우리 가족 두 "청소부"는 .... — 아빠와 나야 —

— / wanted to start at once.
.... 바로 시작하고 싶었지.

The whole day long / we unpacked boxes, / filled
하루 종일 .... 우리는 상자를 풀어서

cupboards, / hammered and tidied, / until we were dead
선반에 정리하고, ... 못을 박고 청소했어, ... 완전히 녹초가 될 때까지.

beat. We sank into clean beds / that night. We hadn't had
우리는 깨끗한 침대 속에 늘어졌지 .... 그날 밤. .... 아무것도 먹지 못했지

/ a bit of anything warm / the whole day, / but we didn't
따뜻한 것이라고는 .... 하루종일, ... 하지만 신경 쓰지 않았어;

care; / Mummy and Margot were too tired and keyed up
엄마와 언니 역시 너무 피곤하고 긴장했거든

/ to eat, / and Daddy and I were too busy.
먹기에는, ... 그리고 아빠와 나는 너무 바빴어.

decent 제대로 된, 괜찮은 | hammer 못을 박다 | tidy 정리하다 | dead beat 피곤해 죽을 지경인 | keyed up
긴장한 | ration 배급표 | blackout 암막 커튼 | scrub 문질러 닦다 | on the go 끊임 없이 일하며

On Tuesday morning / we went on / where we left off / the
화요일 아침에   우리는 계속 했지   하다 남긴 일들을

day before. Elli and Miep collected / our rations for us,
전날.   엘리 언니와 미프 아주머니가 받아왔으며   우리를 위해 식량 배급표를 ,

/ Daddy improved the poor blackout, / we scrubbed the
아빠는 낡은 암막 커튼을 손봤고,   우리는 부엌 바닥을 문질러 닦으며,

kitchen floor, / and were on the go / the whole day long
쉬지 않고 일했지   또 하루종일.

again. I hardly had time / to think about the great change
난 시간을 낼 수 없었어   엄청난 변화에 대해 생각할

/ in my life / until Wednesday. Then I had a chance, / for
내 삶에 닥친   수요일까지.   그리고 나서야 기회가 생겼고,

the first time / since our arrival, / to tell you all about it, /
처음으로   도착한 이래로,   변화에 대해 네게 말할,

and at the same time / to realize myself / what had actually
동시에   깨닫게 되었어   실제로 내게 생긴 일과

happened to me / and what was still going to happen.
계속해서 일어날 일을.

Yours, Anne
안네가

Key Expression♀

lie의 해석

자동사 lie(lie-lay-lain)은 '눕다, 놓여 있다, (어떤 상태로) 있다'라는 의미
로 쓰입니다. 이때 사물이 주어일 경우, lie는 be 동사와 같은 의미로 해석하면
편하답니다.

ex) All the cardboard boxes which had been sent to the office in the previous
months lay piled on the floor and the beds.
지난 몇 달 간 사무실로 보냈던 모든 상자들이 바닥과 침대에 쌓여 있었어.
('있다'의 뜻)
They were tired and lay down on their beds.
그들은 피곤해서 침대에 누워 있었어. ('눕다'의 뜻)
With a slap and a snatch, the books lay on the table
한 대 때리고 낚아채자, 책들은 테이블 위에 놓였어. ('놓여 있다'의 뜻)

Saturday, 11 July, 1942
1942년 7월 11일 토요일

Dear Kitty,
키티에게,

Daddy, Mummy, and Margot / can't get used / to the sound
아빠와 엄마, 그리고 언니는   익숙해질 수 없대

of the Westertoren clock / yet, / which tells us the time /
베스테르토렌 교회의 시계 소리에   아직,   그 소리는 시간을 알려 줘

every quarter of an hour. I can. I loved it / from the start,
15분 마다.   난 괜찮아. 그 소리가 좋았어 처음부터,

/ and especially in the night / it's like a faithful friend. I
특히 밤에   그 소리는 마치 믿음직한 친구같아.

expect / you will be interested to hear / what it feels like
생각해   너도 듣고 싶을 거라고   "사라지다"라는 것이 어떤 기분

to "disappear"; / well, / all I can say is / that I don't know
인지;   음,   내가 할 수 있는 말은   아직 잘 모르겠다는 거야.

myself yet. I don't think / I shall ever feel really at home
생각하지 않아   앞으로도 편안하게 지낼 거라

/ in this house, / but that does not mean / that I loathe it
이 집에서,   그러나 그 말이 뜻하지는 않아   내가 이곳을 혐오한다고,

here, / it is more like being on vacation / in a very peculiar
오히려 방학을 보내는 것 같아   아주 괴상한 기숙사에서.

boardinghouse. Rather a mad idea, / perhaps, / but that is
좀 이상한 생각이지만,   어쩌면,

how it strikes me. The "Secret Annexe" / is an ideal hiding
하지만 난 그런 기분이 들어.   "은신처"는   이상적인 은신처야.

place. Although it leans to one side / and is damp, / you'd
비록 집이 한 쪽으로 좀 기울고   눅눅하지만,   절대 찾을 수

never find / such a comfortable hiding place / anywhere
없을 걸   이렇게 편안한 은신처를

in Amsterdam, / no, / perhaps not even in the whole of
암스테르담 어느 곳에서도, 아니,   아마 네덜란드 전체에서도.

Holland. Our little room / looked very bare at first / with
작은 방은   처음에 아주 썰렁해 보였지

nothing on the walls; / but thanks to Daddy / who had
벽에 아무것도 없어서;   하지만 아빠 덕에

brought / my film-star collection and picture postcards / on
가져 오신   내 영화배우 모음과 사진 엽서들을

beforehand, / and with the aid of paste pot and brush, / I
미리,   풀과 붓을 사용해서,

have transformed the walls / into one gigantic picture. This
벽을 바꿔 버렸어   거대한 그림으로.

makes it look much more cheerful, / and, / when the Van
이로 인해 벽은 훨씬 생기 있어 보여,   그리고,   반 단 아저씨 가족이 오면,

Daans come, / we'll get some wood from the attic, / and
          다락방에서 나무를 좀 얻을 거야,

ends to make it look more lively.
그래서 벽을 더 활기차게 보이도록 마무리 지어야지.

Margot and Mummy are / a little bit better now. Mummy
마르흐트 언니와 엄마는   이제 좀 나아졌어.   엄마는 괜찮아지

felt well / enough to cook some soup / for the first time
셨어   수프를 좀 만들 만큼   어제 처음으로,

yesterday, / but then forgot all about it, / while she was
          하지만 그리곤 다 잊어버리셨지,   아래층에서 수다를 떠는 동안,

downstairs talking, / so the peas were burned to a cinder
          그래서 콩은 새까맣게 타 버려서

/ and utterly refused to leave the pan. Mr. Koophuis has
냄비에 완전히 눌러 붙어 버렸어.   쿠피스 씨는 내게 책 한 권을 갖다

brought me a book / called "Young People's Annual". The
주셨어   "청소년 연감"이라는.

four of us went to the private office / yesterday evening /
우리 넷은 개인 사무실에 가서   어제 저녁에

and turned on the radio. I simply begged Daddy / to come
라디오를 켰지.   나는 아빠한테 졸랐을 뿐이야

upstairs with me. Mummy understood / how I felt / and
나랑 위층에 올라오자고.   엄마도 이해하시고   내가 어떤 기분일지

came too. We are very nervous / in other ways, / too, / that
올라오셨지.   우리는 굉장히 예민해   다른 일에서도,   역시,

feel at home 마음이 편안하다 | loathe 혐오하다, 지긋지긋하게 싫다 | peculiar (불쾌하거나 걱정스러울 정도로)
이상한, 특유한 | boardinghouse 기숙사 | strike 떠오르다 | damp 축축한, 눅눅한 | bare 헐벗은, 썰렁한 |
beforehand 사전에, 미리 | paste 풀 | gigantic 거대한 | cheerful 발랄한, 생기를 주는 | lively 활기 넘치는 |
burn to a cinder 새까맣게 타다 | utterly 완전히 | annual 연감 | beg 간청하다

the neighbors might hear us / or see something going
이웃들이 우리 소리를 듣거나   무슨 일이 생기는 것을 볼 테니까.

on. We made curtains / straight away / on the first day.
우리는 커튼을 만들었어   바로   첫날에.

Really one can hardly call them curtains, / they are just
사실 커튼이라고 부를 수도 없긴 해,   단지 가볍고,

light, / loose strips of material, / all different shapes,
느슨한 천 조각들이거든,   모두 다른 모양과,

/ quality, / and pattern, / which Daddy and I sewed
질감과,   무늬의,   아빠와 내가 함께 바느질 했어

together / in a most unprofessional way. These works of
정말 엉성한 솜씨로.   이 예술품은

art / are fixed in position / with drawing pins, / not to
자리를 잡아 고정되었지   압정으로,

come down / until we emerge from here.
흘려 내리지 않게   우리가 여기에서 나갈 때까지.

straight away 즉시, 지체 없이 | strip (천, 널빤지 등의) 가늘고 긴 조각 | in position 바른 자리에, 제자리에 |
drawing pin 압정 | emerge 나오다 | premises 건물이 딸린 부지 | workshop 작업장, 공장 | swallow 삼키다
| dose (약의) 복용량 | codeine 코데인 (진통제의 일종) | look for ~를 바라다 | protector 보호자 | oppressive
답답한

There are some large business premises / on the right of
커다란 상가 부지가 있어   우리 건물 오른쪽에,

us, / and on the left / a furniture workshop; / there is no
그리고 왼쪽에는   가구 공장이 있어;

one there / after working hours / but even so, / sounds
아무도 없어   근무 시간 이후에는   하지만 그렇다고 해도,

could travel through the walls. We have forbidden
소리라는 것은 벽을 타고 돌아다닐 수 있지.   우리는 언니에게 기침하지 못하게 하고

Margot to cough / at night, / although she has a bad cold,
밤에,   비록 심한 감기에 걸려 있지만,

/ and make her swallow large doses of codeine. I am
코데인을 많이 먹였어.

looking for Tuesday / when the Van Daans arrive; / it
난 화요일을 기다리고 있어   반 단 아저씨 가족이 도착할;

will be much more fun / and not so quiet. It is the silence
더 재미있고   별로 조용하지 않겠지.   적막함이야

/ that frightens me so / in the evenings and at night. I
날 그렇게 겁에 질리게 하는 것은   저녁과 밤에.

wish like anything / that one of our protectors / could
좋겠어   보호자 중 누군가   이곳에서 잘 수

sleep here / at night. I can't tell you / how oppressive it
있으면   밤에.   말할 수 없어   얼마나 답답한지

is / never to be able to go outdoors, / also I'm very afraid
밖에 절대 나갈 수 없다는 것이,   또 매우 무서워

/ that we shall be discovered / and be shot. That is not
우리가 발각되어   총살될 수 있다는 것이.

exactly a pleasant prospect. We have to whisper / and
그것은 과히 즐거운 상상은 아니지.   우리는 속삭이면서

tread lightly / during the day, / otherwise the people in
살그머니 다녀야 해   낮에는,   안 그러면 창고에 있는 사람들이

the warehouse / might hear us.
우리 소리를 들을지도 몰라.

Someone is calling me.
누가 날 부르네.

Yours, Anne
안네가

Friday, 14 August, 1942
1942년 8월 14일 금요일

Dear Kitty,
키티에게,

I have deserted you / for a whole month, / but honestly,
널 방치해 두었지만   꼬박 한 달간,   솔직히,

/ there is so little news here / that I can't find amusing
이곳은 그다지 소식이 많지 않아서   재미있는 이야기거리를 찾을 수 없어

things / to tell you / every day. The Van Daans arrived
네게 말해 줄   매일.   반 단 가족은 7월 13일에 도착했어.

on July 13. We thought / they were coming on the
생각했어   그들이 14일에 올 거라고,

fourteenth, / but between the thirteenth and sixteenth
하지만 7월 13일과 16일 사이에

of July / the Germans called up people / right and left /
독일군이 사람들을 동원했고   사방에서

which created more and more unrest, / so they played
그러자 점점 더 불안한 분위기가 형성되었어,   그래서 반 단 아저씨 네도

for safety, / better a day too early / than a day too late.
신중을 기했어,   하루 빠른 것이 나으니까   너무 늦어져 버리는 것보다는.

Key Expression ▸

to one's + 감정 추상명사 : ~하게도

감정을 나타내는 형용사 앞에 to one's를 붙이면 '(~가) ~하게도'라는 뜻으로 부사의 의미를 띠게 됩니다.

▶ to one's surprise : 놀랍게도 (=surprisingly)
▶ to one's sorrow : 슬프게도 (=sorrowfully)
▶ to one's delight : 즐겁게도 (=delightfully)
▶ to one's satisfaction : 만족스럽게도 (=satisfactorily)
▶ to one's regret : 후회스럽게도 (=regretfully)

ex) To our great amusement she had a large pottie n her hat box.
재미있게도 아주머니가 모자 박스 속에 커다란 요강을 넣어 가져오셨어.

desert 방치하다 | right and left 온 천지에, 사방에 | unrest (사회, 정치적인) 불안 | play for safety 안전하게
굴다, 신중을 기하다 | gawky 흐느적거리는 | pottie 요강 | chamber 요강 | permanent 영구적인 | resting
place 안식처 | divan 침대 | cozily 아늑하게 | inhabited 사람이 살고 있는

At nine-thirty in the morning / (we were still having
아침 9시 30분에 (우리는 아직 아침을 먹고 있었어)

breakfast) / Peter arrived, / the Van Daans's son, / not
페터가 도착했어, 반 단 아저씨 아들인,

sixteen yet, / a rather soft, / shy, / gawky youth; / can't
아직 16살이 안 된, 다소 부드럽고, 수줍은, 순한 남자 애야;

expect much / from his company. He brought his cat /
많이 기대할 수 없어 함께 할 상대로. 페터는 자기 고양이를

(Mouschi) / with him. Mr. and Mrs. Van Daan / arrived
(마우시라는) 데려왔어. 반 단 아저씨와 아주머니도

half an hour later, / and to our great amusement / she
30분 후에 도착했는데, 엄청 재미있게도 아주머니가

had a large pottie / in her hat box. "I don't feel at home
커다란 요강을 가져오셨어 모자 박스에. "편하지 않아

/ anywhere / without my chamber," / she declared, / so
어디에서도 내 요강 없이는." 아주머니가 단언했어,

it was the first thing / to find its permanent resting place
그래서 첫 번째로 요강의 고정된 안식처를 찾아주셨지

/ under her divan. Mr. Van Daan did not bring his, / but
아주머니 침대 아래. 반 단 아저씨는 요강을 가져오지 않았지만,

carried a folding tea table / under his arm.
접이식 티 테이블을 끼고 오셨지 겨드랑이에.

From the day they arrived / we all had meals cozily
반 단 아저씨 네가 도착한 날부터 모두 함께 단란하게 밥을 먹었지

together / and after three days / it was just as if we were
그리고 사흘이 지나니 우리는 마치 대가족 같아졌어.

one large family. Naturally / the Van Daans were able to
자연히 반 단 아저씨 네는 우리에게 말할 수 있었지

tell us a lot / about the extra week / they had spent / in
그 일주일에 대해 그들이 지냈던

the inhabited world. Among other things / we were very
사람이 살고 있는 세상에서. 그 이야기들 중에서

interested to hear / what had happened / to our house and
우리는 매우 재미있게 들었어 일어났던 일을 우리 집과 가우드스미트

to Mr. Goudsmit. Mr. Van Daan told us: /
아저씨에게. 반 단 아저씨는 우리에게 말했어: /

"Mr. Goudsmit phoned / at nine o'clock on Monday
"가우드스미트 아저씨가 전화해서   월요일 아침 9시에

morning / and asked if I could come around. I went
내게 와 줄 수 있는지 물어봤죠.

immediately / and found G. / in a state of great agitation.
바로 가서   그를 봤어요   매우 흥분한 상태의.

He let me read a letter / that the Franks had left behind
제게 편지를 읽으라고 하더군요   당신들이 남겼던

/ and wanted to take the cat / to the neighbors / as
그리고 고양이를 맡기고 싶어 했는데   이웃에게

indicated in the letter, / which pleased me. Mr. G. was
편지에서 부탁한대로,   참 재미있더군요.   가우드스미트 씨는 두려

afraid / that the house would be searched / so we went
워해서   독일군이 집을 뒤질지도 모른다고

through all the rooms, / tidied up a bit, / and cleared
우리는 방마다 돌아다녔어요,   조금씩 정리하면서,   그리고 치웠어요

away / the breakfast things. Suddenly / I discovered a
아침거리들을.   불현듯   메모장을 발견했어요

writing pad / on Mrs. Frank's desk / with an address in
프랭크 부인의 책상에서   마스트리히트 주소가

Maastricht / written on it. Although I knew / that this
적힌.   알고 있었지만

was done on purpose, / I pretended to be very surprised
그 주소를 일부러 써 놓았다는 것을,   매우 놀라서 충격 받은 척 했어요

and shocked / and urged Mr. G. to tear up / this
그리고 가우드스미트 씨에게 찢어 버리라고 했죠

unfortunate little piece of paper / without delay.
이런 불길한 종이 쪽지를   바로.

"I went on pretending / that I knew nothing / of your
"그리고 계속 연기했지만   아무것도 모른다는 듯이   당신 가족이 사라진

disappearance / all the time, / but after seeing the paper,
것에 대해   계속,   그 종이를 보고 나서,

agitation 불안, 동요 | writing pad (한 장씩 떼어 쓰는) 편지지 | on purpose 고의로, 일부러 | urge 강력히
권고하다 | brain wave 영감, 묘안 | dawn on 깨닫게 되다 | refer to ~을 나타내다 | high-ranking 고위의,
중요한 | arise 생기다, 발생하다 | station 자리잡다, 있다

/ I got a brain wave. 'Mr. Goudsmit' / — I said — / 'it
갑자기 묘안이 떠올랐어요.   '가우드스미트 씨'   — 난 말했어요 —

suddenly dawns on me / what this address may refer to.
'지금 막 깨달았어요   이 주소가 뭘 의미하는지.

Now it all comes back to me, / a high-ranking officer was
이제 생각이 나요,   고위 장교 한 명이 사무실에 왔었는데

in the office / about six months ago, / he appeared to be
약 6개월 전에,   그 고위 장교는 아주 친했고

very friendly / with Mr. Frank / and offered to help him,
프랭크 씨와   그리고 도와주려 했죠,

/ should the need arise. He was stationed in Maastricht.
필요할 때.   그 장교가 마스트리히트에서 있어요.

I think / he must have kept his word / and somehow or
생각해요   그 장교가 분명히 약속을 지켰다고   그래서 어떤 식으로든

other / managed to get them / into Belgium / and then on
프랭크 씨 네를 데려 갔다고   벨기에로

to Switzerland. I should tell this / to any friends / who
그런 다음 스위스로.   말해야겠어요   친구들에게   혹시 프랭크

may inquire. Don't, / of course, / mention Maastricht.'
씨 네에 대해 물어보는. 않을 거예요, 물론,   마스트리히트를 언급하지는.'

With these words / I left the house. Most of your friends
이 말을 하고   집을 나섰죠.   당신 친구들 대부분은 이미 알고

know already, / because I've been told myself / several
있어요,   왜냐하면 나도 얘기를 들었으니까요   여러 번

times / by different people."
다른 사람들한테."

Key Expression

can't~enough : 아무리 ~해도 부족하다, 더할 나위 없이 ~하다
can't ~ enough는 '아무리 ~해도 부족하다', 즉 '더할 나위 없이 ~하다'라는
뜻을 가진 표현입니다. enough 대신에 too를 사용해도 비슷한 의미가 됩니다.

ex) He can't do enough to help.
   그는 더할 나위 없이 많은 도움을 주지.

We were highly amused / at the story / and, when Mr.
우리는 대단히 즐거워했고   그 이야기에

Van Daan gave us further details, / laughed still more /
반 단 아저씨가 더 자세한 내용을 얘기해 주었을 때,   더 많이 웃었지

at the way / people can let their imagination run away
방식에 대해   사람들이 상상의 나래를 펼쳐가는

/ with them. One family had seen / the pair of us pass
나름대로.   한 가족은 봤대   우리 중 두 명이 지나가는 것을

/ on bicycles / very early in the morning / and another
자전거를 타고   이른 아침에   그리고 어떤 아주머니는

lady knew / quite definitely / that we were fetched / by a
안다고 했대   분명히   우리가 실려갔다는 것을

military car / in the middle of the night.
군용차에   한밤중에.

Yours, Anne
안네가

Friday, 21 August, 1942
1942년 8월 21일 금요일

Dear Kitty,
키티에게,

The entrance to our hiding place / has now been properly
은신처로 들어오는 입구는   제대로 잘 숨겨졌어.

concealed / Mr. Kraler thought / it would be better to
크랄러 씨는 생각하셨어   책장을 놓는 것이 나을 거라고

put a cupboard / in front of our door / (because a lot of
문 앞에

houses are being searched / for hidden bicycles), /but of
(왜냐하면 많은 집들이 수색당하고 있거든   숨긴 자전거를 찾느라),   하지만 물론

course / it had to be a movable cupboard / that can open
움직일 수 있는 책장이어야만 했어

like a door.
문처럼 열 수 있는.

Mr. Vossen made the whole thing. We had already let
보센 씨가 이 모든 것을 만드셨지.   우리는 이미 보센 씨를 끌어들였어

him / into the secret / and he can't do enough to help. If
비밀 속으로   그리고 보센 씨는 더할 나위 없이 도움을 많이 주시지.

we want to go downstairs, / we have to first bend down / and
아래층으로 가려면,   우선 몸을 숙이고

then jump, / because the step has gone. The first three days
뛰어내려야 해,   왜냐하면 계단을 치워버렸거든.   처음 사흘 동안

/ we were all going about / with masses of lumps / on our
우리는 모두 다녔지   혹을 잔뜩 달고

foreheads, / because we all knocked ourselves / against the
이마에,   왜냐하면 계속 부딪혔거든   낮은 입구에.

low doorway. Now we have nailed a cloth / filled with wood
지금은 천을 박아 두었어   톱밥을 채운

wool / against the top of the door. Let's see / if that helps!
문 위에.   두고 보자고   그것이 도움이 되는지!

I'm not working much / at present; / I'm giving myself
공부를 많이 하지 않아   지금은;   내 자신에게 휴가를 주고 있지

holidays / until September. Then Daddy is going to give me
9월까지.   그 이후에는 아빠가 날 가르치실 거야;

lessons; / it's shocking / how much I've forgotten already.
충격적이야   벌써 얼마나 많은 것을 잊어버렸는지.

There is little change / in our life here. Mr. Van Daan
거의 변화가 없어   이곳에서의 우리 삶에는. 반 단 아저씨와 나는

and I / usually manage to upset each other, / it's just the
                늘 서로의 신경을 건드려,

opposite with Margot / whom he likes very much. Mummy
마르호트 언니와는 정 반대야   반 단 아저씨가 많이 좋아하는.

sometimes treats me / just like a baby, / which I can't bear.
엄마는 때때로 날 취급해   마치 아기처럼,   그런데 난 그것을 참을 수 없어.

Otherwise / things are going better. I still don't like Peter
그렇지만 않다면   생활이 더 나을 텐데.   난 아직도 페터를 좋아하지 않아,

any more, / he is so boring; / he flops lazily on his bed / half
        그 애는 아주 지루해;   침대에서 게으르게 뒹굴다가   거의 대

the time, / does a bit of carpentry, / and then goes back for
부분의 시간을,   목공 일을 좀 하고,   또 잠을 자러 침대로 돌아가지.

another snooze. What a fool!
        정말 멍청해!

definitely 분명히, 확실히 | conceal 감추다, 숨기다 | go about 다니다 | masses of 다수의, 다량의 | lump 혹 |
wood wool 톱밥 | flop 털썩 주저앉다 | carpentry 목수일 | snooze 졸다

63

It is lovely weather / and in spite of everything / we make
날씨가 정말 좋아   그리고 이런 모든 일에도 불구하고

the most we can of it / by lying on a camp bed / in the
우리가 할 수 있는 한 즐기고 있어   간이 침대에 누워서   다락방에 있는,

attic, / where the sun shines / through an open window.
그 다락방에는 햇빛이 비쳐   열린 창문으로.

Yours, Anne
안네가

Wednesday, 2 September, 1942
1942년 9월 2일 수요일

Dear Kitty,
키티에게,

Mr. and Mrs. Van Daan / have had a terrific quarrel, / I've
반 단 아저씨와 아주머니가   크게 싸웠어.

never seen / anything quite like it / before. Mummy and
난 본 적이 없어   그런 싸움을   전에.

Daddy would never dream / of shouting at each other. The
엄마와 아빠는 꿈도 못 꾸실 거야   서로에게 소리치는 것을.

cause was so trivial / that the whole thing / was a pure
원인은 아주 사소했지   모든 일이

waste of breath. But, still, / everyone to his own liking.
순전히 시간 낭비야.   하지만, 그래도,   누구나 자기가 좋아하는 것이 있으니까.

Naturally / it is very unpleasant for Peter, / who has to
자연히   페터에게는 매우 불쾌한 일이지,   가만히 지켜봐야 하니.

stand by. No one takes him seriously, / he is so frightfully
아무도 페터를 진지하게 받아들이지 않아,   그 애는 몹시 예민하고 게으르

touchy and lazy. Yesterday he was badly upset / because
거든.   어제는 대단히 속상해 했지   왜냐하면 페터가

he found / that his tongue was blue / instead of red; /
발견했거든   자기 혀가 파래진 것을   붉은 색이 아니라;

this unusual phenomenon of nature disappeared / just
이런 특이한 자연 현상은 사라졌어

as quickly as it had come. Today he is going about /
나타났던 것처럼 빠르게.   오늘은 다니더라

with a scarf on, / as he has a stiff neck; / in addition /
스카프를 두르고,   목이 뻣뻣하다면서;   게다가

"M'lord" / complains of
"심하게"   허리가 아프다고 투덜

lumbago. Pains around
거려.   통증이 돌아다니는 것은

/ the heart, / kidneys,
심장과,   신장과,

/ and lungs / are not
그리고 폐에

unusual either, / he is
역시 이상한 일도 아니야,

a real hypochondria /
페터는 정말 건강염려증 환자야

(that's the word for such
(이 단어는 페터같은 사람들을 위한

people, / isn't it?)!
말이야,   안 그래?)!

camp bed 간이 침대 | terrific 엄청난 | trivial 사소한, 하찮은 | stand by 가만히 (그냥) 있다 | frightfully
몹시, 대단히 | touchy 화를 잘 내는, 과민한 | phenomenon 현상, 증상 | stiff 뻣뻣한, 결리는 | lumbago 요통 |
kidney 신장 | lung 폐 | hypochondria 건강 염려증

65

It is not all honey / between Mummy and Mrs. Van Daan;
사이가 좋지는 않아   엄마와 반 단 아주머니도;

/ there is plenty of cause / for unpleasantness. To give a
꽤 많은 원인이 있지   불쾌한 사이가 된 데에는.

small example, / I will tell you / that Mrs. Van Daan has
사소한 예를 들면,   말해 줄게   반 단 아주머니가 가져가 버렸어

taken / all three of her sheets / out of the common linen
아주머니 네 침대 시트 세 장을 몽땅   공동으로 쓰는 선반에서.

cupboard. She takes it for granted / that Mummy's sheets
아주머니는 당연하게 생각하지   엄마의 시트만으로 충분하다고

will do / for all of us. It will be a nasty surprise for her
우리 모두에게.   아주머니는 끔찍이 놀라실 거야

/ when she finds / that Mummy has followed / her good
아시게 되면   엄마가 따라 했다는 것을

example.
아주머니가 한 것처럼.

Also, / she is thoroughly piqued / that her dinner service
또,   아주머니는 굉장히 화를 내셨지   아주머니 그릇 세트를

/ and not ours / is in use. She is always trying to find out
우리 것이 아닌데   사용했다는 사실에. 아주머니는 언제나 찾고 계셔

/ where we have actually put our plates; / they are closer
우리가 실제 어디에 우리 접시를 두었는지를;   그 접시들은 가까이에 있어

/ than she thinks, / they are in a cardboard box / behind a
생각하시는 것 보다, 상자 안에 있거든   쓰레기 더미 뒤의

lot of junk / in the attic. Our plates are ungetatable at / as
다락방에 있는.   우리 접시들을 찾을 수 없어,

long as we are here, / and a good thing too. I always have
우리가 여기 있는 한.   역시 고소한 일이지.   난 항상 운이 없어;

bad luck; / I smashed / one of Mrs. Van Daan's soup plates
박살냈어   반 단 아주머니의 수프 그릇 하나를

/ into a thousand pieces / yesterday. "Oh!" / she cried
산산 조각으로   어제.   "오!"   아주머니는 화가 나서

angrily. / "Couldn't you be careful / for once / — that's
소리쳤지.   "조심할 수 없었니   한 번이라도   ─ 그 그릇이

the last one / I've got." Mr. Van Daan is all sugar / to me /
마지막 그릇이었어   내가 가진." 반 단 아저씨는 굉장히 친절해   내게

nowadays. Long may it last. Mummy gave me / another
요즘은.　　　　　길게 가기를 바랄 뿐이야.　　엄마가 내게 했어

frightful sermon / this morning; / I can't bear them.
또 끔찍한 설교를　　　　오늘 아침에;　　　난 정말 잔소리를 참을 수 없어.

Our ideas are completely opposite. Daddy is a darling, /
우리 생각은 완전히 반대야.　　　　　　　아빠는 좋은 분이셔,

although he can sometimes be angry with me / for five
비록 아빠도 때로는 내게 화를 내시지만

minutes on end. Last week / we had a little interruption
5분이면 끝나는.　　　지난주에는　　　작은 사건이 있었어

/ in our monotonous life; / it was over a book about
우리의 단조로운 삶에;　　　그 사건은 여자에 관한 책 때문이었지

women / — and Peter. First I must tell you / that Margot
— 그리고 페터.　　우선 네게 말해야겠구나　　　마르호트 언니와 페터

and Peter are allowed / to read nearly all the books / that
는 허락 받았다는 것을　　　거의 모든 책을 읽어도 된다고

Mr. Koophuis lends us, / but the grownups held back /
쿠피스 씨가 우리에게 빌려 주는　　　하지만 어른들은 읽지 못하게 했지

this particular book / on the subject of women. Peter's
이 특정한 책은　　　여자에 관한 주제의.　　　페터의 호기심이

curiosity / was aroused at once. What was it / the two
즉시 발동됐지.　　　　　　내용이 무엇일까

of them were not allowed to read / in this book? He got
마르호트 언니와 페터가 읽으면 안 되는　　　이 책은?

hold of the book / on the sly, / while his mother was
페터는 책을 손에 넣었어　　몰래,　　페터 엄마가 아래층에서 이야기 하시는 동안,

downstairs talking, / and disappeared with his booty /
　　　　　　　그리고 그 노획물을 갖고 사라졌지

to the attic. All went well / for a few days. His mother
다락방으로.　문제가 없었어　며칠 동안은.　　페터 엄마는 알았어

knew / what he was doing, / but didn't tell tales, / until
페터가 뭘 하고 있는지,　　　하지만 말하지 않았지,

67

Father found out. He was very angry, / took the book away,
페터 아빠가 알아낼 때까지. 반 단 아저씨는 매우 화가 나서, 책을 치워 버렸지,

/ and thought / that that would finish the whole business.
그리고 생각하셨어 모든 사건이 끝났다고.

However, / he had not allowed for his son's curiosity, /
하지만, 아저씨는 아들의 호기심을 계산에 넣지 않았어,

which waxed rather than waned / because of his father's
그리고 호기심은 약해지기는 커녕 커지고 말았지 아버지의 태도 때문에.

attitude. Peter, / determined to finish it, / thought of a way /
페터는, 그 책을 다 읽기로 결심했고, 방법을 생각했지

to get hold of this enthralling book. In the meantime, / Mrs.
그 매력적인 책을 손에 넣을. 한편,

Van Daan had asked Mummy / what she thought about it
반 단 아주머니는 엄마에게 물어봤어 엄마가 이 일에 대해 어떻게 생각하는지.

all. Mummy thought / this particular book was not suitable
엄마는 생각하셨지 이 책은 적당하지 않다고

/ for Margot, / but she saw no harm / in letting her read
마르흐트 언니에게, 하지만 해가 되는 건 못 봤다고 언니에게 대부분의 책을 읽도록

most books.
허락했을 때.

"There is a great difference, / Mrs. Van Daan," / said
"큰 차이점이 있어요, 반 단 부인.'

Mummy, / "between Margot and Peter. / In the first place /
엄마는 말했어, "마르흐트와 페터에게는. 첫째

Margot is a girl / and girls are always more grownup / than
마르흐트는 여자 아이죠 그리고 여자 아이들이 항상 좀 더 성숙해요 남자 아

boys, / secondly, / Margot has read / quite a lot of serious
이들보다, 둘째, 마르흐트는 읽었어요 꽤 많은 진지한 책들을,

books, / and does not go / in search of things / that are
그리고 가지 않아요 책들을 찾으러

forbidden her, / and thirdly, / Margot is far more developed
그 애에게 금지된, 그리고 셋째, 마르흐트는 훨씬 재능이 있고 총명해요,

---

allow for 계산에 넣다, 참작하다 | wax 커지다, 증대하다 | wane 약해지다, 줄어들다 | attitude 태도 |
determine 결정하다 | enthralling 마음을 사로잡는 | in search of ~을 찾아서 | developed (재능이) 발달한 |
in principle 원칙적으로 | thrilling 흥미진진한 | slap (손바닥으로) 철썩 때리다 | snatch 잡아채다

and intelligent, / shown by the fact of her being in the
4학년치고는."

fourth form at school." Mrs. Van Daan agreed, / but still
반 단 아주머니도 동의했지,   하지만 여전히

thought / it was wrong / in principle / to let children read
생각했어   잘못된 일이라고   원칙적으로   아이들이 읽도록 허락하는 것은

/ books which were written for grownups.
어른용 책을.

In the meantime / Peter had found / a time of the day /
한편   페터는 알아냈지   하루 중에서

when no one bothered / about him or the book: / seven-
아무도 신경 쓰지 않는 시간을   자신이나 책에 대해:

thirty in the evening / — then everyone was in the
아침 7시 반이야   — 그때는 모두 개인 사무실에 있어

private office / listening to the radio. That was when he
              라디오를 들으며.

took his treasure / to the attic / again. He should have
그때 페터가 그의 보물을 가져갔지 다락방으로   다시.

been downstairs again / by eight-thirty, / but because the
다시 아래층에 내려왔어야 했지만   8시 30분까지,

book was so thrilling / he forgot the time / and was just
그 책이 너무 흥미진진했기 때문에   시간을 잊어버렸고

coming downstairs / as his father came into the room.
아래층에 내려 오고 있었어   페터 아빠가 방에 들어왔을 때.

You can imagine the consequences! With a slap and a
결과는 상상할 수 있겠지!   한 대 때리고 낚아채서,

snatch, / the books lay on the table / and Peter was in the
          책들은 테이블 위에 놓여졌고   페터는 다락방으로 갔지.

attic. That's how matters stood / as we sat down to table.
      그런 상황이었어   우리가 테이블에 앉았을 때.

Peter stayed upstairs / — no one bothered about him, /
페터는 위층에 있었어   — 아무도 신경 쓰지 않았어,

and he had to go to bed / without any supper.
그리고 페터는 잠들어야 했어   저녁을 굶은 채.

We went on with the meal, / chattering gaily, / when
우리는 저녁을 먹었지, 명랑하게 이야기를 나누면서,

suddenly we heard / a piercing whistle; / we all stopped
그때 갑자기 들었어 날카로운 휘파람 소리를; 우리는 모두 식사를 멈추고

eating / and looked with pale changed faces / from one to
창백해진 얼굴로 보았지 서로를.

another. Then we heard Peter's voice, / calling down the
그때 페터의 목소리를 들었어, 굴뚝 아래로 소리치는,

chimney, / "I say, / I'm not coming down / anyway." / Mr.
"여보세요, 저는 아래층에 내려가지 않을 거예요 어쨌든."

Van Daan sprang to his feet, / his napkin fell to the floor,
반 단 아저씨는 벌떡 일어났고, 냅킨이 바닥에 떨어졌어.

/ and scarlet in the face he shouted, / "I've had enough
그리고 새빨개진 얼굴로 소리쳤어, "참을 수 없어."

of this." / Daddy took his arm, / afraid of what might
아빠는 아저씨의 팔을 잡았어, 무슨 일이 생길지 걱정되서,

happen, / and the two men went together / to the attic.
그리고 두 분이 함께 가셨지 다락방으로.

After a good deal of resistance and stamping, / Peter
한참 저항하고 우당탕 하는 소리가 들린 후,

landed up in his room / with the door closed / and we
페터는 자기 방으로 가 버리자 문을 닫고

went on eating. Mrs. Van Daan wanted to save / one slice
우리는 식사를 계속했지. 반 단 아주머니는 남겨 두고자 하셨어 빵 한 조각을

of bread / for the dear boy, / but his father stood firm. "If
사랑하는 아들을 위해, 하지만 아저씨는 완고하셨지.

he doesn't apologize soon, / he will have to sleep in the
"만약 즉시 잘못을 빌지 않으면, 페터는 다락방에서 자야 해."

attic." Loud protests from the rest of us, / as we thought /
나머지는 크게 반대했어, 생각했으니까

missing supper was quite enough punishment. Besides, /
저녁을 굶은 것으로 충분한 벌을 받았다고. 게다가,

gaily 명랑하게 | piercing 날카로운 | spring 벌떡 일어나다 | scarlet 새빨간 색 | resistance 저항 | stamp
짓밟다 | land up 도착하다, 가버리다 | firm 확고한 | protest 이의, 항의 | obstinate 난감한 | moth 좀, 좀이 슨 |
tin 통 | stroke 쓰다듬다, 어루만지다 | paw (손으로) 어루만지다

Peter might catch cold / and we couldn't call a doctor.
페터가 감기에 걸리기라도 하면   우리는 의사를 부를 수 없으니까.

Peter did not apologize; / he was already in the attic. Mr.
페터는 사과하지 않았고;   이미 다락방에 있었어.

Van Daan did nothing more about it, / but I noticed the
반 단 아저씨는 아무것도 하지 않았지만,   나는 다음 날 아침에 눈치챘지

next morning / that Peter's bed had been slept in. Peter was
페터가 자기 침대에서 잤다는 것을.

back in the attic / at seven o'clock, / but Daddy managed
페터는 다락방에 돌아갔어 7시에,   하지만 아빠가 겨우 하셨어

/ with a few friendly words / to persuade him / to come
따뜻한 말을 건네며   그 애를 설득하기를

down again. Sour faces / and obstinate silences / for three
다시 내려오도록.   화가 난 얼굴들과   난감한 침묵   사흘 동안

days / and then everything went smoothly / once more.
그리고 나서 모든 것이 평온해졌어   다시 한 번.

                                        Yours, Anne
                                        안네가

Friday, 25 September, 1942
1942년 9월 25일 금요일

Dear Kitty,
키티에게,

Yesterday evening / I went upstairs / and "visited" the Van
어제 저녁에는   위층에 올라가서   반 단 아저씨네를 "방문했지".

Daans. I do so occasionally / to have a chat. Sometimes
가끔 그렇게 해   이야기를 하기 위해.   때때로

/ it can be quite fun. Then we have some moth biscuits /
꽤 재미있기도 하지.   그럴 때 우리는 좀약 냄새가 나는 비스킷을 약간 먹으면서

(The biscuit tin is kept / in the wardrobe / which is full of
(비스킷 통이 들어 있거든   옷장 안에   좀약으로 가득 찬)

moth balls) / and drink lemonade. We talked about Peter.
레모네이드를 마셔.   페터에 대해 이야기 했어.

I told them / how Peter often strokes my cheek / and that I
난 말했지   페터가 내 볼을 자주 어루만지는데

wished he wouldn't / as I don't like being pawed / by boys.
그 애가 그러지 않았으면 좋겠다고 왜냐하면 만지는 것은 싫으니까   남자 아이들이.

In a typical way / parents have, / they asked / if I couldn't
전형적인 방법으로   무모님들이 하는,   그분들은 물었어   내가 페터를 좋아할

get fond of Peter, / because he certainly liked me very
수 없는지,   왜냐하면 페터는 분명히 날 많이 좋아하니까.

much. I thought / "Oh dear!" / and said: / "Oh, no!" /
난 생각했지   "이런!"   그리고 말했어: "아, 그건 안 돼요!"

Imagine it!
절대 안 되지!

I did say / that I thought Peter rather awkward, / but that
난 확실히 말했어 페터는 좀 어색한 것 같은데,

it was probably shyness, / as many boys / who haven't
그것은 아마 수줍어서라고,   왜냐하면 많은 남자 아이들이

had much to do with girls / are like that.
여자와 많이 어울려 본 적 없는   그러니까.

I must say / that the Refuge Committee / of the "Secret
말해 줄게   피난 위원회가   "은신처"의

Annexe" / (male section) / is very ingenious. I'll tell you
        (남성 섹션)   굉장히 기발하다는 것을.   들어봐

/ what they've done now / to get news of us through / to
지금 그분들이 무슨 일을 했는지   우리 소식을 전하기 위해

Mr. Van Dijk, / Travies' chief representative and a friend
반 디크 씨에게,   트라비스 사의 대표이자 친구인

/ who has surreptitiously hidden / some of our things for
몰래 숨겨 준   우리를 위해 우리 물건들을!

us! They typed a letter / to a chemist in South Zeeland,
어른들은 타자기로 편지를 작성했어 사우스젤란트의 약사 앞으로,

/ who does business with our firm, / in such a way / that
우리 회사랑 거래하는,   방법으로

he has to send / the enclosed reply back / in an addressed
그 약사가 보내도록 하는 동봉된 답장을 다시   주소가 적힌 봉투 안에

envelope. Daddy addressed the envelope / to the office.
있는.   아빠는 봉투에 주소를 쓰셨어   사무실로.

---

get fond of ~이 좋아지다 | awkward 어색한 | refuge 피난(처) | ingenious 기발한, 독창적인 |
surreptitiously 몰래, 남모르게 | chemist 약사 | enclosed 동봉된 | smuggle 밀반입하다 | look up 찾아보다

When this envelope arrives / from Zeeland, / the
이 봉투가 도착하면 / 젤란트에서,

enclosed letter is taken out, / and is replaced by a
봉투 안에 들어 있는 편지를 꺼내고, / 쪽지를 대신 넣는 거야

message / in Daddy's handwriting / as a sign of life.
아빠가 직접 쓰신 / 살아있다는 의미로.

Like this, / Van Dijk won't become suspicious / when he
이런 식으로, / 반 디크 씨는 의심을 하지 않게 되지

reads the note. They specially chose Zeeland / because it
그 쪽지를 읽을 때. / 위원회는 특별히 젤란트를 택하셨어 / 그곳은 벨기에에

is so close to Belgium / and the letter could have easily
서 굉장히 가깝고 / 편지를 쉽게 밀반입 할 수 있으니까

been smuggled / over the border, / in addition no one is
/ 국경을 넘어, / 게다가 아무도 젤란트에 갈 수 없어

allowed into Zeeland / without a special permit; / so if
/ 특별 허가가 없이는;

they thought / we were there, / he couldn't try and look
그래서 생각하더라도 / 우리가 그곳에 있다고, / 반 디크 씨가 우리를 찾을 수 없어.

us up.

Yours, Anne
안네가

Key Expression

have something to do with~ : ~와 관계 있다
have something to do with~는 '~와 관계 있다'라는 뜻을 가진 숙어입니다. 그리고 something 대신에 nothing을 넣으면 '~와 관계 없다'라는 의미가, much나 a lot을 넣으면 '~와 관계가 깊다'라는 의미가 됩니다.

ex) It was probably shyness, as many boys who haven't had much to do with
girls are like that.
그것은 아마도 수줍어서였을 거야. 여자 아이들과 별로 관계가 없었던 많은 남자
아이들이 그러하니까.

73

Sunday, 27 September, 1942
1942년 9월 27일 일요일

Dear Kitty,
키티에게,

Just had a big bust-up with Mummy / for the umpteenth
엄마와 방금 심한 언쟁을 했어   몇 번째인지 모를;

time; / we simply don't get on together / these days / and
우리는 그야말로 함께 어울리지 못해   요즘에는

Margot and I don't hit it off any too well either. As a rule
그리고 마르호트 언니와도 역시 잘 맞지 않아.   규칙으로

/ we don't go in for such outbursts / as this / in our family.
우리가 화를 내지 않기로 했어   이렇게   가족끼리.

Still, / it's by no means always pleasant / for me. Margot's
그래도,   결코 즐겁지 않아   나는.

and Mummy's natures / are completely strange to me. I
마르호트 언니와 엄마 성격은   완전히 이상해.

can understand my friends better / than my own mother
내 친구들을 더 잘 이해할 수 있어   엄마보다

/ — too bad!
— 참 안됐지!

We often discuss / postwar problems, / for example, / how
자주 토의하곤 하지   전쟁 이후의 문제들에 관해,   예를 들면,

one ought to address servants.
하인을 어떻게 불러야 할지에 대해.

Mrs. Van Daan had another tantrum. She is terribly
반 단 아주머니가 또 짜증냈어.   아주머니는 지독하게 변덕스러워.

moody. She keeps hiding / more of her private
아주머니는 숨기곤 하지   개인 물건들을.

belongings. Mummy ought to answer / each Van Daan
엄마도 대응해야 해   반 단 식 "숨기기"를 할 때마다

"disappearance" / with a Frank "disappearance." How
프랭크 식 "숨기기"로.

some people do adore / bringing up other people's children
어떤 사람들은 얼마나 좋아하는지   남의 자식 키우는 것을

/ in addition to their own. The Van Daans are that kind.
자기 자식 외에도.   반 단 아저씨 부부도 그런 부류야.

Margot doesn't need it, / she is such a goody-goody, /
마르호트 언니는 그럴 필요가 없어,   언니는 엄청 착한 체 하니까,

perfection itself, / but I seem to have enough mischief in
완벽함 그 자체이지,   하지만 내 안에는 심술이 있거든

me / for the two of us put together. You should hear us
난 심술투성이야.   너도 들어봐야 해

/ at mealtimes, / with reprimands and cheeky answers
식사 시간에,   꾸중 소리와 버릇 없는 대답을

/ flying to and fro. Mummy and Daddy / always defend
주거니 받거니 하는 모습을. 엄마와 아빠는   항상 날 결연하게 보호해

me stoutly. I'd have to give up / if it weren't for them.
주지.   포기하고 말았을 거야   엄마 아빠를 위한 것이 아니라면.

Although they do tell me / that I mustn't talk so much, /
엄마와 아빠는 말씀하시지만   내가 말을 아주 많이 해서는 안 되고,

that I must be more retiring / and not poke my nose into
뒤로 물러나야 하며,   여기저기 참견하지 말아야 한다고,

everything, / still I seem doomed to failure. If Daddy
하지만 불운하게도 여전히 잘 안 돼.   만약 아빠가 그렇게

wasn't so patient, / I'd be afraid / I was going to turn out
참지 않으셨다면,   유감이지만   됐을 거야

/ to be a terrific disappointment / to my parents / and
끔찍한 실망거리가   우리 부모님께

they are pretty lenient with me.
부모님은 내게 꽤 관대하시지.

If I take a small helping / of some vegetable I detest / and
내가 만약 조금 덜어내고   싫어하는 채소를

make up with potatoes, / the Van Daans, / and Mevrouw
대신 감자를 먹으면,   반 단 아저씨 부부는,   특히 아주머니는,

in particular, / can't get over it, / that any child should be
넘어가지 못하지,   어린 아이가 그렇게 버릇 없으면 안 된

so spoiled.
다고.

bust-up 심한 언쟁 | umpteenth 몇 번째인지 모를 정도의 | get on 지내다 | hit it off 죽이 맞다 | go in for
outburst 화를 내다 | address 부르다 | tantrum 짜증 | moody 변덕스러운 | adore 아주 좋아하다 | bring up
기르다 | goody-goody 착한 체 하는 사람 | mischief (심각하지 않은) 나쁜 짓, 장난기 | put together 합하다 |
reprimand 꾸중, 질책 | to and fro 앞뒤로, 이리저리 | stoutly 용감히, 결연히 | retire 그만두다 | poke one's
nose into 참견하다 | doomed 불운한 | lenient 관대한 | helping (음식의) 양 | detest 몹시 싫어하다 | make up
보충하다 | in particular 특별히 | get over 극복하다, 넘어가다

"Come along, / Anne, / have a few more vegetables," /
"이봐, 안네야, 채소 좀 더 먹으렴."

she says straight away.
아주머니는 바로 말씀하시지.

"No, thank you, / Mrs. Van Daan," / I answer, / "I have
"아니요, 괜찮아요, 아주머니." 난 대답하지,

plenty of potatoes."
"감자를 많이 먹어요."

"Vegetables are good for you, / your mother says so too.
"채소는 몸에 좋단다, 네 엄마도 그렇게 말씀하시지.

Have a few more," / she says, / pressing them on me /
더 먹어라." 아주머니는 말해, 채소를 자꾸 권하면서

until Daddy comes to my rescue.
아빠가 구하러 나설 때까지.

Then we have from Mrs. Van Daan / — "You ought to
그러면 반 단 아주머니는 그러지

have been in our home, / we were properly brought up.
— "넌 우리 집에 있었어야 해, 우리 때는 교육을 잘 받았단다.

It's absurd / that Anne's so frightfully spoiled. I wouldn't
참 어리석은 일이야 안네가 완전히 응석받이로 자라는 것은.

put up with it / if Anne were my daughter."
난 참지 않을 거야 만약 안네가 내 딸이라면."

These are always / her first and last words / "if Anne
언제나 이런 식이지   처음부터 끝까지   "만약 안네가 내 딸이

were my daughter." Thank heavens / I'm not!
라면."이라면서   감사합니다.   아주머니의 딸이 아니어서!

But to come back / to this "upbringing" business. There
하지만 다시 말해 줄게   이 "양육 방식" 사건을.

was a deadly silence / after Mrs. Van Daan had finished
무거운 침묵이 흘렀지   반 단 아주머니가 말을 끝낸 후에

speaking / yesterday. Then Daddy said, / "I think / Anne
.   어제.   그때 아빠가 말씀하셨어,   "저는 생각해요

is extremely well brought up; / she has learned one thing
안네는 굉장히 잘 자랐다고요;   안네는 한 가지를 배웠어요

/ anyway, / and that is to make no reply / to your long
어쨌든,   그것은 말대답을 하지 않는 거예요   당신의 긴 설교에.

sermons. As to the vegetables, / look at your own plate."
        채소에 관해 말하자면,   자신의 접시를 좀 보세요."

Mrs. Van Daan was beaten, / well and truly beaten. She
반단 아주머니가 졌어,   완벽하게 패배했어.

had taken a minute helping / of vegetables herself. But
아주머니도 조금 덜어냈거든   자신의 채소를.

she is not spoiled! Oh, no, / too many vegetables / in the
그런데 자신은 괜찮다니!   오, 아니에요.   채소를 너무 많이 먹으면

evening / make her constipated. Why on earth / doesn't
저녁에   변비가 생긴다는 거야.   도대체 왜

she keep her mouth shut / about me, / then she wouldn't
아주머니는 말을 멈추지 않는 걸까   나에 대해,   그러면 할 필요도 없을 텐데

need to make / such feeble excuses. It's gorgeous / the
           그런 궁색한 변명을.   볼 만 했지

way Mrs. Van Daan blushes. I don't, / and that is just
아주머니 얼굴이 빨개지는 모습은.   난 얼굴을 붉히지 않아,

what she hates.
그리고 바로 그 점을 싫어하시지.

Yours, Anne
안네가

come along (명령형으로) 자 빨리 | press on (음식 등을) 자꾸 권하다 | absurd 터무니없는, 어리석은 | put
up with 참다 | deadly 극도로, 굉장히 | minute 극미한 | constipated 변비에 걸린 | feeble 약한, 시시한 |
gorgeous 아주 멋진 | blush 얼굴을 붉히다

77

Tuesday, 29 September, 1942
1942년 9월 29일 화요일

Dear Kitty,
키티에게,

Extraordinary things can happen / to people who go into
이상한 일들이 생길 수 있지   숨어 지내는 사람들한테는.

hiding. Just imagine, / as there is no bath, / we use a
상상해 봐,   욕조가 없어서,   빨래통을 쓴다고

washtub / and because there is hot water / in the office /
그리고 온수가 나오기 때문에   사무실에

(by which / I always mean / the whole of the lower floor)
(사무실이라고   항상 부르지   아래층 전체를)

/ all seven of us / take it in turns / to make use of this
우리 일곱 명은   순서대로   빨래통을 쓰는 호사를 누리게 돼.

great luxury.

Key Expression

in spite of~ : ~에도 불구하고
in spite of는 '~에도 불구하고'라는 뜻으로 양보의 의미를 가진 전치사구입니다.
같은 의미로 despite를 사용할 수 있습니다.
그리고 전치사 구이므로 뒤에는 명사가 옵니다.

ex) Peter uses the kitchen in spite of its glass door.
    페터는 유리문임에도 불구하고 부엌을 사용한다.

extraordinary 보기 드문, 이상한 | washtub 빨래통 | modest 얌전한, 정숙한 | carry out 수행하다 | sufficient
충분한 | so as to ~하기 위해서 | seclusion 호젓함 | fire guard (난로 앞에 치는) 철망 | scrub 문질러 씻기, 목욕

But because we are all so different / and some are more
하지만 모두 다르고   어떤 사람들은 좀 더 대담하기

modest / than others, / each member of the family / has
때문에   다른 사람들보다,   사람들은 제각각

found his own place / for carrying out the performance.
자기만의 장소를 정했어   목욕을 하기 위한.

Peter uses the kitchen / in spite of its glass door. When
페터는 부엌을 사용해   유리문인데도 말이야.

he is going to have a bath, / he goes to each one of us
페터가 목욕을 하려 할 때는,   우리에게 일일이 돌아다니면서

/ in turn / and tells us / that we must not walk past the
차례로   말하지   부엌 쪽으로 지나다니지 말라고

kitchen / for half an hour. He seems to think / this is
             30분 동안.   페터는 생각하는 것 같아   이렇게 말하면

sufficient. Mr. Van Daan goes right upstairs; / to him
충분하다고.   반 단 아저씨는 바로 위층으로 가셔;   아저씨에게는

/ it is worth / the bother of carrying hot water / all that
가치 있는 일인 거야   온수를 나르는 수고를 하는 것이   위층까지,

way, / so as to have the seclusion of his own room. Mrs.
         자신의 방에서 호젓함을 즐기기 위해.

Van Daan simply doesn't bathe at all / at present; / she
아주머니는 그다지 목욕하지 않아   지금은;

is waiting / to see which is the best place. Daddy has
기다리는 중이지   어디가 제일 좋은 장소인지 알아내려고.   아빠는 목욕을 하셔

his bath / in the private office, / Mummy behind a fire
개인 사무실에서,   엄마는 난로 철망 뒤에서 하시고

guard / in the kitchen; / Margot and I have chosen / the
부엌에 있는;   언니와 난 선택했어

front office / for our scrub. The curtains there are drawn
앞쪽 사무실을   목욕 장소로.   그곳에 커튼을 치고

/ on Saturday afternoons, / so we wash ourselves / in
토요일 오후마다,   목욕을 하지

semidarkness.
어두컴컴한 곳에서.

However, / I don't like this place any longer, / and
그런데, 난 이제 이 장소가 싫어졌어,

since last week / I've been on the lookout / for more
그래서 지난주부터 찾고 있었어

comfortable quarters / Peter gave me an idea / and that
더 편안한 장소를 피터가 알려 줬지

was to try the large office W.C. There / I can sit down,
큰 사무실의 화장실에서 시도해 보라고. 그곳은 앉을 수 있고,

/ have the light on, / lock the door, / pour my own bath
불을 켤 수 있으며, 문을 잠글 수 있고, 목욕물을 흘려 버릴 수 있지,

water away, / and I'm safe from prying eyes.
또 엿보는 눈을 피할 수 있어.

I tried my beautiful bathroom / on Sunday / for the
나의 아름다운 목욕탕을 사용해 보았는데 지난 일요일에

first time / and although it sounds mad, / I think / it is
처음으로 이상하게 들리겠지만, 생각해

the best place of all. Last week / the plumber was at
그곳이 제일 좋은 장소라고. 지난주에는 배관공이 아래층에서 일했어

work downstairs / to move the drains and water pipes
배수관과 수도관을 옮기기 위해

/ from the office W.C. to the passage. This change is a
사무실 화장실에서 복도로. 이렇게 바꾸는 것은 조심하기

precaution / against frozen pipes, / in case we should
위해서야 파이프가 얼어버릴까봐, 추운 겨울을 보내게 될 것에 대비해서.

have a cold winter. The plumber's visit / was far from
배관공의 방문은

pleasant for us. Not only were we unable to draw water
결코 즐거운 일은 아니지. 우리는 물을 쓸 수도 없었을 뿐만 아니라

/ the whole day, / but we could not go to the W.C. either.
하루 종일, 화장실에도 가지 못했어.

Now it is rather indecent to tell you / what we did / to
지금 말하기에 좀 지저분하구나 우리가 한 일을

overcome this difficulty; / however, / I'm not such a
이 어려움을 극복하기 위해; 하지만, 난 그런 내숭 떠는 사람이 아니야

prude / that I can't talk about these things.
이런 이야기를 하지 못할 정도로.

The day we arrived here, / Daddy and I improvised / a
우리가 이곳에 도착한 날, 아빠와 난 마련했어

pottie for ourselves; / not having a better receptacle, / we
우리의 요강을; 더 나은 용기가 없어서,

sacrificed a glass preserving jar / for this purpose. During
유리로 된 보관용 단지를 희생시켜야 했지 이런 목적으로.

the plumber's visit, / nature's offerings were deposited /
배관공이 일하는 동안, 배설을 했어

in these jars / in the sitting room / during the day, / I don't
이 단지에 거실에 있는 그날 하루 동안, 난 생각하

think / this was nearly as bad / as having to sit still and
지 않아 이 일이 힘들다고는 가만히 앉아 말을 못하는 것만큼

not talk / the whole day. You can't imagine / what a trial
온종일. 넌 상상도 못 할 거야 그것이 얼마나 큰

that was / for "Miss Quack-Quack." I have to whisper /
어려움인지 "수다쟁이"에게. 속삭여야만 하지

on ordinary days; / but not being able to speak or move
일반적인 날에도; 하지만 말도 못하고 움직이지도 못하는 것은

/ was ten times worse. After being flattened / by three
열 배나 더 끔찍해. 납작해져 버린 후에

days of continuous sitting, / my bottom was very stiff and
사흘 동안 계속 앉아 있어서, 엉덩이가 뻐근하고 아팠지.

painful. Some exercises at bedtime helped.
자기 전에 운동을 했더니 좀 나아졌어.

Yours, Anne
안네가

be on the lookout 망을 보다 | prying 엿보는 | plumber 배관공 | drain 배수관 | precaution 예방 조치 |
draw 물을 퍼 올리다 | indecent 추한, 더러운 | prude 내숭 떠는 사람 | improvise 마련하다 | receptacle 그릇,
용기 | nature's offering 생리적 배설물 | deposit 보관하다 | trial 시험, 시련 | flatten 납작하게 만들다

mini test 2

A. 다음 문장을 해석해 보세요.

(1) Only when we were on the road / did Mummy and Daddy begin to tell me / bits and pieces / about the plan.
→

(2) All the cardboard boxes / which had been sent to the office / in the previous months / lay piled on the floor and the beds.
→

(3) Rather a mad idea, / perhaps, / but that is how it strikes me.
→

(4) It was probably shyness, / as many boys / who haven't had much to do with girls / are like that.
→

B. 다음 주어진 문구가 알맞은 문장이 되도록 순서를 맞춰 보세요.

(1) 우리는 그것을 참고 견뎌야 했지.
(it / make / We / the / had to / of / best)
→

(2) 너무 늦어져 버리는 것보다는 하루 빠른 것이 낫지.
(a day / than / too early / Better / too late / a day)
→

(3) 그것이 도움이 되는지 두고 보자고!
(that / if / Let's / helps! / see)
→

(4) 부디 계속되기를.
(it / last/ may / Long)
→

C. 다음 주어진 문장이 본문의 내용과 맞으면 T, 틀리면 F에 동그라미 하세요.

(1) Anne's family moved into a hiding place.
[T / F]

(2) There is only one room in their new place.
[T / F]

(3) Margot is more intelligent than Anne.
[T / F]

(4) Anne's family couldn't use water, so they couldn't take a bath.
[T / F]

D. 의미가 비슷한 것끼리 서로 연결해 보세요.

(1) damp   ▶   ◀ ① weaken

(2) wane   ▶   ◀ ② creative

(3) ingenious   ▶   ◀ ③ outburst

(4) tantrum   ▶   ◀ ④ humid

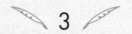

3

Thursday, 1 October, 1942
1942년 10월 1일 목요일

Dear Kitty,
키티에게,

I got a terrible shock yesterday. Suddenly at eight o'clock
어제 정말 깜짝 놀랐어.   8시에 갑자기

/ the bell rang loudly. Of course, / I thought that someone
초인종이 크게 울리지 뭐야.   물론,   나는 그들이 왔다고 생각했지:

had come: / you'll guess who I mean. But I calmed down
너도 내가 누구를 의미하는지 알지.   하지만 좀 진정이 됐어

a bit / when everyone said / it must be some urchins / or
모두 말했을 때   부랑자임에 틀림없다고

perhaps the postman.
아니면 아마 우체부라고.

The days are becoming very quiet here. Lewin, / a small
이곳은 날이 갈수록 조용해지고 있어.   레윈은,

Jewish chemist and dispenser, / works for Mr. Kraler /
키가 작은 유대인 약사인데,   크랄러 씨와 일해

in the kitchen. He knows the whole building well / and
부엌에서.   그 사람은 이 건물 전체를 잘 알아

therefore we are always afraid / that he'll take it into his
그래서 우리는 언제나 두려워하지   그 사람이 생각할까 봐

head / to have a peep / in the old laboratory. We are as
들여다 보려고   오래된 실험실만을.   우리는 쥐처럼 조용

quiet as mice. Who, / three months ago, / would ever
히 지내.   누가,   3개월 전이라면,   생각이나 했겠어

have guessed / that quicksilver Anne would have to sit
                  왈가닥 안네가 몇 시간이고 가만히 앉아 있어야만 할 거라고

still for hours / — and, what's more, / could?
가만히 있어야 한다고 — 그리고, 더한 일까지,   안 그래?

The twenty-ninth was Mrs. Van Daan's birthday.
29일은 반 단 아주머니 생일이었어.

urchin 부랑아 | dispenser 약사 | peep 들여다보다 | quicksilver 왈가닥, 쾌활한 사람 | in one's honor
축하하여 | pause 잠시 멈추다 | flirt with ~에게 추파를 던지다 | continual 거듭되는, 끊임없는 | irritation 짜증
| witty 재치있는 | remark 발언 | play ball 기꺼이 협조하다

Although it could not be celebrated / in a big way, / we
축하할 수 없었지만   크게,

managed a little party / in her honor, / with a specially nice
작은 파티를 할 수 있었고   축하하기 위해,   특별히 맛있는 식사를 하면서,

meal, / and she received / some small presents and flowers.
아주머니는 받았지   작은 선물들과 꽃을.

Red carnations from her husband; / that seems to be a
반 단 아저씨는 빨간 카네이션을 선물했어;   가족 전통인 것 같더라고.

family tradition. To pause for a moment / on the subject of
                  잠깐 시간을 내자면   반 단 아주머니에 관한 주제

Mrs. Van Daan, / I must tell you / that her attempts to flirt
를 위해,   말해야겠어   아주머니가 아빠를 꼬시려고 시도하는

with Daddy / are a source of continual irritation / for me.
것이   계속되는 짜증의 원인이라고   나한테.

She strokes his face and hair, / pulls her skirt right up, /
아주머니는 아빠의 얼굴과 머리를 어루만져,   치마를 올리기도 하고,

and makes so-called witty remarks, / trying in this way /
소위 재치있는 말을 하지,   이런 식으로 노력해서

to attract Pim's attention / Pim, thank goodness, / doesn't
아빠의 관심을 끌려고 해   아빠는, 감사하게도,

find her either attractive or funny, / so he doesn't play ball.
아주머니를 매력적이라거나 재미있다고 생각하지 않지,   그래서 아빠는 맞장구를 치지 않아.

Mummy doesn't behave like that / with Mr. Van Daan, /
엄마는 그런 식으로 행동하지 않거든   반 단 아저씨한테,

I've said that / to Mrs. Van Daan's face.
난 그렇게 말해 버렸어   아주머니의 면전에 대고.

Now and then / Peter comes out of his shell / and can
이따금 페터는 자기 방에서 나와서

be quite funny. We have one thing in common, / from
그리고 꽤 우스운 일을 해. 우리는 공통점이 한 가지 있어,

which everyone usually gets / a lot of amusement: / we
이 공통점 때문에 모든 사람들이 보내곤 해 재미있는 시간을:

both love dressing up. He appeared / in one of Mrs. Van
둘 다 분장하는 것을 좋아해. 페터는 나타났고

Daan's very narrow dresses / and I put on his suit. He
반 단 아주머니의 폭이 좁은 드레스를 입은 채 난 페터의 옷을 입었지. 페터는

wore a hat / and I a cap. The grownups were doubled up
중절모를 쓰고 난 야구 모자를 썼어. 어른들은 완전히 배를 잡고 웃었고

with laughter / and we enjoyed ourselves / as much as
우리도 재미있는 시간을 보냈어 어른들만큼.

they did. Elli has bought new skirts / for Margot and me /
엘리 언니가 새 치마를 사다 줬어 언니와 내게

at Bijenkorf's. The material is rotten, / just like sacking, /
비젠코르프 백화점에서. 옷감은 형편없어서, 자루같은데,

and they cost 24.00 florins and 7.50 florins / respectively.
24플로린과 7.5플로린이나 해 각각.

What a difference / compared with before the war!
얼마나 차이가 큰지 전쟁 전과 비교하면!

Another nice thing / I've been keeping up my sleeve.
또 다른 근사한 일이 있어 소식을 전해 줄.

Elli has written / to some secretarial school or other /
엘리 언니가 신청했어 어떤 비서 학교같은 곳에

and ordered a correspondence course / in shorthand / for
그리고 통신 과정 수업을 신청했단다 속기 과목을

Margot, Peter, and me. You wait and see / what perfect
언니와, 페터, 그리고 날 위해. 두고 봐 우리가 어떤 완벽한

experts we shall be / by next year. In any case / it's
전문가가 되어 있을지 내년까지. 어떤 경우이든

extremely important / to be able to write / in a code.
굉장히 중요해 쓸 수 있다는 것은 암호를 사용해서.

Yours, Anne
안네가

Saturday, 3 October, 1942
1942년 10월 3일 토요일

Dear Kitty,
키티에게,

There was another dust-up yesterday. Mummy kicked up
어제 또 한 번의 언쟁이 있었어.   엄마는 엄청난 소동을 벌였지

a frightful row / and told Daddy / just what she thought of
              그리고 아빠한테 말했어   엄마가 날 어떻게 생각하는지.

me. Then she had an awful fit of tears so, / of course, / off
그리고 나서 엄마는 복받쳐서 눈물을 펑펑 쏟았지.   물론,

I went too; / and I'd got such an awful headache anyway.
나도 울었어;   그리고 어찌된 일인지 지독하게 머리가 아픈 거야.

Finally / I told Daddy / that I'm much more fond of him
결국은   아빠에게 말했어   아빠를 훨씬 좋아한다고

/ than Mummy, / to which he replied / that I'd get over
  엄마보다,   그 말에 아빠가 대답하셨어   내가 그런 감정을 극복할 거라고.

that. But I don't believe it. I have to simply force myself
하지만 그렇게 생각하지 않아.   단지 억지로 해야 할 뿐이야

/ to stay calm with her. Daddy wishes / that I would
엄마랑 있을 때 가만히 있으려고.   아빠는 바라셔

sometimes volunteer / to help Mummy, / when she doesn't
내가 때로는 자진해서   엄마를 돕기를,   엄마가 몸이 좋지 않거나

feel well / or has a headache; / but I shan't. I am working
          혹은 두통이 있을 때;   하지만 하지 않을 거야. 난 열심히 공부하고 있고

hard / at my French / and am now reading / La belle
          프랑스어를   지금 읽고 있거든

Nivernaise.
'아름다운 니베르네즈'를.

Yours, Anne
안네가

---

now and then 때때로 | dress up 변장하다 | double up (웃음이 터져 나와) 몸을 웅크리다 | sacking 자루,
부대 | respectively 각각 | keep up one's sleeve 비책을 (좋은 소식을) 가지고 있다 | correspondence 통신 |
shorthand 속기 | dust-up 언쟁, 소동 | kick up (소동을) 벌이다 | row 입씨름, 소란 | awful 지독한, 심한 | a fit
of tears 눈물의 복받침 | go off 갑자기 ~하다 | volunteer 자진하여 하다

Friday, 9 October, 1942
1942년 10월 9일 금요일

Dear Kitty,
키티에게,

I've only got dismal and depressing news / for you today.
참담하고 음울한 소식밖에 없어   오늘 네게 전할.

Our many Jewish friends / are being taken away / by
유대인 친구들이 많이   잡혀가고 있어

the dozen. These people are treated / by the Gestapo /
수십 명씩.   이 사람들은 다뤄지지   케슈타포에게

without a shred of decency, / being loaded into cattle
무자비하게,   가축을 싣는 트럭에 실려서

trucks / and sent to Westerbork, / the big Jewish camp
베스테르보르크로 가게 돼,   커다란 유대인 수용소인

/ in Drente. Westerbork sounds terrible: / only one
드렌테 지역에 있는. 베스테르보르크는 끔찍해:

washing cubicle / for a hundred people / and not nearly
샤워 공간이 하나 뿐이고   백 명당   변기도 충분하지 않대.

enough lavatories. There is no separate accommodation.
숙소도 따로 구분되어 있지 않단다.

Men, women, and children / all sleep together. One hears
남자, 여자, 그리고 아이들이   모두 같이 잔대.   아주 소름끼치는

of frightful immorality / because of this; / and a lot of
부도덕한 행위들이 일어난대   이런 숙소 문제 때문에; 많은 여자들이,

the women, / and even girls, / who stay there any length
심지어 소녀들까지,   그곳에 일정 기간 수용된

of time / are expecting babies.
임신을 하게 된대.

It is impossible to escape; / most of the people in the
탈출하기란 불가능 해;   수용소에 있는 대부분의 사람들은

camp / are branded as inmates / by their shaven heads /
입소자라는 낙인이 찍히니까   머리를 박박 밀어버려서

and many also / by their Jewish appearance.
그리고 또 많은 사람들은   유대인의 전형적인 외모로 눈에 띄니까.

dismal 참담한 | depressing 음울한 | by the dozen 수십 명씩 | shred 조각 | decency 친절, 관대 | cubicle 칸막이 | not nearly 도저히 ~이 아니다 | lavatory 변기 | accommodation 숙소 | immorality 부도덕한 행위 | branded 소인이 찍힌 | inmate 입소자, 수감자 | barbarous 미개한 | assume 간주하다

If it is as bad as this in Holland
네덜란드에서도 이렇게 상황이 나쁘다면

/ whatever will it be like / in the
대체 어떨까

distant and barbarous regions /
멀고 황량한 지역에서는

they are sent to? We assume /
사람들이 끌려간?　　　　간주하고 있어

that most of them are murdered.
그들 대부분이 살해될 거라고.

The English radio speaks of /
영국 라디오에 따르면

their being gassed.
수용자들을 가스실로 보낸대.

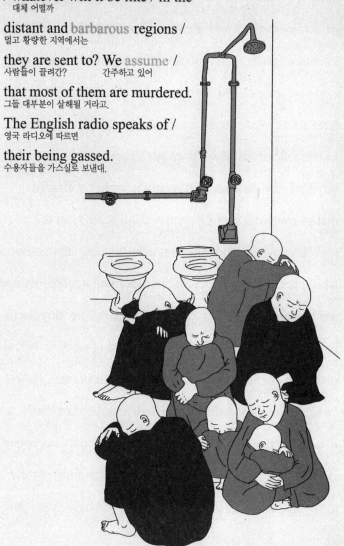

Perhaps that is the quickest way / to die. I feel terribly
아마 가장 빠른 방법일지도 몰라 / 죽는 것이. 엄청나게 충격 받았어.

upset. I couldn't tear myself away / while Miep told these
동요하지 않을 수 없었어 / 미프 아주머니가 이런 무서운 이야기를

dreadful stories; / and she herself was equally wound up
하는 동안; / 그리고 아주머니의 자신도 똑같이 속상해 하셨지

/ for that matter. Just recently / for instance, / a poor old
이 문제에. / 아주 최근에 / 예를 들면, / 불쌍한 절름발이

crippled Jewess / was sitting on her doorstep; / she had
유대인 할머니 한 분이 / 아주머니의 현관에 앉아 계셨대;

been told to wait there / by the Gestapo, / who had gone
그곳에서 기다리라고 했대 / 게슈타포가, / 차를 가지러 간

to fetch a car / to take her away. The poor old thing was
할머니를 잡아가기 위해. / 그 불쌍한 할머니는 겁에 질렸어

terrified / by the guns that were shooting / at English
발사되는 총소리와 / 머리 위의 영국 공군기를

planes overhead, / and by the glaring beams / of the
향해, / 번뜩이는 빛 때문에

searchlights. But Miep did not dare take her in; / no one
서치라이트의. / 하지만 아주머니는 감히 그 할머니를 집에 데려올 수 없었대;

would undergo / such a risk. The Germans strike / without
아무도 겪고 싶지 않을 거야 / 그런 위험을. / 독일군은 괴롭혀

the slightest mercy. Elli too is very quiet; / her boy friend
손톱만큼의 동정심도 없이. / 엘리 언니도 역시 조용해;

has got to go to Germany. She is afraid / that the airmen
남자 친구가 독일에 가야 했거든. / 언니는 무서워 해 / 공군들이

/ who fly over our homes / will drop their bombs, / often
우리 집 위로 날아다니는 / 폭탄을 떨어뜨릴 거라고

weighing a million kilos, / on Dirk's head. Jokes such as
때로는 백만kg이나 하는, / 남자 친구 더크의 머리 위에. 이런 농담은

/ "he's not likely to get a million" / and "it only takes one
"백만kg짜리는 아닐 거야"라거나 / "폭탄 하나면 충분할 걸" 같은

bomb" / are in rather bad taste. Dirk is certainly not the
나쁜 취미이지. / 물론 더크 만이 아니야

only one / who has to go: / trainloads of boys leave / daily.
가야 하는 사람이: / 남자들을 실은 열차가 떠나지 / 매일.

If they stop / at a small station en route, / sometimes
만약 열차가 멈추면   도중에 작은 기차역에서,   가끔 몇몇은

some of them / manage to get out unnoticed and escape;
          몰래 빠져나와 탈출할 수 있을 거야;

/ perhaps a few manage it. This, / however, / is not the
아마 겨우 몇몇만 가능하겠지.   이것이,   그렇지만,

end of my bad news. Have you ever heard of hostages?
나쁜 소식의 끝이 아니야.   인질에 대해 들어봤니?

That's the latest thing / in penalties / for sabotage. Can
최근에 자행되는 방법이지   처벌로써   방해 행위에 대한.

you imagine / anything so dreadful?
상상할 수 있겠어   그렇게 무서운 일을?

Prominent citizens / — innocent people — / are thrown
저명 인사들이   — 무고한 사람들이야 —   감옥에 갇혀서

into prison / to await their fate. If the saboteur can't be
자기 운명을 기다리고 있어.   만약 방해 공작원을 잡히지 않으면,

traced, / the Gestapo simply put / about five hostages /
추적되지 않으면, 게슈타포는 그저 세워 놓지   약 다섯 명 정도의 인질을

against the wall. Announcements of their deaths / appear
벽 앞에.   그들의 죽음에 관한 공지가

in the paper / frequently. These outrages are described
신문에 나와   자주.   이런 범죄 행위가 묘사되는 거야

/ as "fatal accidents." Nice people, / the Germans! To
"치명적인 사고"라고.   친절하기도 하지,   독일인들은! To

think / that I was once one of them too! No, / Hitler took
생각해 보니 나도 한때는 그 사람들과 같은 독일인이었구나!   아니야,   히틀러는 우리 국

away our nationality / long ago. In fact, / Germans and
적을 빼앗아 버렸어   오래 전에.   사실,   독일인과 유대인은

Jews / are the greatest enemies / in the world.
          가장 큰 적이야   세상에서.

Yours, Anne
. 안네가

---

tear away 떼어놓다 | dreadful 무서운, 두려운 | wound up 흥분한 | crippled 절름발이의 | Jewess 유대인 여자
| glaring (빛이) 눈부신 | beam 번득임, 빛 | searchlight 서치라이트, 탐조등 | undergo 겪다 | strike 공격하다,
괴롭히다 | airman 항공병 | trainload 열차 한 대분의 승객 | en route 도중에 | hostage 인질 | sabotage 방해
| prominent 저명한 | fate 운명 | saboteur 파괴 공작원 | announcement 알림, 공고 | outrage 범죄 행위 |
fatal 치명적인

Tuesday, 20 October, 1942
1942년 10월 20일 화요일

Dear Kitty,
키티에게,

My hand still shakes, / although it's two hours / since we
내 손이 아직도 떨려,   두 시간이 다 지났는데도

had the shock. I should explain / that there are five fire
충격을 받은 지.   설명할게   소화기가 다섯 개 있어

extinguishers / in the house. We knew / that someone was
                이 집에.   알긴 했어   누군가 올 거라고

coming / to fill them, / but no one had warned us / when
올 거라고.   소화기를 채우러,   하지만 아무도 우리에게 경고하지 않았거든

the carpenter, / or whatever you call him, / was coming.
언제 목수라든가,   혹은 누구든,   올 것이라고.

The result was / that we weren't making any attempt / to
결과적으로   우리는 노력하지 않았고

keep quiet, / until I heard hammering / outside on the
조용히 하려고,   그 순간 망치 소리를 들은 거야   바깥 층계참에서

landing / opposite our cupboard door. I thought of the
           책장으로 된 문 맞은편의.   난 목수라고 생각해서

carpenter / at once / and warned Elli, / who was having a
               즉시   엘리 언니한테 경고했지,   함께 밥을 먹고 있던,

meal with us, / that she shouldn't go downstairs. Daddy
                  아래층에 가서는 안 된다고.

and I posted ourselves at the door / so as to hear / when
아빠와 난 문에 바짝 붙어서   들으려고 했지   그 남자가

the man left. After he'd been working / for a quarter of an
언제 떠나는지.   그 남자가 작업을 계속하다가   15분 동안,

hour, / he laid his hammer and tools down / on top of our
          망치와 도구를 내려 놓고   책장으로 된 문 위에

cupboard / (as we thought) / and knocked at our door. We
               (그렇게 생각했지)   책장 문을 두드리는 거야.

turned absolutely white. Perhaps he had heard something
우리는 완전히 하얗게 질렸어.   어쩌면 그 사람은 뭔가를 듣고

/ after all / and wanted to investigate / our secret den. It
   결국   조사를 하려고 했는지도 몰라   비밀 은신처를.

seemed like it. The knocking, / pulling, / pushing, / and
그런 것 같았어.   두드리고,   잡아당기고,   밀고,

wrenching went on. I nearly fainted / at the thought / that
그리고 비틀기를 계속하더라.   난 거의 기절할 뻔 했어   생각 때문에

this utter stranger might discover / our beautiful secret
완전히 이 낯선 사람이 발견할지 모른다는   우리의 아름다운 은신처를.

hiding place. And just as I thought / my last hour was at
그리고 막 생각했을 때   마지막 순간이 가까이 왔다고,

hand, / I heard / Mr. Koophuis say, / "Open the door, /
소리를 들었지 쿠피스 씨가 말하는,   "문 열어,

it's only me." We opened it immediately. The hook / that
나야."   우리는 바로 문을 열었어.   고리가

holds the cupboard, / which can be undone by people /
책장으로 된 문을 잠그는,   사람만이 열 수 있는

who know the secret, / had got jammed. That was why no
비밀을 아는,   엉켰었대.

one had been able to warn us / about the carpenter. The
그래서 아무도 우리에게 경고할 수 없었대   그 목수에 대해.

man had now gone downstairs / and Koophuis wanted to
그 사람은 지금 아래층으로 갔고   쿠피스 씨가 엘리 언니를 데려 가려고 왔는데,

fetch Elli, / but couldn't open the cupboard again. It was a
책장을 다시 열 수 없었던 거야.

great relief to me, / I can tell you. In my imagination / the
겨우 안심이 됐고,   네게 말하는 거야.   내 상상 속에서는

man who I thought was trying to get in / had been growing
들어오려는 것 같았던 그 독일군이   점점 크기가 커지더니

and growing in size / until in the end / he appeared to be a
결국에는   거인이 되어서

giant / and the greatest fascist / that ever walked the earth.
가장 포악한 파시스트가 되었지   지구에 나타난.

Well! Well! Luckily / everything was okay / this time.
자!   자!   다행히도   다 괜찮았어   이번에는.

extinguisher 소화기 | attempt 시도, 노력 | post 붙이다 | lay down 내려 놓다 | absolutely 완전히 | after
all 결국 | den 은거지 | wrench 비틀다 | utter 완전히 | at hand 가까이에 | immediately 즉시 | hook 고리 |
relief 안도 | fascist 파시스트 | walk 나타나다

Meanwhile / we had great fun / on Monday. Miep and
한편 즐거운 시간을 보냈지 월요일에. 미프 아주머니와 헹크

Henk / spent the night here. Margot and I went / in
아저씨가 이곳에서 밤을 보냈어. 마르호트 언니와 난 자러 가서

Mummy and Daddy's room / for the night, / so that the
엄마 아빠 방에 그날 밤에, 반 단 씨 부부는,

Van Santens / could have our room. The meal tasted
우리 방에서 잘 수 있었지. 식사도 훌륭했어.

divine. There was one small interruption. Daddy's lamp
작은 사건이 있었단다. 아빠 램프의 퓨즈가

blew a fuse, / and all of a sudden / we were sitting / in
나갔어. 그래서 갑자기 우리는 앉아 있었지

darkness. What was to be done? There was some fuse
어둠 속에. 어떻게 해야 하지? 퓨즈 전선이 있었지만

wire / in the house, / but the fuse box is / right at the
집에는, 퓨즈 박스가 있어 바로 뒤편에 있거든

very back / of the dark storeroom / — not such a nice job
어두운 창고의 — 할 만한 일이 아니지

/ after dark. Still the men ventured forth / and after ten
캄캄해진 후. 그래도 남자들이 과감하게 나섰고 10분 후에

minutes / we were able to put the candles away again.
우리는 다시 촛불을 치울 수 있었어.

I got up early this morning. Henk had to leave / at
오늘 아침에는 일찍 일어났어. 헹크 아저씨가 가야 했거든

half past eight. After a cozy breakfast / Miep went
8시 30분에. 단란한 아침 식사를 끝낸 후 미프 아주머니는 아래층으로

downstairs. It was pouring / and she was glad / not to
내려 가셨어. 비가 쏟아지고 있었어 그래서 아주머니는 기뻤지 자전거를

have to cycle / to the office. Next week / Elli is coming to
타지 않아도 돼서 사무실까지. 다음 주에는 엘리 언니가 자러 올 거야

stay / for a night.
밤에.

Yours, Anne
안네가

Monday, 9 November, 1942
1942년 11월 9일 월요일

Dear Kitty,
키티에게,

Yesterday was Peter's birthday, / he was sixteen. He had
어제는 페터의 생일이었어,   16살이 되었지.

some nice presents. Among other things / a game of
페터는 멋진 선물들을 받았어.   선물 중에는   모노폴리 게임,

Monopoly, / a razor, / and a lighter. Not that he smokes
             면도기,   그리고 라이터가 있었지. 그 애가 담배를 많이 피우는 것은

much, / it's really just for show.
아니고,   정말 폼으로 그러는 것 뿐이야.

The biggest surprise came / from Mr. Van Daan /
가장 놀라운 소식은   반 단 아저씨가 가져오셨어

when, at one o'clock, / he announced / that the British
1시에,   아저씨가 발표했지   영국군이 상륙했다고

had landed / in Tunis, / Algiers, / Casablanca, / and
             튀니지,   알제리,   카사블랑카,   그리고 오란에.

Oran. "This is the beginning of the end," / everyone
       "이것은 종전의 시작이야,"라고   모두 말하고 있었지만,

was saying, / but Churchill, / the British Prime
                처칠은,   영국의 수상인,

Minister, / who had probably heard the same thing / in
             아마도 같은 이야기를 들었겠지만

England, / said: / "This is not the end. It is not even the
영국에서,   말했어: "이것은 종전이 아닙니다.

beginning of the end. But it is, / perhaps, / the end of the
이것은 종전의 시작도 아닙니다.   하지만 이것은,   아마도,   그 시작의 끝입니다."

beginning." Do you see the difference? There is certainly
                 차이가 있니?   물론 이유가 있어

reason / for optimism. Stalingrad, / the Russian town /
          낙관론에는.   스탈린그라드는,   러시아의 마을인

which they've already been defending / for three months,
계속해서 방어전 중인   3개월 동안,

/ still hasn't fallen into German hands.
아직 독일군의 손에 넘어지지 않았거든.

But to return to affairs / in our secret den. I must tell
하지만 이야기들로 돌아가 볼까 비밀 은신처의. 말해야겠어

you / something about our food supply. As you know, /
음식 공급에 관한 이야기를. 알다시피,

we have some real greedy pigs / on the top floor. We get
정말 탐욕스런 돼지들이 있어 위층에.

our bread / from a nice baker, / a friend of Koophuis. We
우리는 빵을 얻어 훌륭한 제빵사에게, 쿠피스 씨 친구인.

don't get so much / as we used to at home, / naturally. But
많이 얻지는 못 해 집에 있을 때처럼, 당연히.

it's sufficient. Four ration cards have also been bought /
하지만 충분해. 식량 배급표도 네 장 샀어

illegally. Their price is going up / all the time, / it has now
불법으로. 배급표 가격은 오르고 있어 언제나, 지금은 올라버렸지

gone up / from twenty-seven florins to thirty-three. And
27플로린에서 33플로린으로. 그 정도의

all that for / a little slip of printed paper! In order to have
가격이라니 작은 종이조각 하나가! 집에 더 두기 위해

something in the house / that will keep, / apart from our
보관하여,

150 tins of vegetables, / we have bought / 270 pounds of
채소 통조림 150개 외에도, 구입했어

dried peas and beans. They are not all for us, / some are for
말린 완두콩과 콩 270lb를. 말린 콩은 우리 것만이 아니야, 일부는 사무실 사람

the office people. They are in sacks / which hang on hooks
들 것이지. 콩은 자루에 담겨 있어 고리에 걸려

/ in our little passage / (inside the hidden door). Owing
좁은 통로 안에 있는 (숨겨진 문 안쪽에).

to the weight of the contents, / a few stitches in the sacks
내용물의 무게 때문에, 자루의 바늘땀이 뜯겨져 버렸어.

burst open. So we decided / it would be better / to put our
그래서 결정했지 낫겠다고 겨울 식량을 두는

winter store / in the attic / and Peter was given / the job of
것이 다락방에 그리고 페터가 하기로 했어 자루 모두를 끌어

dragging it all / up there.
올리는 일을 다락방으로.

He had managed to get / five of the six sacks upstairs
페터는 옮길 수 있었지　여섯 자루 중 다섯 자루를 그대로 위층으로,

intact, / and he was just busy pulling up / number six, /
그런데 그 애가 막 바쁘게 끌어올리려던 참에　여섯 번째 자루를,

when the bottom seam of the sack split / and a shower /
자루의 바닥 솔기가 벌어져서　콩 비가

— no, a positive hailstorm of brown beans / came pouring
— 아니, 정말 갈색 콩 우박이　쏟아져 내리더니

down / and rattled down the stairs. There were about
계단으로 와르르 떨어져 버렸지.　약 50lb가 들어 있었어

fifty pounds / in the sack / and the noise was enough / to
그 자루에는　쏟아져 내리는 소리는 충분히 시끄러웠지

waken the dead. Downstairs / they thought / the old house
죽은 사람도 깨울 정도로.　아래층에서는　생각했대　이 낡은 집이

with all its contents / was coming down / on them. (Thank
무너지려 하는 것이라고　그들 위로.　(다행이야

God / there were no strangers / in the house.)
낯선 사람이 아무도 없어서　집에.)

Key Expression

thank God : 다행이야

thank God은 '다행이야, 고마워라' 등의 의미로 기쁨이나 안도를 나타내는 감탄사입니다.

God 대신 goodness, heaven, fortune, Christ, the Lord, hell 등을 넣어서 쓰기도 합니다.

ex) Thank God there were no strangers in the house.
집에 낯선 사람이 없어서 다행이야.

Pim, thank goodness, doesn't find her either attractive or funny.
다행스럽게도 아빠는 아주머니를 매력적이라거나 재미있다고 생각하지 않아.

sufficient 충분한 |illegally 불법으로 |slip 전표 |pea 완두콩 |owing to ~ 때문에 |burst open (실밥
따위가) 터지다 |store 식량 |intact 고스란히 그대로 |seam 솔기 |hailstorm 마구 퍼붓는 우박 |rattle 와르르
떨어지다

It gave Peter a moment's fright. But he was soon roaring
페터는 잠시 동안 겁에 질렸어.   하지만 갑자기 웃음을 터뜨리는 거야,

with laughter, / especially / when he saw me standing
특히   내가 서 있는 것을 보고

/ at the bottom of the stairs, / like a little island / in the
층계 아래쪽에,   작은 섬같은

middle of a sea of beans! I was entirely surrounded / up
콩의 바다 한가운데 떠 있는!   난 완전히 둘러싸여 있었지

to my ankles / in beans. Quickly / we started to pick them
내 무릎 높이까지   콩 속에.   재빨리   우리는 콩을 줍기 시작했어.

up. But beans are so slippery and small / that they seemed
하지만 콩은 아주 미끄럽고 작아서   굴러 들어간 것만 같았어

to roll into / all the possible and impossible corners and
온갖 구석과 구멍으로.

holes. Now, / every time anyone goes downstairs / they
지금은,   누구든 아래층으로 갈 때마다

bend down once or twice, / in order to be able to present
한두 번씩 허리를 숙이곤 하지,   반 단 아주머니에게 선물하기 위해

Mrs. Van Daan / with a handful of beans.
콩 한 줌을.

I'd almost forgotten to mention / that Daddy is quite
말하는 것을 깜박 잊을 뻔 했네   아빠는 이제 다시 나아지셨어.

better again.

Yours, Anne
안네가

P.S. / The news has just come over the radio / that Algiers
추신   뉴스가 막 라디오에서 나왔어   알제리가 함락됐대.

has fallen. Morocco, / Casablanca, / and Oran have been
모로코,   카사블랑카,   그리고 오란이 영국군 손에 들어갔어

in British hands / for several days. Now we're waiting for
며칠 동안.   이제 튀니지 소식을 기다리고 있어.

Tunis.

roaring with laughter 크게 웃다 | surround 둘러싸다 | slippery 미끄러운 | come over ~에서 오다 | fall
(적의 손에) 떨어지다, 함락되다

Tuesday, 10 November, 1942
1942년 11월 10일 화요일

Dear Kitty,
키티에게,

Great news / — we want to take in / an eighth person. Yes,
굉장한 소식이야   — 우리는 받아들이려고 해   여덟 번째 사람을.   그래,

really! We've always thought / that there was quite enough
정말이야! 언제나 생각했지   꽤 충분한 방과 음식이 있다고

room and food / for one more. We were only afraid of /
한 사람이 더 있어도 될. 단지 걱정될 뿐이었어

giving Koophuis and Kraler more trouble. But now that
쿠피스 씨와 크랄러 씨에게 폐를 끼치는 것이.   그렇지만 지금은 그 무서운

the appalling stories / we hear about Jews / are getting
이야기들이   유대인에 관해서 들었던   훨씬 더 나빠지고 있어,

even worse, / Daddy got hold of / the two people who had
아빠는 이야기 했지   결정권을 가진 두 분께,

to decide, / and they thought / it was an excellent plan.
그리고 아저씨들은 생각했어   좋은 계획이라고.

Key Expression 🔑

비교급을 강조하는 부사 even

비교급 앞에 쓰인 even은 비교급을 강조하는 부사로 '훨씬, 더욱'이라는 의미를 나타냅니다.
비교급을 강조하는 부사에는 이 밖에도 much, far, a lot, still이 있습니다.

ex) But now that the appalling stories we hear about Jews are getting even worse,
그렇지만 지금은 유대인에 관해서 들었던 그 무서운 이야기들이 훨씬 더 나빠지고 있어.
I am quite sure that I should have screamed even louder.
나는 확실히 더 크게 소리질렀을 거야.

"It is just as dangerous / for seven as for eight," / they
"위험하기는 마찬가지예요   일곱이나 여덟이나,"   아저씨들이

said, / and quite rightly. When this was settled, / we
그랬대,   맞아.   이 일이 결정됐을 때,

ran through / our circle of friends, / trying to think of a
쭉 떠올려 봤어   친구들을,   독신인 사람을 생각하면서

single person / who would fit in well / with our "family."
잘 맞을 만한   우리 "가족"과.

It wasn't difficult / to hit on someone. After Daddy
어렵지 않게   어떤 사람을 떠올렸지.

had refused / all members of the Van Daan family, /
아빠는 거절한 후   반 단 아저씨 네 친척들을 모두,

we chose a dentist / called Albert Dussel, / whose wife
치과 의사를 골랐지   알버트 뒤셀이라는,

was fortunate enough / to be out of the country / when
그 부인은 운이 좋았대   외국에 있어서

war broke out. He is known to be quiet, / and so far as
전쟁이 발발했을 때.   그 아저씨는 조용한 분이래,

we and Mr. Van Daan / can judge from a superficial
그리고 우리와 반 단 아저씨로서도   얕은 친분으로는 판단할 수 있었지,

acquaintance, / both families think / he is a congenial
두 가족 모두 생각했어   그는 성격이 맞을 거라고.

person. Miep knows him too, / so she will be able to
미프 아주머니도 그를 알고 있으니까,   처리해 주실 거야

make arrangements / for him to join us. If he comes, / he
그 분이 합류할 수 있도록.   그 분이 온다면,

will have to sleep in my room / instead of Margot, / who
내 방에서 자야 할 거야   마르호트 언니 대신,

will use the camp bed.
그리고 언니는 간이 침대를 쓸 거야.

Yours, Anne
안네가

appalling 소름 끼치는, 무서운 | get hold of 이야기 하다 | rightly 옳게 | run through 훑어보다 | hit on 생각나다, 떠오르다 | so far as ~에 관한 한 | superficial 피상적인 | acquaintance 면식이 있음, 아는 사이 | congenial 성격이 맞는

Thursday, 12 November, 1942
1942년 11월 12일 목요일

Dear Kitty,
키티에게,

Dussel was awfully pleased / when Miep told him / that
뒤셀 씨는 무척이나 좋아했대   미프 아주머니가 말했을 때

she had got a hiding place / for him. She urged him /
은신처가 있다고   그 분을 위한. 아주머니는 재촉했대

to come / as soon as possible. Preferably Saturday. He
오라고   최대한 빨리.   되도록이면 토요일에.   그 분은

thought / that this was rather doubtful, / since he had to
생각했대   좀 무리라고,

bring his card index up to date first, / see to a couple of
왜냐하면 진료 카드를 정리해야 하고,   환자도 두어 명 진료해야 하며,

patients, / and settle his accounts. Miep came to us / with
진료비 정산도 해야 해서.   미프 아주머니가 오셨어

this news / this morning. We thought / it was unwise
이런 소식을 갖고 오늘 아침에.   우리는 생각했지   현명하지 못한 거라고

of him / to put it off. All these preparations / entail
미루는 것은.   이런 모든 준비를 하다 보면   설명을 하게 되기

explanations / to a number of people, / whom we would
마련이고   여러 사람에게,   이런 사실을 모르기 바라는.

rather keep out of it. Miep is going to ask / if he can't
미프 아주머니는 물어보실 거야

manage to come on Saturday / after all.
그 분이 토요일에 들어 올 수 없는지   결국.

Dussel said no; / now he is coming on Monday. I must
뒤셀 씨는 안 된다고 했대; 지금은 월요일에 들어오기로 했어.   말해야겠어

say / I think it's pretty crazy / that he doesn't jump at the
좀 이상한 것 같다고   그 분이 이 제안에 기꺼이 응하지 않는 것이

proposal / — whatever if is. If he were to get picked up
— 날짜가 언제가 되었든.   만약 밖에서 붙잡힌다면,

outside, / would he still be able to do / his card index, /
계속할 수 있겠어   카드 정리나,

settle his finances, / and see to his patients? Why delay
진료비 정산, 그리고 진료를? 그럼 왜 연기하는 건데?

then? I think / it's stupid of Daddy / to have given in. No
생각해 아빠도 이상하다고 받아 주는.

other news —
다른 소식은 없어 —

Yours, Anne
안네가

Tuesday, 17 November, 1942
1942년 11월 17일 화요일

Dear Kitty,
키티에게,

Dussel has arrived. All went well / Miep had told him
뒤셀 씨가 도착했어. 다 잘 진행됐어 미프 아주머니가 아저씨에게 말했지

/ that he must be at a special place / in front of the Post
어느 특정 장소에 있어야 하고 우체국 앞의

Office / at eleven o'clock, / where a man would meet
11시에, 거기에 한 남자가 만나러 올 것이라고.

him. Dussel was standing / at the rendezvous / dead on
뒤셀 씨는 서 있었지 약속 장소에 정확한 시간에.

time. Mr. Koophuis, / who knows Dussel too, / went up
쿠피스 씨가, 역시 뒤셀 씨를 아는, 가서

to him and told him / that the said gentleman could not
가서 말했어 언급됐던 그 신사가 올 수 없다고,

come, / but asked / whether he would just go / to Miep at
그리고 물었어 가겠느냐고 미프 아주머니

the office. Koophuis got into a tram / and went back to
사무실로. 쿠피스 씨는 전차를 타고 사무실로 돌아왔어,

the office, / while Dussel walked in the same direction.
뒤셀 씨는 같은 방향으로 걸어왔고.

At twenty past eleven / Dussel tapped at the office door.
11시 20분에 뒤셀 씨가 사무실 문을 두드렸지.

awfully 몹시, 대단히 | urge 재촉하다 | bring ~을 어떤 상태에 이르게 하다 | up to date 오늘날짜까지 | settle 정산하다 | account 계산, 신용 거래 | put off 연기하다 | entail 일으키다, 수반하다 | keep out ~안에 들이지 않다 | after all 결국 | jump at 기꺼이 응하다 | give in 굴복하다, 받아 주다 | rendezvous 회합 장소, 약속 장소 | dead on time 아주 정확한 시간 | tap 가볍게 톡톡 두드리다

Miep helped him off with his coat, / so that the yellow
미프 아주머니가 아저씨 코트 벗는 것을 도왔어,　　　노란 별이 보이지 않도록,

star would not be seen, / and took him to the private
그리고 개인 사무실로 데리고 갔지,

office, / where Koophuis engage him in conversation /
그곳에서 쿠피스 씨는 뒤셀 씨와 이야기를 나눴어

until the charwoman had gone. Then Miep went upstairs
청소부 아주머니가 돌아갈 때까지.　　　그리고 미프 아주머니가 뒤셀 씨를 데리고

with Dussel / under the pretext / that the private office
위층으로 올라갔어　　이유를 대고　　　개인 사무실을 써야 한다고

was needed / for something, / opened the swinging
다른 일로,　　　움직이는 책장을 열고,

cupboard, / and stepped inside / before the eyes of the
안으로 들어왔어　　　어안이 벙벙한 뒤셀 씨 눈 앞에서.

dumbfounded Dussel.

We all sat around the table upstairs, / waiting with coffee
모두 위층의 탁자에 둘러 앉아 있었어,　　　커피와 코냑을 차려 놓고 기다리

and cognac / to greet the newcomer. Miep showed him /
면서　　　새로 오는 사람에게 인사하려고.　　미프 아주머니는 보여 주었지

into our sitting room first. He recognized our furniture
거실을 먼저.　　　그 분은 우리 가구를 한눈에 알아보았고,

at once, / and had not the remotest idea / that we were
전혀 생각하지 못했대　　　우리가 이곳에 있다는 것을,

there, / above his head. When Miep told him / he nearly
머리 위에.　　　미프 아주머니가 말했을 때　　　거의 기절할 뻔

passed out / with surprise. But luckily / Miep didn't give
했지　　　놀라서.　　　하지만 다행히도　　　아주머니가 시간을 많이 주

him much time / and took him straight upstairs.
지 않고　　　바로 위층으로 데려왔어.

engage in참가하다 | charwoman빌딩의 청소원 등 일용 잡역부 | pretext구실, 명목 | swinging흔들리는,
열리는 | dumbfounded어안이 벙벙한 | remotest근소한, 미미한 | take it받아들이다, 믿다 | in first첫째로 |
stutter더듬거리며 말하다 | wrong track그릇된 방향으로 | be struck dumb말문이 막히게 되다 | ingenuity
교묘한 솜씨 | exquisite훌륭한 | gaze about(놀라서) 두리번거리다 | astonishment놀람

Dussel sank into a chair, / speechless, / and looked at us
뒤셀 씨는 의자에 주저앉아서, 말을 잃고, 우리 모두를 쳐다봤어

all / for a while, / as if he had to really take it all / in first.
잠시 동안, 받아들일 시간이 필요하다는 듯이 먼저.

After a while / he stuttered / "But···aber, / sind you not
잠시 후 더듬거리며 말했지 "하지만··· 당신들, 벨기에로 간 것이

in Belgium then? Ist der Militar nicht come, / das Auto, /
아닌가요? 그날 밤 온 것이 아니에요, 차가,

the escape is sie nicht successful?"
탈출에 성공했어요?"

We explained everything to him, / that we had spread
우리는 모든 것을 설명했어, 그 이야기를 퍼뜨렸다고

the story / about the soldiers and the car / on purpose / to
군인과 차에 대한 고의로

put people, / and especially the Germans, / on the wrong
사람들을 유도하려고, 특히 독일군들을, 잘못된 방향으로,

track, / should they try to find us.
우리를 찾으려고 할 테니까.

Dussel was again struck dumb / by such ingenuity and,
뒤셀 씨는 다시 말문이 막혔지 우리의 교묘한 속임수에 그리고,

/ when he had explored further / our superpractical
좀 더 살펴보고는

exquisite little "Secret Annexe," / he could do nothing
무척 실용적이고 아름다운 작은 "은신처"를 좀 더

but gaze about him / in astonishment.
두리번거릴 수밖에 없었지 놀라움에.

We all had lunch together. Then he had a little nap / and
모두 함께 점심을 먹었어. 그리고 나서 아저씨는 낮잠을 좀 자고

joined us for tea, / tidied up his things a bit / (Miep had
우리와 함께 차를 마셨어, 짐을 좀 정리하고 나더니

brought them beforehand), / and began to feel more at
(미프 아주머니가 미리 가져왔거든), 좀 편안해 하기 시작하더라.

home. Especially when he received / the following typed
특히 받았을 때 타이프로 친

"Secret Annexe Rules" / (Van Daan product).
"은신처 규칙"을 (반 단 작성).

PROSPECTUS AND GUIDE / TO THE "SECRET ANNEXE"
안내와 지침   "은신처" 생활을 위한

Special institution / as temporary residence / for Jews and
특별 시설   임시 거주지로써의

suchlike.
유대인 및 비슷한 처지의 사람들을 위한.

Open all the year round. Beautiful, / quiet, / free from woodland
연중 상시 운영.   아름답고,   조용하며, 삼림지에서 떨어진,

surroundings, / in the heart of Amsterdam. Can be reached / by
                암스테르담 중심에 위치.   접근 가능

trams 13 and 17, / also by car / or bicycle. In special cases / also
전차 13번이나 17번,   승용차   혹은 자전거로. 특별한 경우에는

in foot, / if the Germans prevent / the use of transport.
도보로도,   만약 독일군이 금지한다면   대중교통의 사용을.

Board and loading : Free.
숙박비 : 무료.

Special fat-free diet.
특별 무지방 다이어트 식단.

Running water / in the bathroom / (alas, no bath) / and down
급수   욕실에서의   (유감이지만, 욕조 없음)

various inside and outside walls.
또한 벽 안팎에서 물에 흐름.

Ample storage room / for all types of goods.
충분한 수납 공간　　　　　　모든 물건 가능.

Own radio center, / direct communication / with London, / New
자체 라디오 센터,　　　　직통 연결　　　　　　　　런던과,

York, / Tel Aviv, / and numerous other stations. This appliance
뉴욕,　　텔 아비브,　　그리고 여러 다른 방송국과.　　거주자 전용 시설

is only for residents' use / after six o'clock in the evening. No
　　　　　　　　　　저녁 6시 이후에는.

stations are forbidden, / on the understanding that German
금지된 방송국 없음,　　　　단 독일 방송은

stations / are only listened to in special cases, / such as classical
　　　　특별한 경우에만 청취 가능,

music and the like.
클래식 음악 방송같은.

Rest hours: / 10 o'clock in the evening / until 7:30 in the
휴식 시간 :　　저녁 10시부터　　　　　　　　아침 7시 30분까지.

morning. 10:15 in Sundays. Residents may rest / during the day,
　　　　일요일은 10시 15분까지.　거주자는 휴식 가능　　낮에도,

/ conditions permitting, / as the directors indicate. For reasons of
상황이 허락한다면,　　　　운영진의 지시를 따라.　　공공 안전을 위해

public security / rest hours must be strictly observed!
　　　　　　휴식 시간은 엄수되어야 함!

Holidays (outside the home) : / postponed indefinitely
공휴일 (집 밖에서) :　　　　무기한 연기

Use of language : / Speak softly at all times, / by order! All
사용 언어 :　　　　언제나 조용히 말할 것,　　　　명령임!

civilized languages are permitted, / therefore no German!
모든 문명화 된 언어는 사용 가능,　　　　그러므로 독일어는 금지!

Lessons : / One written shorthand lesson per week. English, /
수업 :　　주1회 속기 수업.　　　　　　　　영어,

French, / Mathematics, / and History / at all times.
프랑스어,　수학,　　　　그리고 역사　　상시 개설.

prospectus 안내서 | institution 기구, 조직 | free from ~이 없는 | woodland 숲, 삼림지 | board and
loading 숙식을 제공하는 하숙 | ample 광대한, 넓은 | resident 거주자 | on the understanding that ~의
조건으로 | indicate 지시하다 | observed (규칙을) 따르다 | indefinitely 무기한으로 | by order 명령에 따라
civilized 문명화 된

Small Pets — Special Department / (permit is necessary) : /
작은 애완 동물 — 특별 분과 　　　　　　　(허가 필요) :

Good treatment available / (vermin excepted).
대우 좋음 　　　　　　　　　(해충은 제외).

Mealtimes : / breakfast, / every day except Sundays and Bank
식사 시간 : 　　아침, 　　　　일요일과 은행 휴일 제외한 매일,

Holidays, / 9 A.M. / Sundays and Bank Holidays, / 11:30 A.M. /
오전 9시　　일요일과 은행 휴일은, 　　　　　　오전 11시 30분

approximately.
대략.

Lunch : / (not very big) : / 1:15 P.M. to 1:45 P.M.
점심 : 　　(많지 않음) : 　　오후 1시 15분~1시 45분

Dinner : / cold and/or hot : / no fixed time / (depending on the
저녁 : 　　찬 음식/뜨거운 음식 : 　정해진 시간 없음　(라디오 방송에 따라 달라짐).

news broadcast).

Duties : / Residents must always be ready / to help with office
의무 사항 : 　거주자는 항상 대기해야 함 　　　　　　사무실 일을 돕도록.

work.

Baths : / The washtub is available / for all residents / from 9
목욕 : 　빨래통 사용 가능 　　　　　모든 거주자들이

A.M. on Sundays. The W.C., / kitchen, / private office / or main
일요일 아침 9시부터. 　화장실, 　부엌, 　　개인 사무실이나 　큰 사무실,

office, / whichever preferred, / are available.
선호하는 곳 어디에서나, 　　사용 가능.

Alcoholic Beverages : / only with doctor's prescriptions.
주류 : 　　　　　의사 처방이 있을 때에만.

END
끝

Yours, Anne
안네가

Thursday, 19 November, 1942
1942년 11월 19일 목요일

Dear Kitty,
키티에게,

Dussel is a very nice man, / just as we had all imagined.
뒤셀 씨는 아주 좋은 사람이야,   모두 생각했던 대로.

Of course he thought / it was all right / to share my little
물론 아저씨도 생각하지   괜찮다고   내 작은 방을 같이 써도.

room.

Quite honestly / I'm not so keen / that a stranger
솔직히   썩 좋지는 않지만   낯선 사람이

should use my things, / but one must be prepared / to
내 물건을 쓰는 것이,   우리는 준비되어 있어야 해

make some sacrifices / for a good cause, / so I shall
희생할   좋은 일을 위해,

make my little offering / with a good will. "If we can
그래서 나도 헌납하려 해   좋은 뜻을 위해.   "만약 누군가를

save someone, / then everything else is of secondary
구할 수 있다면,   그보다 더 중요한 일은 없다."

importance," / says Daddy, / and he's absolutely right.
아빠가 말씀하셨는데,   정말 맞아.

The first day / that Dussel was here, / he immediately
첫날에   뒤셀 씨가 여기 왔던,   바로 내게 물으셨어

asked me / all sorts of questions: / When does the
여러 가지 질문을: 청소부 아주머니는 언제 오시니?

charwoman come? When can one use the bathroom?
언제 목욕탕을 쓸 수 있니?

When is one allowed to use the lavatory? You may
언제 실험실을 쓸 수 있니?   넌 웃을지도 모르지만,

laugh, / but these things are not so simple / in a hiding
이런 일들이 그렇게 간단한 것이 아니야   은신처에서는.

place. During the day / we mustn't make any noise /
낮 동안에   소리를 내서는 안 돼

that might be heard downstairs; / and if there is some
아래층에서 들을 수도 있는;   만약 외부 사람이 있으면

stranger / — such as the charwoman for example — /
— 예를 들면 청소부 아주머니같이 —

then we have to be extra careful. I explained all this /
우리는 더욱 더 조심해야 해.　　　　　　　　이런 것을 설명해 드렸지

carefully / to Dussel. But one thing amazed me: / he is very
자세히　　　뒤셀 씨에게.　　그런데 한 가지 때문에 놀랐어:

slow on the uptake. He asks everything twice over / and
아저씨는 이해가 아주 느려.　　모든 것을 두 번 이상 물어봐

still doesn't seem to remember. Perhaps / that will wear off
그리고도 기억을 못 하는 것 같아.　　　아마　　　시간이 지나면 괜찮아지겠지,

in time, / and it's only that he's thoroughly upset / by the
　　　　　　단지 완전히 혼란스러운가 봐

sudden change.
갑작스런 변화 때문에.

Apart from that, / all goes well. Dussel has told us / a lot
그것 외에는,　　　　　모든 것이 순조로워.　아저씨는 얘기해 주셨어

about the outside world, / which we have missed / for so
바깥 세상에 대해 많이,　　　　　그것들은 우리가 놓쳤던 거야

long now. He had very sad news. Countless friends and
오랫동안.　　매우 슬픈 소식도 전해 주었지.　셀 수 없이 많은 친구들과 아는 사람들이

acquaintances / have gone to a terrible fate. Evening after
　　　　끔찍한 운명에 처해졌대.　　　　　매일 저녁

evening / the green and gray army lorries / trundle past.
초록색과 회색이 칠해진 군용 트럭이　　　　달려 지나가지.

Key Expression

were it not that~ : ~하지 않는다면

were it not that~은 '~하지 않는다면'이라는 의미를 나타내는 가정법 표현입니다.
If it were not that~의 구문에서 if가 생략되어 주어와 동사가 도치된 구문입니다.

ex) We wouldn't have to worry about all this misery were it not that we are so
anxious about all those dear to us whom we can no longer help.
우리가 더 이상 도울 수 없는 이런 사람들에 대해 너무 신경 쓰지만 않는다면
이런 불행에 대해 걱정할 필요가 없어.

slow on the uptake 이해가 느린 | wear off 차츰 없어지다 | upset 혼란한 | lorry 화물 자동차, 트럭 | trundle
바퀴로 움직여 달리다 | evade ~을 잘 빠져나가다 | haul 획득 | accompany ~와 동반하다 | chap 녀석, 사나이
| bully 괴롭히다 | knock about 학대하다, 혹사하다 | spare 인정을 베풀다 | expectant mother 임산부 |
undisturbed 괴로움을 겪지 않은 | misery 비참함, 불행

The Germans ring / at every front door / to inquire / if
독일군은 초인종을 울려 모든 집 현관에서 물어보려고

there are any Jews living / in the house. If there are, / then
유대인이 살고 있는지 그 집에. 만약 유대인이 있으면,

the whole family has to go / at once. If they don't find
모든 가족이 끌려 가야 하지 당장. 유대인을 찾지 못하면,

any, / they go onto the next house. No one has a chance of
독일군은 다음 집으로 가. 아무도 독일군을 피할 수 없어

evading them / unless one goes into hiding. Often they go
은신하지 않는 한. 독일군은 명단을 갖고

around with lists, / and only ring / when they know / they
자주 돌아다니면서, 초인종을 누르지 알고 있을 때

can get a good haul. It seems like the slave hunts / of olden
목표물을 포획할 수 있다는 곳을. 마치 노예 사냥같아, 옛날 시대의.

times. But it's certainly no joke; / it's much too tragic / for
하지만 이것은 절대 농담이 아니야; 너무 비극적이지 농담이

that. In the evenings / when it's dark, / I often see / rows of
라기는. 저녁마다 어두워지면, 가끔 보곤 해

good, innocent people / accompanied by crying children, /
선량하고, 죄가 없는 사람들의 행렬을 우는 아이들을 데리고,

walking on and on, / in charge of a couple of these chaps, /
끊임없이 걷고 있는, 끌고 가는 독일군들은,

bullied and knocked about / until they almost drop. No one
괴롭히고 학대해 사람들이 거의 쓰러질 때까지. 아무에게도 인

is spared / — old people, / babies, / expectant mothers, / the
정을 베풀지 않아 — 노인들, 아기들, 임산부들,

sick — / each and all join / in the march of death.
환자들 — 모든 사람이 합류하지 이 죽음의 행렬에.

How fortunate we are here, / so well cared for and
우리는 이곳에서 얼마 운이 좋은지 몰라, 보살핌을 잘 받고 괴로움을 겪지도 않아.

undisturbed. We wouldn't have to worry / about all this
우리는 걱정할 필요가 없어 이런 불행에 대해

misery / were it not that we are so anxious / about all those
너무 신경 쓰지 않는다면 이런 사람들에 대해

dear to us / whom we can no longer help.
우리가 더 이상 도울 수 없는.

I feel wicked sleeping / in a warm bed, / while my
고약하게도 졸리네 따뜻한 침대 안에 있으니, 내 사랑하는 친구들은

dearest friends / have been knocked down / or have
쓰러지거나 시궁창에 처 박히고

fallen into a gutter / somewhere out / in the cold night. I
있는데 바깥 어딘가에서 추운 밤에.

get frightened / when I think of close friends / who have
겁이 나 친한 친구들에 대해 생각할 때면

now been delivered / into the hands of the cruelest brutes
지금 끌려간 가장 잔인한 냉혈인의 손아귀로

/ that walk the earth. And all because they are Jews!
이 세상에 나타난. 이 모든 것은 우리가 유대인이기 때문이야!

Yours, Anne
안네가

Monday, 7 December, 1942
1942년 12월 7일 월요일

Dear Kitty,
키티에게,

Chanuka and St. Nicholas Day / came almost together /
하누카 축일과 니콜라우스 축일이 거의 같이 다가왔어

this year / — just one day's difference. We didn't make
올해에는 — 딱 하루 차이야. 그다지 법석을 떨지 않았어

much fuss / about Chanuka: / we just gave each other
하누카 축일에는: 주고 받았을 뿐이야

/ a few little presents / and then we had the candles.
작은 선물을 그리고 촛불을 켰단다.

Because of the shortage of candles / we only had them
초가 부족했기 때문에 초를 밝혔을 뿐이지만

alight / for ten minutes, / but it is all right / as long as
10분 동안, 괜찮아 성가를 부를 정도의

you have the song. Mr. Van Daan has made a wooden
시간이 되면. 반 단 아저씨가 나무로 된 촛대를 만들어서,

candlestick, / so that too was all properly arranged .
그렇게 너무나도 잘 준비가 되었어.

wicked 심술궂은, 고약한 |gutter 시궁창 |brute 냉혹한 사람 |Chanuka 유대교 성전 헌당 기념일 |fuss
법석 |arrange 준비하다 |inquisitive 알고 싶어하는 |file 열을 지어 가다 |pitch-darkness 칠흑 같은 어둠 |
shudder 오싹하다

Saturday, / the evening of St. Nicholas Day, / was much
토요일에는,   성 니콜라우스 축일 저녁인,   훨씬 더 재미있었어.

more fun. Miep and Elli had made us very inquisitive /
미프 아주머니와 엘리 언니가 우리를 궁금하게 했어

by whispering all the time with Daddy, / so naturally we
아빠와 계속 귓속말을 주고 받아서,   당연히 추측했지

guessed / that something was on.
무슨 계획이 있다고.

And so it was. At eight o'clock / we all filed down /
역시 그랬어.   8시에   모두 줄지어 내려가서

the wooden staircase / through the passage / in pitch-
나무 계단을   복도를 지나   칠흑같은 어둠 속에서

darkness / (it made me shudder / and wish / that I was
(난 오싹해져서   바랐지   다시 안전하게

safely upstairs again) / into the little dark room.
위층으로 올라가게 해 달라고)   작고 어두운 방으로 들어갔어.

Key Expression♥

5형식 동사 make

'만들다'라는 의미의 동사 make는 5형식에서 중요하게 쓰이는 동사입니다. 목
적보어 위치에는 명사, 형용사, 형용사구, 동사원형 등 다양한 형태가 올 수 있습
니다.
5형식에서의 make 쓰임을 이해하면 해석이 쉬워져요. 특히 주어에 사물이 올
경우에는 '~때문에, ~으로 인해'와 같이 해석하면 자연스럽답니다.

▶ make + 목적어 + 명사 : ~을 …으로 만들다
▶ make + 목적어 + 형용사/형용사구 : ~을 …하게(처럼) 만들다
▶ make + 목적어 + 동사원형 : ~을 …하게(하도록) 만들다(시키다)
  → make는 사역동사

ex) Hands smothered in blood, red face, and the soiled apron, made him look
    like a butcher.
    피에 물든 손과, 붉은 얼굴, 더러운 앞치마로 인해 그의 얼굴이 정육점 주인처럼
    보였다.
    Miep and Elli had made us very inquisitive by whispering all the time with
    Daddy.
    미프 아주머니와 엘리 언니가 아빠와 계속 귓속말을 주고 받아서 우리를 궁금하
    게 했어.
    We have forbidden Margot to cough at night and make her swallow large
    doses of codeine.
    우리는 언니에게 밤에 기침하지 못하게 하고 약을 많이 먹게 했어.

There, / as there are no windows, / we were able to turn
그곳에서는, 창문이 없기 때문에, 불을 켤 수 있었어.

on a light. When that was done, / Daddy opened the
불을 켰을 때, 아빠가 커다란 벽장을 열었어.

big cupboard. "Oh! How lovely," / we all cried. A large
"아! 정말 예쁘다." 모두 소리쳤어. 커다란 바구니가

basket / decorated with St. Nicholas paper / stood in the
성 니콜라우스 종이로 장식된 구석에 있었고

corner / and on top there / was a mask of Black Peter.
그 위에는 블랙 페터 가면이 있었어.

We quickly took the basket / upstairs with us. There was
바로 바구니를 가지고 왔어 위층으로.

a nice little present / for everyone, / with a suitable poem
작고 근사한 선물이 있었어 모든 사람을 위한, 어울리는 시가 붙어 있는.

attached. I got a doll, / whose skirt is a bag / for odds and
난 인형을 받았는데, 인형 치마가 가방이야 여러 가지 물건을

ends; / Daddy got book ends, / and so on. In any case / it
넣는; 아빠는 북엔드를 받았어, 그 외 여러 가지가 있었지. 어쨌든

was a nice idea / and as none of us had ever celebrated St.
이것은 좋은 생각이었고 아무도 성 니콜라우스 축일을 축하한 적이 없었으니,

Nicholas, / it was a good way of starting.
좋은 시작이야.

Yours, Anne
안네가

Thursday, 10 December, 1942
1942년 12월 10일 목요일

Dear Kitty,
키티에게,

Mr. Van Daan used to be / in the meat, / sausage, / and
반 단 아저씨는 하셨어 고기, 소시지,

spice business. It was because of his knowledge of this
그리고 양념 사업을. 이런 일에 대한 지식이 있었기 때문이지

trade / that he was taken on in Daddy's business. Now he
아저씨가 아빠 사업에 참여하게 된 것. 지금은 아저씨

is showing / the sausage side of himself, / which for us, /
가 뽐내고 계셔 소시지에 대한 지식을, 그것이 우리에게도,

by no means disagreeable.
절대 불쾌한 일은 아니야.

We had ordered a lot of meat / (under the counter, / of
고기를 많이 주문했단다   (암거래로,

course) / for preserving / in case we should come upon
물론)   저장하기 위해   어려운 시절을 맞을 때를 대비해서.

hard times. It was fun to watch, / first the way the pieces
                구경하는 것은 재미있었어.

of meat went through the mincer, / two or three times, /
우선 고기 덩어리가 기계로 들어가는 방법을,   두세 차례,

then how all the accompanying ingredients were mixed
그리고 모든 재료들이 어떻게 섞이는지

/ with the minced meat, / and then how the intestine was
   다진 고기와,   그리고 나서 어떻게 내장을 채우는지

filled / by means of a spout, / to make the sausages. We
        깔때기를 이용해서,   소시지를 만들기 위해.

fried the sausage meat / and ate it / with sauerkraut / for
소시지를 구워서   먹었는데   소금에 절인 양배추와

supper / that evening, / but the Gelderland sausages had
저녁 식사로   그날 저녁에,   헬데르란트 소시지는 완전히 말려야 해서

to be thoroughly dried / first, / so we hung them over
                      우선,   막대기에 걸쳐 두었어

a stick / tied to the ceiling with string. Everyone who
        끈으로 천장에 묶어 놓은.

came into the room / began to laugh / when they caught
방으로 들어오는 모든 사람들이   웃기 시작했지   소시지 행렬을 보면서

a glimpse of the row of sausages / on show. They looked
                              진열된.   진짜 웃겼거든!

terribly funny!

---

odds and ends 여러 가지 잡다한 것 ┃ book end 북엔드(책이 쓰러지지 않게 양쪽에 받치는 책꽂이) ┃ spice 양념 ┃
trade 매매 ┃ take on 고용하다 ┃ disagreeable 마음에 들지 않는 ┃ under the counter 암거래로 ┃ come upon
일어나다 덮치다 ┃ intestine 내장 ┃ by means of ~으로, ~에 의하여 ┃ spout 깔때기 ┃ sauerkraut 소금에 절인
양배추 ┃ catch a glimpse of 힐끗 보다, 일변하다 ┃ on show 진열되어

The room was in a glorious mess. Mr. Van Daan was
방은 난장판이었어.　　　　　　　　　　　　반 단 아저씨는 입고 있었고

wearing / one of his wife's aprons / swathed round his
　　　　　아주머니 앞치마 중 하나를　　　　건장한 몸에

substantial person / (he looked fatter than he is!) / and was
　　　　　　　　　　(더 뚱뚱해 보이더라!)

busy with the meat. Hands smothered in blood, / red face,
고기를 다루느라 바빴지.　　피에 물든 손과,　　　　　　붉은 얼굴에,

/ and the soiled apron, / made him look like a butcher.
더러운 앞치마,　　　　　정육점 주인처럼 보이더라고.

Mrs. Van Daan was trying to do / everything / at once, /
반 단 아주머니는 하려고 해　　　　　모든 일을　　　한 번에,

learning Dutch from a book, / stirring the soup, / watching
네덜란드어 책을 보면서,　　　　　수프를 젓고,　　　　소시지 만드는

the meat being done, / sighing and complaining / about her
것을 보면서,　　　　　　　한숨 쉬고 불평했지　　　　다친 갈비뼈가

injured rib. That's what happens to elderly ladies (!) / who
아프다고.　　　할머니들에게 생기는 일이지 (!)

do such idiotic exercises / to reduce their large behinds!
우스꽝스러운 운동을 하는　　　엉덩이 살을 빼기 위해!

Dussel had inflammation in one eye / and was bathing it
뒤셀 씨는 한쪽 눈에 염증이 생겨서　　　　　　눈을 씻어내고 있었어

/ with chamomile tea / by the fire. Pim, / who was sitting
카모마일 차로　　　난로 옆에서.　　아빠는,　　의자에 앉아 계셨는데

on a chair / in a beam of sunlight / that shone through the
　　　　햇빛 속에서　　　　　　창문을 통해 비치는,

window, / kept being pushed / from one side to the other.
계속 밀리고 있었어　　　이쪽 저쪽으로.

In addition, / I think his rheumatism was bothering him, /
게다가,　　　　류머티즘 때문에 괴로우신 것 같았어,

because he sat rather hunched up / with a miserable look
왜냐하면 좀 구부정하게 앉아 있었거든　　　괴로운 표정으로,

on his face, / watching Mr. Van Daan at work. He looked
　　　　　　반 단 아저씨가 일하는 것을 보면서.

exactly like some shriveled-up old man / from an old
아빠는 꼭 주름진 노인처럼 보였어　　　　양로원에 있는.

people's home. Peter was doing acrobatics / round the room
페터는 씨름하고 있었지   방을 돌아다니며

/ with his cat. Mummy, / Margot, and I / were peeling
고양이랑.   엄마와,   마르호트 언니, 그리고 난   감자 껍질을 벗기고 있었어;

potatoes; / and of course, / all of us were doing everything
물론,   모두 엉터리로 하고 있었지

wrong / because we were so busy / watching Mr. Van Daan.
왜냐하면 바빴으니까   반 단 아저씨를 보느라.

Dussel has opened his dental practice. For the fun of it, /
뒤셀 씨는 치과 진료를 시작했어.   재미 삼아,

I must just tell you / about his first patient. Mummy was
애기해 줄게   첫 환자에 대해.   엄마는 다림질을 하고

ironing; / and Mrs. Van Daan was the first / to face the
있었어;   그래서 반 단 아주머니가 첫 환자가 되었어   고난을 맞닥뜨린.

ordeal. She went and sat on a chair / in the middle of the
아주머니는 의자에 가서 앉았지   방 한가운데에 있는.

room. Dussel began to unpack his case / in an awfully
뒤셀 씨는 가방을 풀기 시작했고   굉장히 진지하게,

important way, / asked for some eau de cologne / as a
오데코롱을 좀 달라 했지

disinfectant / and Vaseline / to take the place of wax.
소독제로 쓸   바세린과   밀랍 대신 쓸.

He looked in Mrs. Van Daan's mouth / and found two teeth
아저씨는 반 단 아주머니 입 속을 들여다 봤고   두 개의 이를 발견했어,

which, / when touched, / just made her crumple up / as if
건드리자,   아주머니는 몸을 움츠렸지

she was going to pass out, / uttering incoherent cries of
마치 기절이라도 할 것처럼,   통증 때문에 알아들을 수 없는 비명을 지르며.

pain. After a lengthy examination / (in Mrs. Van Daan's
한참 조사한 후   (아주머니 입장에서 보면 그렇다고,

case, / lasting in actual fact / not more than two minutes) /
사실은 시간이 흘렀을 뿐이야   2분도 채 되지 않는)

glorious 멋진, 화려한(반어적 의미로 쓰임) | swathe 감다, 싸다 | substantial 건장한 | person 신체, 몸 |
smother ~을 진하게 바르다 | behind 엉덩이 | inflammation 염증 | hunch up (등 따위를) 활처럼 구부리다 |
shrivel 주름지다 | acrobatic 곡예 | practice 진료 | ordeal 호된 시련, 고통스러운 체험 | disinfectant 소독제
| crumple up 움츠리다 | incoherent 조리가 닿지 않는, 알아들을 수 없는

Dussel began to scrape away / at one of the holes. But, / no
뒤셀 씨는 긁어서 벗기기 시작했지   충치 구멍 중의 하나를.   하지만,   두려

fear / — it was out of the question — / the patient flung her
움 때문에 —생각할 필요도 없지 —   환자는 팔다리를 버둥거렸어

arms and legs about / wildly in all directions / until at one
                     사방으로 심하게   결국 어느 시점에서

point / Dussel let go of the scraper / — that remained stuck
뒤셀 씨가 충치 긁는 기구를 놓아 버렸지   — 그 기구는 그대로 꽂혀 있었어

/ in Mrs. Van Daan's tooth.
아주머니 이 속에.

Then the fat was really in the fire! She cried / (as far as it
그러자 그 뚱뚱한 아주머니는 진짜 시련 속에 빠졌지!   아주머니는 울었어

was possible / with such an instrument / in one's mouth),
(우는 것이 가능하다면   그런 도구를 가지고도   사람 입 속에),

/ tried to pull the thing out of her mouth, / and only
입 속에서 그 기구를 잡아 당겨 빼려고 하면서,   결국 끝이 났지

succeeded / I pushing it further in / Mr. Dussel stood /
        내가 그것을 더 집어 넣는 것으로   뒤셀 씨는 서 있었어

with his hands against his sides / calmly watching the little
손을 옆구리에 얹고   그 코미디를 침착하게 바라보면서.

comedy. The rest of the audience / lost all control / and
       나머지 구경꾼들도   자제심을 잃어버리고

roared with laughter. It was rotten of us, / because I for one
웃음을 터뜨렸지.   우리는 무례했어,   왜냐하면 나라도 확실히

am quite sure / that I should have screamed even louder.
              훨씬 크게 소리를 질렀을 테니까.

After much turning, / kicking, / screaming, / and calling
한참을 더 뒤틀고,   발을 차고,   엉엉 울고,   소리를 고래고래 지른

out, / she got the instrument free at last / and Mr. Dussel
후에,   아주머니는 마침내 도구를 빼낼 수 있었고   뒤셀 씨는 계속 치료를 했어,

went on with his work, / as if nothing had happened!
                       마치 아무 일도 없었던 것처럼!

scrape away 긁어 벗기다 | out of the question 생각할 필요가 없는 | fling about 몸을 몹시 움직이다 | stick
끼워 넣다 | fire 고난, 시련

This he did so quickly / that Mrs. Van Daan didn't have
아저씨는 아주 재빨리 치료를 해서   반 단 아주머니가 겨를이 없었어

time / to start any fresh tricks. But he'd never had so
새로 몸부림을 시작할.   하지만 아저씨는 이런 도움을 받은 적이

much help / in all his life before. Two assistants are
없을 거야   일생 동안.   두 조수가 꽤나 유용했거든:

pretty useful: / Van Daan and I / performed our duties
    반 단 아저씨와 내가   임무를 잘 수행했어.

well. The whole scene looked like a picture / from
이 모든 장면은 그림같았어

the Middle ages / entitled "A Quack at Work." In the
중세 시대의   "치료 중인 돌팔이 의사"라는 제목을 한.

meantime, / however, / the patient hadn't much patience;
한편,   그래도,   이 환자는 그다지 인내심이 없었어;

/ she had to keep an eye on / "her" soup and "her" meal.
아주머니는 계속 쳐다보고 있어야 했거든   "자신의" 수프와 "자신의" 식사를.

One thing is certain, / Mrs. Van Daan won't be in such a
한 가지는 확실해,   반 단 아주머니는 그다지 서두르지 않을 거야

hurry / to allow herself to be treated again!
또 다시 치료를 받으려고!

Yours, Anne
안네가

Key Expression

접속사 until 해석하기

접속사 until이란 '~때까지'라는 뜻을 지니고 있어요. 이는 앞의 행동이 일어난 후 그 다음에 행동이 일어났다는 순차적인 과정을 표현한 것으로 이해하면 됩니다. 따라서 '~때까지'로 해석하기 보다 '~하다, 그러자 ~하다' 혹은 '~하다, 그리고 나서 ~하다'와 같이 해석하면 자연스러울 때가 많아요.

ex) The patient flung her arms and legs about wildly in all directions until at one point Dussel let go of the scraper.
환자는 사방으로 심하게 팔다리를 버둥거렸고,, 그러자 어느 순간 뒤셀 씨는 충치 긁는 기구를 놓아 버렸어.

Koophuis engage him in conversation until the charwoman had gone.
쿠피스 씨는 청소부 아주머니가 돌아갈 때까지 뒤셀 씨와 이야기를 나눴어.

A. 다음 문장을 해석해 보세요.

(1) But now that the appalling stories / we hear about Jews / are getting even worse.
→

(2) No stations are forbidden, / on the understanding that German stations are only listened to / in special cases, / such as classical music and the like.
→

(3) We wouldn't have to worry about all this misery / were it not that we are so anxious / about all those dear to us / whom we can no longer help.
→

(4) Hands smothered in blood, / red face, / and the soiled apron, / made him look like a butcher.
→

B. 다음 주어진 문장이 되도록 빈칸에 써 넣으세요.

(1) 그 사람은 오래된 실험실을 들여다보려고 생각할 거야.

[   ] to have a peep in the old laboratory.

(2) 집에 낯선 사람이 없었으니 다행이야.

→

(3) 그것은 정말 폼일 뿐이야.

→

A. (1) 그렇지만 지금은 유대인에 관해서 들었던 그 무서운 이야기들이 훨씬 더 나빠지고 있어. (2) 독일 방송은 클래식 음악과 같은 특별한 경우에만 청취할 수 있다는 조건으로 금지된 방송국은 없음. (3) 우리가 더 이상 도울 수 없는 이런 사람들에 대해 너무 신경 쓰지만 않는다면 이런 불행에 대해 걱정할 필요가 없

120   The Diary of a Young Girl

(4) 뒤셀 씨는 <u>마치 아무 일도 일어나지 않은 것처럼</u> 계속 치료를 했어!

Mr. Dussel went on with his work, _____

_____!

C. 다음 주어진 문구가 알맞은 문장이 되도록 순서를 맞춰 보세요.

(1) 전쟁 전과 비교하면 얼마나 다른지!
(before / compared / with / What / the war! / a difference)
→

(2) 페터는 잠시 동안 겁에 질렸어.
(fright / Peter / It / moment's / a / gave)
→

(3) 일곱이나 여덟이나 위험하기는 마찬가지예요.
(is / for eight / for seven / It / as / just as / dangerous)
→

(4) 뒤셀 씨는 그런 교묘한 속임수에 다시 말문이 막혔지.
(such / was / Dussel / again / dumb / by / ingenuity / struck)
→

D. 다음 단어에 대한 맞는 설명과 연결해 보세요.

(1) correspondence ▶   ◀ ① detailed document to give details

(2) wrench   ▶   ◀ ② twist violently

(3) dumbfounded   ▶   ◀ ③ the act of writing letters to someone

(4) prospectus   ▶   ◀ ④ extremely surprised

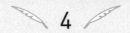

4

Wednesday, 13 January, 1943
1943년 1월 13일 수요일

Dear Kitty,
키티에게,

Everything has upset me again / this morning, / so I wasn't
모든 것이 나를 다시 혼란에 빠뜨려 　　　　　　오늘 아침에는,

able to finish / a single thing / properly.
끝낼 수 없었어　　　한 가지도　　　제대로.

It is terrible outside. Day and night / more of those poor
바깥 상황은 끔찍해.　　　밤낮으로　　　불쌍한 사람들이 더 많이

miserable people / are being dragged off, / with nothing
　　　　　　　끌려가고 있어,

but a rucksack and a little money. On the way / they are
가방 하나와 돈 몇 푼만 지닌 채.　　　　　도중에

deprived even of these possessions. Families are torn apart,
그것마저도 빼앗기고 말지.　　　　　가족들은 뿔뿔이 흩어져,

/ the men, / women, / and children / all being separated.
　남자,　　　여자,　　그리고 아이들　모두 나눠지지.

Children coming home from school find / that their parents
학교에서 돌아온 아이들은 발견하게 돼

have disappeared. Women return from shopping to find /
부모가 사라졌다는 것을.　　　장을 보고 돌아오는 여자들도 알게 돼

their homes shut up / and their families gone.
집이 폐쇄되고　　　가족이 사라졌다는 것을.

The Dutch people are anxious too, / their sons are being
네덜란드 사람들도 불안하긴 마찬가지야,　　　아들을 독일로 보내야 하거든.

sent to Germany. Everyone is afraid.
　　　　　　모두 겁에 질려 있지.

And every night / hundreds of planes fly over Holland /
매일 저녁　　　수백 대의 비행기가 네덜란드 상공을 날아서

and go to German towns, / where the earth is plowed up /
독일의 마을로 가,　　　그곳 땅은 쑥대밭이 되지

by their bombs, / and every hour / hundreds and thousands
폭탄 때문에,　　　그리고 매 시간　　　수백, 수천 명의 사람들이

of people / are killed / in Russia and Africa. No one is able
죽어가   러시아와 아프리카에서.   아무도 벗어나지 못 해,

to keep out of it, / the whole globe is waging war / and
온 세계가 전쟁 중이야

although it is going better for the allies, / the end is not yet
연합군에게 상황이 유리하다 해도,   아직 끝은 보이지 않아.

in sight.

And as for us, / we are fortunate. Yes, / we are luckier /
그래도 우리의 경우에는,   운이 좋은 편이지.   그래,   훨씬 운이 좋지

than millions of people. It is quiet and safe here, / and we
수백만 사람들보다.   이곳은 조용하고 안전하니까,

are, / so to speak, / living on capital. We are even so selfish
우리는, 말하자면,   호강하고 있는 셈이야.   게다가 이기적이기까지 해

/ as to talk about "after the war," / brighten up / at the
   "전쟁이 끝난 후"에 대해 이야기 하고,   기운이 나니까

thought of having new clothes and new shoes, / whereas we
새 옷과 신발을 살 생각에,

really ought to save every penny, / to help other people, /
한 푼이라도 모아야 하고,   다른 사람을 돌봐 주기 위해서,

and save what is left / from the wreckage after the war.
남은 것은 저축해야 하는데 말이야   전쟁 후 난파선으로부터.

The children here run about / in just a thin blouse and
이곳의 아이들은 헤매고 다녀   얇은 블라우스 차림에 나막신만 신고서;

clogs; / no coat, / no hat, / no stockings, / and no one helps
    코트도,   모자도,   스타킹도 없어,   또 아무도 도와주지 않는단다.

them. Their tummies are empty; / they chew an old carrot
그 아이들의 뱃속은 비어 있어;   말라빠진 당근을 씹어보지만

/ to stay the pangs, / go from their cold homes / out into the
배고픔의 고통은 여전할 뿐이야, 추운 집에서 나와   추운 거리로 나가지

cold street / and, when they get to school, / find themselves
그리고, 학교에 가면,

in an even colder classroom.
더욱 더 추운 교실이 맞이하지.

---

rucksack 배낭 | deprive of 빼앗다 | possession 소유물, 소지품 | plow up 지면을 파헤치다 | wage (전쟁을)
하다 | ally 연합군 | in sight 보이는 곳의 | so to speak 말하자면 | live on capital 무위도식하다 | brighten up
힘이 나다 | wreckage 난파, 파멸 | run about 헤매다, 돌아다니다 | clog 나막신 | pang 고통

Yes, / it has even got so bad in Holland / that countless
그래, 네덜란드에서조차 상황이 나빠져서

children stop the passers-by / and beg for a piece of
셀 수 없는 아이들이 지나가는 사람을 붙잡고 빵 한 조각을 구걸해.

bread. I could go on for hours / about all the suffering /
몇 시간이고 계속할 수 있어 이런 모든 고통을

the war has brought, / but then I would only make myself
전쟁이 가져온, 하지만 그러고 나면 더 낙담에 빠질 뿐이야.

more dejected. There is nothing we can do / but wait as
우리가 할 수 있는 일은 없어 할 수 있는 한 침착

calmly as we can / till the misery comes to an end. Jews
하게 기다리는 수밖에 이 비참함이 끝날 때까지.

and Christians wait, / the whole earth waits, / and there
유대인과 기독교인들이 기다리고, 온 세상이 기다리고 있어, 그런데 사람들도

are many / who wait for death.
많겠지 죽음을 기다리는.

Yours, Anne
안네가

Friday, 5 February, 1943
1943년 2월 5일 금요일

Dear Kitty,
키티에게,

Although I haven't written anything about our rows / for
비록 말다툼에 관해 쓰고 있지 않지만

a long time, / there still isn't any change. The discord, /
오랫동안, 아직 변화가 없어. 불화가,

long accepted by us, / struck Mr. Dussel as a calamity /
우리에게 오랫동안 익숙해진 뒤셀 씨에게 처음에는 큰 충격이었어.

at first. But he is getting used to it now / and tries not to
하지만 아저씨도 이제는 익숙해지고 있고 생각하지 않으려고 노력하

think about it. Margot and Peter aren't a bit / what you
시지. 마르호트 언니와 페터는 전혀 아니야

would call "young," / they are both so staid and quiet.
소위 말하는 '젊은이'가, 둘 다 아주 진지하고 조용하거든.

dejected 기가 죽은, 낙담한 |discord 불화 |strike (감흥을) 일으키다 |calamity 큰 불운 |staid 침착한, 진지한
|show up (어떤 상태로) 나타나다 |not~in the least 조금도 ~하지 않다 |strained 긴장한, 부자연스러운 |
outburst (감정의) 폭발 |check 저지하다, 억제하다

I show up terribly against them / and am always hearing,
난 두 사람과 완전히 반대이고　　　　　　언제나 듣고 있지,

/ "You don't find / Margot and peter doing that / —
"보이지 않니　　　마르호트와 페터의 행동이

why don't you follow their example?" I simply loathe
— 그 애들을 따라 할 수는 없겠니?"　　　정말 지긋지긋해.

it. I might tell you / I don't want to be in the least like
말하지만　　　조금도 언니처럼 되고 싶지 않아.

Margot. She is much too soft and passive / for my liking,
언니는 너무 순하고 수동적이며　　　　내 취향에는,

/ and allows everyone to talk her around, / and gives in
모든 사람이 언니 주위에서 떠들어 대도록 하고,　　　모든 것을 받아들여.

about everything. I want to be a stronger character! But
난 강한 성격의 사람이 되고 싶어!

I keep such ideas to myself: / they would only laugh at
하지만 이런 생각은 묻어뒀지:　　　사람들은 비웃기만 할 걸,

me, / if I came along with this / as an explanation of my
내가 이런 이야기를 한다면　　　내 태도에 대해 설명하면서.

attitude. The atmosphere at table is usually strained, /
식탁 분위기는 보통 긴장감이 돌아,

though luckily / the outbursts are sometimes checked /
그래도 다행스럽게　　　감정은 때때로 자제가 되곤 해

by "the soup eaters"! The "soup eaters" / are the people
"수프 손님" 덕에!　　　"수프 손님"이란　　　사무실에서 오는 사람들

from the office / who come in and are served / with a
이야　　　와서 대접 받는

cup of soup. This afternoon / Mr. Van Daan was talking
수프 한 그릇을.　　오늘 오후에는　　　반 단 아저씨가 말하고 있었어

/ about Margot eating so little / again. "I suppose you do
언니가 무척 조금 먹는다고　　　또.　　"날씬해지려고 조금만 먹는 것

it to keep slim," / he added, / teasing her. Mummy, / who
같구나,"　　　아저씨는 말했지,　언니를 놀리면서.　엄마는,

always defends Margot, / said loudly: / "I can't bear your
항상 언니를 변호하는,　　　크게 말했어:　　"당신의 바보같은 수다를 못

stupid chatter / any longer."
참겠어요　　더 이상."

Mr. Van Daan turned scarlet, / looked straight in front
반 단 아저씨는 얼굴이 빨개졌고, 앞만 똑바로 쳐다보면서,

of him, / and said nothing. We often laugh about things; /
아무 말도 하지 않았어. 이런 일들로 때때로 웃곤 해;

just recently / Mrs. Van Daan came out with some perfect
최근에 반 단 아주머니가 완전히 말도 안 되는 소리를 했어.

nonsense. She was recalling the past, / how well she
아주머니는 옛날 일을 회상하고 있었어,

and her father got on together / and what a flirt she was.
자신이 아버지랑 얼마나 잘 지냈는지 그리고 남자들에게 얼마나 인기가 많았는지.

"And do you know," / she went on, / "if a man gets a bit
"아세요," 아주머니는 계속 말했어, "만약 남자가 좀 저돌적으로 나오면,

aggressive, / my father used to say, / then you must say to
아버지는 말씀하시곤 했어요, 꼭 그 남자에게 말해야 한다,

him, / 'Mr. So and So, / remember I am a lady!' / and he
'아무개 씨, 제가 숙녀라는 것을 기억하세요!'라고

will know what you mean." We thought that was a good
그럼 그 남자는 무슨 말인시 일 거야." 우리는 재미있는 농담이라고 생각해서

joke / and burst out laughing. Peter too, / although usually
웃음을 터뜨렸어. 페터도 역시, 비록 평소에는 아주 조용하지만,

so quiet, / sometimes gives cause for mirth. He is blessed
가끔 유쾌한 일들을 한단다.

with a passion / for foreign words, / although he does not
페터는 열정이 대단해 외국어에 대한, 항상 알고 있는 것은 아니지만

always know / their meaning. One afternoon / we couldn't
그 의미를. 어느 날 오후

go to the lavatory / because there were visitors in the office;
화장실에 갈 수 없었어 사무실에 손님들이 와 있어서;

/ however, / Peter had to pay an urgent call. So he didn't
그러나, 페터는 화장실이 급했지. 그래서 물은 내리지 않았어.

pull the plug. He put a notice up on the lavatory door / to
화장실 문에 쪽지를 붙여 놨어

warn us, / with "*S.V.P. gas" on it. Of course / he meant
경고하려고, "S.V.P. 가스"라고 써서. 물론 그 애는 "가스를

to put "Beware of gas"; / but he thought / the other looked
조심하세요"라는 의미였겠지만; 생각했나 봐 더 품위 있어 보인다고.

more genteel. He hadn't got the faintest notion / it meant "if
그 애는 전혀 몰랐어   S.V.P가 "제발 해

you please."
주세요"를 뜻한다는 것을.

Yours, Anne
안네가

Saturday, 27 February, 1943
1943년 2월 27일 토요일

Dear Kitty,
키티에게,

Pim is expecting the invasion any day. Churchill has had
아빠는 언제라도 연합군이 침공할 거라고 기대하고 계셔.   처칠은 폐렴에 걸렸지만,

pneumonia, / but is improving slowly. The freedom-loving
천천히 좋아지고 있어.   인도의 자유 수호자 간디는

Gandhi of India / is holding his umpteenth fast. Mrs. Van
몇 번째인지 모를 단식을 하고 있어.   반 단 아주머니는

Daan claims / to be fatalistic. But who is the most scared /
주장하지   운명론자라고.   하지만 누가 가장 무서워할까

when the guns go off? No one else but Petronella.
총이 발사될 때?   아주머니 말고 누가 있겠어.

Henk brought / a copy of the bishop's letter / to churchgoers
헹크 아저씨가 가져 오셨어 카톨릭 주교 편지 복사본을   교회 신자들에게 보내는

/ for us to read. It was very fine and inspiring. "Do not rest,
우리한테 읽으라고.   편지는 아주 훌륭했고 고무적이었지.   "쉬지 마십시오,

/ people of the Netherlands, / everyone is fighting / with his
네덜란드 국민 여러분,   모두 싸우고 있습니다

own weapons / to free the country, / the people, / and their
각자의 무기로   조국을 해방시키기 위해,   국민을,

religion." / "Give help, / be generous, / and do not dismay!"
그리고 종교를."   "도와주세요,   관대해지세요,   그리고 절망하지 마십시오!"

/ is what they cry from the pulpit, / just like that.
목회자들이 외치지,   이런 식으로.

* s'il vous plaît : '부디, 아무쪼록, 제발'이라는 의미의 프랑스어

come out with 자백하다, 토로하다, 말하다 | flirt 바람둥이 여자 | mirth 유쾌한 법석, 떠들썩한 소동 | be
blessed with ~의 혜택을 입다, ~을 누리다 | pay a call 화장실에 가다 | genteel 품위 있는, 우아한 | notion
개념, 이해 | invasion 침입, 침공 | pneumonia 폐렴 | fast 단식 | fatalistic 숙명론의, 운명론의 | go off
발사되다 | inspiring 기운나게 하는, 고무하는 | dismay 낙담시키다 | the pulpit [집합적] 설교사, 목사

Will it help? It won't help / the people of our religion.
도움이 될까? 도움이 되지 않아 우리 유대교인들한테는.

You'd never guess / what has happened to us now. The
상상도 못 할 거야 지금 우리에게 무슨 일이 일어나는지.

owner of these premises / has sold the house / without
이 건물 주인이 집을 팔았어

informing Kraler and Koophuis. One morning / the
크랄러 씨와 쿠피스 씨에게 알리지 않고. 어느 날 아침에

new owner arrived with an architect / to have a look at
새 주인이 건축가를 데리고 도착했어 집을 둘러보기 위해.

the house. Luckily, / Mr. Koophuis was present / and
다행히도, 쿠피스 씨가 있었고

showed the gentlemen everything / except the "Secret
그 신사에게 모든 곳을 보여 주었어 "은신처"만 빼고.

Annexe." He professed to have forgotten / the key of the
아저씨는 잊은 척 했어

communicating door. The new owner didn't question
연결 통로의 열쇠 가져오는 것을. 새 주인은 묻지 않았대

/ any further. It will be all right / as long as he doesn't
더 이상. 괜찮을 거야 그 새 건물주가 돌아와서

come back / and want to see the "Secret Annexe," /
"은신처"를 보고 싶어 하지 않는 한,

because then it won't look too good for us.
그렇게 되면 우리에게 과히 좋은 일이 되지는 않을 테니까.

Daddy has emptied a card index box / for Margot and me,
아빠는 카드 색인 상자를 비우고 언니와 날 위해,

/ and put cards in it. It is to be a book card system; / then
그 안에 카드를 넣었지. 도서 카드 시스템이 될 거야;

we both write down / which books we have read, / who
그 다음에 우리가 적는 거야 어떤 책을 읽었는지, 저자는

they are by, etc. I have procured another little notebook /
누구인지, 그런 것들을. 난 작은 공책도 하나 마련했어

for foreign words.
외국어 단어를 적기 위해.

Lately / Mummy and I have been getting on better
최근에는 엄마와 잘 지내고 있지만,

together, / but we still never confide in each other. Margot
여전히 비밀을 털어놓지는 않아.

is more catty than ever / and Daddy has got something / he
언니는 예전보다 얄밉게 굴고   아빠에게도 뭔가 비밀이 있지만

is keeping to himself, / but he remains the same darling.
혼자만 간직한,   여전히 좋은 분이셔.

New butter and margarine rationing at table! Each person
새로운 버터와 마가린이 식탁에 배급됐어!

has their little bit of fat put / on their plate. In my opinion
각자 약간의 버터와 마가린을 놓았어   자기 접시에.   내 생각에는

/ the Van Daans don't divide it at all / fairly. However, /
반 단 가족은 전혀 나누지 않아   공평하게. 그러나,

my parents are much too afraid of a row / to say anything
우리 부모님은 언쟁하기를 싫어하시지   그 문제에 대해 얘기해서.

about it. Pity, / I think / you should always give people like
참 안됐어 내 생각에는 그런 사람들에게는 똑같이 해 줘야 하는데

them / tit for tat.
맞받아치는 것을.

Yours, Anne
안네가

profess ~인 체하다 | communicate 통하다, 연결하다 | procure (물품을) 조달하다 | confide in 비밀을
털어놓다 | catty 음흉한 | rationing 배급 | tit for tat 맞받아 치기

Wednesday, 10 March, 1943
1943년 3월 10일 수요일

Dear Kitty,
키티에게,

We had a short circuit / last evening, / and on top of that /
누전이 되었고   지난 밤에,   설상가상으로

the guns kept banging away / all the time. I still haven't got
총소리가 끊이지 않았어   계속.   아직 공포를 떨쳐 버리지

over my fear / of everything connected with shooting and
못해서   총과 비행기에 관련된 모든 것에 대한,

planes, / and I creep into Daddy's bed / nearly every night /
          아빠 침대로 기어들어가곤 해   거의 매일 밤

for comfort. I know / it's very childish / but you don't know
진정하기 위해.   알지만   아주 유치하다고   넌 모를 거야

/ what it is like. The A.A. guns roar so loudly / that you
  그 소리가 어떤지.   대포 소리는 너무 커서

can't hear yourself speak. Mrs. Van Daan, / the fatalist, /
자신의 말소리조차 들리지 않아.   반 단 아주머니는,   운명론자인,

was nearly crying, / and said in a very timid little voice, /
거의 울 듯한 모습으로,   아주 희미하고 작은 목소리로 말했어,

"Oh, / it is so unpleasant! Oh, / they are shooting so hard," /
"아,   이 소리는 정말 불쾌해!   아,   너무 쏘아대잖아,"

by which she really means / "I'm so frightened."
이 말은 실제로는 의미하지   "매우 무서워,"라고.

It didn't seem nearly so bad / by candlelight / as in the
그다지 무섭지 않은 것 같았어   촛불 옆에 있으면   어둠 속에 있는 것만큼.

dark. I was shivering, / just as if I had a temperature, / and
난 멀덜 떨면서,   마치 열이라도 있는 것처럼,

begged Daddy / to light the candle again. He was relentless,
아빠한테 애원했어   촛불을 다시 켜 달라고.   아빠는 무정하게도,

/ the light remained off. Suddenly / there was a burst of
  불을 켜지 않으셨어.   갑자기   기관총 소리가 들렸는데,

machine-gun fire, / and that is ten times worse / than guns.
              그 소리는 열 배는 무서워   총소리 보다.

---

short circuit 누전, 쇼트 | bang away 계속 발포하다 | A.A. gun 대포 | timid 겁많은, 자신이 없는 | shiver
떨다 | relentless 무정한, 가차없는 | machine-gun 기관총의

Mummy jumped out of bed and, / to Pim's annoyance,
엄마는 침대에서 벌떡 일어나셔서,　　　　　　　　아빠가 싫어하심에도 불구하고,

/ lit the candle. When he complained / her answer was
촛불을 켜셨어.　　아빠가 불평하시자　　　　　　엄마의 대답은 단호했지:

firm: / "After all, / Anne's not exactly a veteran soldier,"
"어쨌든,　　　안네는 경험 많은 군인은 아니잖아요,"

/ and that was the end of it.
그리고 논쟁은 끝났어.

Have I already told you / about Mrs. Van Daan's other
이미 말했었나　　　　　　반 단 아주머니의 다른 두려움에 관해서?

fears? I don't think so. If I am to keep you informed / of
말하지 않은 것 같아.　네가 알려 한다면

all that happens in the "Secret Annexe," / you must know
"은신처"에서 일어나는 모든 일을,　　　　　이것도 역시 알아야 해.

about this too. One night / Mrs. Van Daan thought / she
어느 날 밤　　　반 단 아주머니는 생각했어

heard burglars / in the attic; / she heard loud footsteps
도둑 소리를 들었다고　다락방에서;　커다란 발소리가 들리자

/ and was so frightened / that she woke her husband.
아주 무서워져서　　　남편을 깨웠어.

Just at that moment / the burglars disappeared / and the
바로 그때　　　　　　도둑 소리는 사라졌고

only sounds / that Mr. Van Daan could hear / were the
유일한 소리는　　반 단 아저씨가 들을 수 있었던　　심장 소리 뿐이었지

heartbeats / of the frightened fatalist herself. "Oh, Putti /
겁에 질린 운명론자인 아주머니의.　　　　"아, 푸티

[Mr. Van Daan's nickname], / they are sure to have taken
[반 단 아저씨의 애칭이야],　　　　분명히 도둑들이 가져갔을 거예요

/ the sausages and all our peas and beans. And Peter, /
소시지와 우리 콩 전부를.　　　　　　그리고 페터가,

I wonder / if he is still safely in bed?" / "They certainly
궁금해요　아직 침대에 안전하게 있는지?"　"페터를

won't have stolen Peter. Listen, / don't worry / and let me
"페터를 훔쳐가지는 않았을 거야.　자,　걱정하지 말고

go to sleep."
자게 좀 내버려 둬요."

But nothing came of that. Mrs. Van Daan was far too
하지만 아무 일도 일어나지 않았어.   반 단 아주머니는 불안해서

nervous / to sleep another wink. A few nights after that /
한숨도 자지 못했고.   며칠 후에

the whole Van Daan family was woken / by ghostly sounds.
반 단 가족 모두 잠에서 깼어   이상한 소리 때문에.

Peter went up to the attic / with a torch / — and scamper
페터는 다락방으로 올라갔지   손전등을 가지고   — 도망가는 소리가 들렸어 —

— / scamper! What do you think / it was running away? A
도망가는 소리가! 생각하니   뭐가 도망갔을 거라고?

swarm of enormous rats! When we knew / who the thieves
커다란 쥐 떼였어!   알게 되자   도둑들이 진짜 누구였는지,

were, / we let Mouschi sleep in the attic / and the uninvited
우리는 마우쉬를 다락방에 재웠고

guests didn't come back again; / at least not during the
그 불청객들은 더 이상 돌아오지 않았어;   적어도 그날 밤 동안은.

night.

Peter went up to the loft / a couple of evenings ago / to fetch
페터가 다락에 올라갔어   이틀 전 저녁에

some old newspapers. He had to hold the trap door firmly
오래된 신문을 좀 가져오려고.   페터는 위로 올리는 문을 꽉 잡고 있어야 했지

/ to get down the steps. He put his hand down / without
계단을 내려오려고.   그 애가 손을 내려 놓다가   아래를 보지 않은 채

looking / ···and went tumbling down the ladder / from the
···   사다리에서 굴러 떨어졌어

sudden shock and pain. Without knowing it / he had put his
갑작스러운 충격과 통증 때문에.   모르는 사이에

hand on a large rat, / and it had bitten him hard. By the time
커다란 쥐 위에 손을 올렸고,   그 쥐가 세게 문 것이었지.

he reached us, / as white as a sheet / and with his knees
그 애가 왔을 때   얼굴은 백지장처럼 하얗고   무릎을 덜덜 떨면서,

---

scamper 허둥지둥 도망가다 | swarm 떼, 무리 | enormous 거대한 | loft 다락 | trap door 치켜 올리는 문 |
tumbling 공중제비 | knock 부딪치다 | into the bargain 게다가, 그 위에 | champion 투사, 옹호자 | squabble
하찮은 일로 다투다 | sole [어류] 서대기 | gala 축제의, 화려한 | keep down (잡초, 해충 따위를) 자라지 않게 하다

knocking, / the blood had soaked through his pajamas.
잠옷에 피가 배어 있었지.

And no wonder; / it's not very pleasant / to stroke a large
당연하잖아;   아주 불쾌한데   커다란 쥐를 만졌다는 것도;

rat; / and to get bitten into the bargain / is really dreadful.
게다가 물리기까지 했으니   진짜 끔찍해.

Yours, Anne
안네가

Friday, 12 March, 1943
1943년 3월 12일 금요일

Dear Kitty,
키티에게,

May I introduce someone to you: / Mama Frank, /
소개할 사람이 있어: 우리 엄마야,

champion of youth! Extra butter for the young; / the
젊음의 옹호자인!   아이들에게 버터를 특별 배급해 주시지;

problems of modern youth; / Mummy defends youth / in
현대 젊은이의 문제들을 위해;   엄마는 우리를 위해 방어해 주시는데

everything / and after a certain amount of squabbling /
모든 일에서   잠깐의 다툼 후에는

she always gets her way. A Bottle of preserved sole has
언제나 당신 마음대로 하시지.   생선 통조림 하나가 상했어:

gone bad: / gala dinner for Mouschi and Boche. You
마우시와 보시의 화려한 저녁 거리가 되었지.

haven't met Boche yet, / although she was here / before
보시는 아직 만나지 못했어,   그 고양이는 이곳에 있었지만

we went into hiding. She is the warehouse and office cat
우리가 은신하기 전부터.   보쉬는 창고와 사무실 고양이였고

/ and keeps down the rats / in the storerooms. Her odd
쥐가 나타나지 못하게 지켰지   창고에서.   보쉬(독일병정)라는

political name / requires an explanation. For some time
이상한 정치적인 이름은   설명이 필요해.   한동안

/ the firm had two cats; / one for the warehouse / and
이 회사는 고양이 두 마리를 키웠어;   하나는 창고에서

one for the attic. Now it occasionally happened / that the
다른 하나는 다락방에서.   그런데 가끔 생겼고   두 고양이가

two cats met; / and the result was always a terrific fight.
만나는 일이;   항상 지독한 싸움이 벌어지곤 했고.

133

The aggressor was always the warehouse cat; / yet it
공격자는 항상 창고 고양이였지만;

was always the attic cat / who managed to win / — just
항상 다락방 고양이었어   가까스로 이기는 쪽은

like among nations. So the storehouse cat was named /
— 마치 국가 간의 전쟁처럼.   그래서 창고 고양이는 이름을 붙였고

the German or "Boche" / and the attic cat / the English
독일 혹은 "보쉬"라고   다락방 고양이는 불렸어   영국 혹은 "토미"라고.

or "Tommy." Tommy was got rid of later; / we are all
토미는 나중에 없어졌어;

entertained by Boche / when we go downstairs.
보쉬가 애교를 떤단다   아래층에 가면.

We have eaten so many kidney beans and haricot beans
우리는 강남콩을 아주 많이 먹어서

/ that I can't bear the sight of them any more. The mere
보는 것도 더 이상 참을 수 없어.

thought of them / makes me feel quite sick. Bread is no
생각만 해도   토할 것 같아.   빵이 더 이상 나오지

longer served / in the evenings / now. Daddy has just
않아   저녁에는   이제.   아빠가 방금 말씀하셨어

said / that he doesn't feel in a good mood. His eyes look
기분이 좋지 않다고.   아빠의 눈이 다시 아주

so sad again / — poor soul!
슬퍼 보여   — 불쌍한 아빠!

I can't drag myself away from a book / called *The Knock*
책에서 눈을 뗄 수 없어   〈문 두드리는 소리〉라는

at the Door / by Ina Boudier-Bakker. The story of the
이나 바우디르 바케르가 쓴.   가족에 관한 이야기를

family / is exceptionally well written. Apart from that, /
굉장히 잘 썼어.   가족 외에도,

it is about war, / writers, / the emancipation of women; /
전쟁,   작가,   여성 해방에 관한 내용인데;

and quite honestly / I'm not awfully interested.
솔직히   그런 내용에는 별로 관심이 없어.

Horrible air raids on Germany. Mr. Van Daan is in a bad
독일에 엄청난 공습 발생이야.   반 단 아저씨는 기분이 좋지 않아;

mood; / the cause — cigarette shortage. Discussions /
이유는 — 담배가 부족해서지.   토론은

over the question / of whether we should, / or should not,
문제에 관한   우리가 이용해야 하는지,   말아야 하는지에 대한,

/ use our canned vegetables / ended in our favor.
통조림 채소를   우리 쪽의 승리로 끝났어.

I can't get into a single pair of shoes / any more, / except
맞는 신발이 하나도 없어   더 이상,

ski boots, / which are not much use / about the house. A
스키 부츠를 빼면,   하지만 스키 부츠는 쓸모없지   집에서는.

pair of rush sandals / costing 6.50 florins / lasted me just
골풀로 만든 샌달은   6.50플로린 하는   일주일 밖에 못 신었어;

one week; / after which they were out of action. Perhaps
                못쓰게 되고 말았지.

Miep will scrounge something / under the counter. I
아마 미프 아주머니가 다른 것을 구하실 거야   암거래로.

must cut Daddy's hair. Pim maintains / that he will never
아빠 머리를 잘라 드려야 해.   아빠는 말씀하시지

have another barber / after the war, / as I do the job so
다른 이발사에게 가지 않겠다고   전쟁 후에도,   왜냐하면 내가 아주 잘 자르니까.

well. If only I didn't snip his ear / so often!
        아빠 귀만 베지 않는다면 말이야   그렇게 자주!

Yours, Anne
안네가

aggressor 침략자, 공격자 | kidney bean 강낭콩 | haricot bean 강낭콩 | exceptionally 대단히 |
emancipation 해방, 자유 | air raid 공습 | rush 골풀 | out of action (고장 따위로) 활동할 수 없는 | scrounge
찾아 다니다 | maintain 주장하다, 단언하다 | snip 싹둑 베다

Friday, 19 March, 1943
1943년 3월 19일 금요일

Dear Kitty,
키티에게,

An hour later / joy was followed by disappointment.
한 시간 후에　　　기쁨은 실망으로 바뀌었어.

Turkey is not in the war yet. It was only a cabinet minister
터키는 아직 참전하지 않는다는 거야.　　　각료 한 명이 말했을 뿐인데

talking / about them soon giving up their neutrality.
곧 중립을 포기하겠다고.

A newspaper in the *Dam was crying, / "Turkey on
담 광장에 있는 신문팔이 소년이 외쳤어,　　　　"터키는 영국 편입니다."

England's side." The newspapers were torn out of his
너도 나도 소년의 손에서 신문을 사 갔어.

hands. This is how the joyful news / reached us too; / 500-
그 기쁜 소식이 이런 식으로　　　우리에게도 전해진 것이지;

and 1000-guilder notes have been declared / no longer
500길더하고 1,000길더 지폐가 선언되었어　　　더 이상 유효하지

valid. It is a trap / for black marketers and suchlike, / but
않다고.　함정이라지만　암시장 거래상이나 비슷한 사람들을 위한,

even more for people / who have got other kinds of "black"
사람들을 잡기 위해서이고　　다른 종류의 "검은" 돈을 갖고 있는,

money, / and for people in hiding. If you wish to hand in
은신자를 잡기 위함이기도 하지.　　만약 1,000길더 지폐를 내려면,

a 1000-guilder note / you must be able to declare, / and
신고해야 하고,

prove, / exactly how you got it. They may still be used to
증명해야 해, 정확히 어떻게 얻게 되었는지.　　아직 세금을 납부할 때에는 쓸 수 있지만,

pay taxes, / but only until next week. Dussel has received
단지 다음 주까지야.　　뒤셀 씨는 받았어

/ an old-fashioned foot-operated dentist's drill, / I expect
발로 작동하는 구식 치과 드릴을,　　　　　생각하고 있어

/ he'll soon give me a thorough check-over. The "Fuhrer
아저씨가 곧 자세하게 내 이를 검사해 주실 거라고.

aller Germanen" has been talking / to wounded soldiers.
"게르만 민족의 지도자"가 말하고 있어　　　부상당한 군인들에게.

Listening-in to it was pitiful. Question and answer went /
듣고 있는 것만으로도 한심해.   질문과 대답이 흘러갔지

something like this:
이런 식으로:

"My name is Heinrich Scheppel."
"제 이름은 헤인리히 쉐펠입니다."

"Wounded where?"
"어디에서 부상당했나?"

"Near Stanlingrad."
"스탈린그라드 근처입니다."

"What kind of wound?"
"어떤 부상이지?"

"Two feet frozen off / and a broken joint in the left arm."
"동상에 걸린 두 발을 절단했고   왼쪽 팔의 관절이 부서졌습니다."

This is exactly / what the frightful puppet show / on the
이것은 정말   소름끼치는 꼭두각시극같아

radio was like. The wounded seemed to be proud / of
라디오에서 나오는.   부상병들은 자랑스러워하는 것 같아

their wounds / — the more the better. One of them felt
자신의 부상을   — 더 많이 다칠수록 더 자랑스러워하지. 그 중 한 명은 무척 감동

so moved / at being able to shake hands with the Führer /
받았어   지도자와 악수를 할 수 있다는 것에

(that is, / if he still had a hand!) / that he could hardly get
(그것은,   아직 그 사람이 손이 남아 있을 경우에만!)

the words out of his mouth.
말도 제대로 못 하더라고.

Yours, Anne
안네가

---

* 로열팰리스 앞에 있는 광장

cabinet minister 장관, 각료 | neutrality 중립 | valid 유효한 | hand in 제출하다 | declare (소득액 등을)
신고하다 | listening-in 청취하는 | pitiful 한심스러운 | puppet show 인형극

Thursday, 25 March, 1943
1943년 3월 25일 목요일

Dear Kitty,
키티에게.

Yesterday / Mummy, / Daddy, / Margot, / and I were
어제   엄마와,   아빠,   마르호트 언니,

sitting pleasantly together / when suddenly Peter came
그리고 내가 같이 즐겁게 앉아 있었어   그때 갑자기 페터가 들어 와서

in / and whispered something in Daddy's ear. I heard
        아빠 귀에 뭔가를 속삭였어.

something / about "a barrel fallen over in the warehouse"
뭔가를 들었어   "창고에서 통이 넘어졌다"는 말이랑

/ and "someone fumbling about at the door." Margot
"누군가 문 앞에서 서성댄다."는 말을.

had heard it too; / but when Daddy and Peter went off
언니도 들었지만;   아빠와 페터가 즉시 나갔을 때,

immediately, / she tried to calm me down a bit, / because
              언니는 날 조금 진정시키려고 애썼지,

I was naturally as white as a sheet / and very jittery.
내 얼굴이 완전히 백지장처럼 하얗게 질려서   아주 불안해 했거든.

Key Expression

접속사 when의 해석
'~할 때'라는 의미를 지닌 접속사 when은 앞의 행동과 뒤의 행동이 동시에 일어
났음을 의미합니다.
따라서 '~하다, 그때 ~하다'와 같이 해석하면 자연스러울 때가 많아요.

ex) Yesterday Mummy, Daddy, Margot, and I were sitting pleasantly together when
   suddenly Peter came in and whispered something in Daddy's ear.
   어제 엄마와, 아빠, 마르호트 언니, 그리고 내가 같이 즐겁게 앉아 있었어, 그 때
   갑자기 페터가 들어 와서 아빠 귀에 뭔가를 속삭였어.

fall over 넘어지다 | fumble about 여기 저기 찾아 다니다, 서성대다 | jittery 안절부절 못하는, 불안해 하는 |
wireless 라디오 | creak 삐걱거리다 | bump 쾅 하고 부딪치다 | bang 쾅 닫다 | in one leap 한달음에 | draw
up ~에 바짝 달라붙다, 다가가다

The three of us waited / in suspense. A minute or
우리 셋은 기다렸어 긴장하면서. 1~2분이 지난 후에

two later / Mrs. Van Daan came upstairs; / she'd been
반 단 아주머니가 위층으로 올라오셨어;

listening to the wireless / in the private office. She told
아주머니는 라디오를 듣고 있었거든 개인 사무실에서. 아주머니는 말씀

us / that Pim had asked her / to turn off the wireless /
하셨어 아빠가 그랬다고 라디오를 끄고

and go softly upstairs. But you know what that's like, /
조용히 위층으로 올라가라고. 하지만 너도 어떤지 알 거야,

if you want to be extra quiet, / then each step of the old
더 조용히 하려고 하면, 낡은 계단 하나 하나가

stairs / creaks twice as loudly. Five minutes later / Pim
두 배는 더 시끄럽게 삐걱거리는 법이지. 5분 후에

and Peter appeared again, / white to the roots of their
아빠와 페터가 다시 나타나서, 하얗게 질린 얼굴로,

hair, / and told us their experiences.
우리에게 무슨 일이 있었는지 말했어.

They had hidden themselves under the stairs / and
아빠와 페터는 계단 아래 숨어서

waited, / with no result at first. But suddenly, / yes, / I
기다렸는데, 처음에는 아무 일도 없었대. 하지만 갑자기, 그래,

must tell you, / they heard two loud bumps, / just as if
이렇게 말할게, 쿵 하는 소리를 두 번 들었대, 마치 두 개의 문이

two doors were banged / here in the house. Pim was
쾅 하고 닫히는 것 같은 집 안 가까이서. 아빠는 위층으로

upstairs / in one leap. Peter warned Dussel first, / who
올라오셨지 한달음에. 페터는 먼저 뒤셀 씨에게 경고했고,

finally landed upstairs / with a lot of fuss and noise.
아저씨도 결국 위층에 올라왔어 법석을 떨며.

Then we all went up / in stockinged feet / to the Van
그리고 모두 올라갔어 양말만 신은 채로 반 단 아저씨네로

Daans / on the next floor. Mr. Van Daan had a bad cold /
위층에 있는. 반 단 아저씨는 심한 감기에 걸려서

and had already gone to bed, / so we all drew up closely
이미 침대에 누워 있었고, 우리는 아저씨 침대 주위를 가까이 에워싸고

around his bed / and whispered our suspicions to him.
우리가 가진 의혹에 대해 속삭이며 말했지.

Each time Mr. Van Daan coughed loudly, / Mrs. Van
반 단 아저씨가 큰 소리로 기침할 때마다,

Daan and I were so scared / that we thought / we were
반 단 아주머니와 난 아주 무서워서   생각했어

going to have a fit. That went on / until one of us got the
기절할지도 모르겠다고.   기침이 계속 되자   누군가 아이디어를 냈지

bright idea / of giving him some codeine, / which soothed
아저씨에게 코데인을 좀 먹이자는,

the cough at once. Again we waited and waited, / but we
약은 바로 기침을 진정시켰어. 우리는 다시 기다리고 기다렸지만,   더 이상 아

heard no more / and finally we all came to the conclusion /
무 소리도 들리지 않았고   마침내 모두 결론에 도달했지

that the thieves had taken to their heels / when they heard
도둑들이 도망갔다고   발자국 소리를 듣고

footsteps / in the house, / which was otherwise so silent.
          집 안에서 들린,   그것 말고는 아주 조용했으니까.

Now it was unfortunate / that the wireless downstairs
그런데 운이 없었던 것은   아래층 라디오가

was / still turned to England, / and that the chairs were
    여전히 영국 방송에 맞춰져 있었고,   의자들이 놓여 있었다는 사실이야

neatly arranged / round it. If the door had been forced,
            라디오 주변에. 만약 문이 강제로 열리고,

/ and the air-raid wardens had noticed / and warned the
공습 감시원이 알아채서   경찰에게 연락한다면,

police, / then the results might have been very unpleasant.
        결과는 아주 참담했을지도 몰라.

So Mr. Van Daan got up / and put on his coat and hat /
그래서 반 단 아저씨는 일어나서   코트와 모자를 걸치고

and followed Daddy cautiously downstairs, / Peter took
아빠를 따라 조심스럽게 아래층으로 내려갔고,

up the rear, / armed with a large hammer / in case of
페터도 뒤를 따랐어, 큰 망치를 들고   비상시를 대비해서.

emergencies. The ladies upstairs / (including Margot and
            위층에 있던 여자들은   (언니와 날 포함해서)

have a fit 졸도하다 | soothe 가라앉히다, 진정시키다 | take to one's heels 도망치다, 달아나다 | force (문 따위)
를 부수고 열다 | air-raid warden 공습 감시원 | take up the rear 뒤를 따르다 | in succession 잇달아, 계속하여

me) / waited in suspense, / until the gentlemen reappeared
긴장 속에서 기다렸지,   남자들이 다시 나타나

/ five minutes later / and told us / that all was quiet in the
5분 후에   말해 줄 때까지   집 안은 쥐죽은 듯 조용하다고.

house.

We arranged / that we would not draw any water / or
우리는 결정했어   수돗물을 쓰거나

pull the plug in the lavatory. But as the excitement had
변기를 내리지 않기로.   하지만 긴장 때문에

affected / most of our tummies, / you can imagine / what
모두 배탈이 났어,   상상할 수 있을 거야

the atmosphere was like / when we had each paid a visit /
냄새가 어땠을지   우리가 화장실에 다녀왔을 때

in succession.
잇달아서.

When something like that happens, / heaps of other
그런 불길한 일이 생길 때에는,   수많은 다른 일들도 일어나는 것

things seem to come / at the same time, / as now. Number
같아   동시에,   지금처럼.

One was that the clock / at the Westertoren, / which I
첫 번째는 시계가   베스테르토렌 교회의,

always find so reassuring, / did not strike. Number Two
날 언제나 안심시키는,   울리지 않았던 거야.   두 번째는,

was that, / Mr. Vossen having left earlier than usual / the
          보센 씨가 평소보다 일찍 떠나서

previous evening, / we didn't know definitely / whether
전날 저녁,   우리는 확실히 몰랐던 점이야

Elli had been able to get hold of the key, / and had
엘리 언니가 열쇠를 받았는지,

perhaps forgotten to shut the door. It was still evening /
또 문 닫는 것을 잊어버린 것은 아닌지.   아직 저녁이었고

and we were still in a state of uncertainty, / although we
우리는 확실하지 않았어,

certainly did feel a bit reassured / by the fact / that from
비록 확실히 약간 안심이 되기는 했지만   사실 때문에   약 8시 이후,

about eight o'clock, / when the burglar had alarmed the
          강도가 온 집안을 놀라게 했던 그때인,

house, / until half past ten / we had not heard a sound.
10시 30분이 될 때까지   아무 소리도 듣지 못했기에.

reassuring 안심시키는 | nerve-racking 신경을 건드리는, 초조하게 하는

On further reflection / it also seemed very unlikely to
좀 더 돌이켜보니   그다지 일어날 만한 일이 아니었어

us / that a thief would have forced open a door / so early
도둑이 문을 부수고 열다니,

in the evening, / while there were still people about / in
그렇게 이른 저녁에,   아직 사람들이 돌아다니는 동안

the street. Moreover, / one of us got the idea / that it was
길거리에.   게다가,   누군가 생각해 냈어   가능하다는 것을

possible / that the caretaker of the warehouse next door
이웃집 창고의 관리인이

/ was still at work / since, / in the excitement, / and with
아직 일하고 있다는 것이   왜냐하면,   긴장하고 있었고,

the thin walls, / one can easily make a mistake, / and
벽이 얇기 때문에,   누군가 쉽게 실수를 할 수 있고,

what's more, / one's imagination can play a big part / at
더욱이,   상상이 더 커질 수 있으니까

such critical moments.
그런 중요한 순간에는.

So we all went to bed; / but none of us could get to sleep.
그래서 모두 잠자리에 들었지만;   누구도 잠들지 못했지.

Daddy as well as Mummy and Mr. Dussel / were awake,
아빠도 엄마도 뒤셀 씨도   깨어 있었고,

/ and without much exaggeration / I can say that I hardly
정말 거짓말 안 보태고   나도 거의 한숨도 자지 못했어.

slept a wink. This morning / the men went downstairs
오늘 아침에   남자들이 아래층으로 내려가서

/ to see whether the outside door was still shut, / and
바깥 문이 아직 닫혀 있는지 보았는데,

everything turned out to be quite safe. We gave everyone
모든 것이 안전하게 보였대.   우리는 사무실 사람들에게

a detailed description / of the nerve-racking event. They
자세한 이야기를 해 줬어   긴장됐던 사건에 대해.

all made fun of it, / but it is easy to laugh at such things /
모두 웃어 넘겼지만,   그러기야 쉽겠지

afterwards. Elli was the only one / who took us seriously.
나중에.   엘리 언니가 유일한 사람이었어   진지하게 들어주는.

Yours, Anne
안네가

143

Friday, 2 April, 1943
1943년 4월 2일 금요일

Dear Kitty,
키티에게,

Oh dear: / I've got another terrible black mark / against my
아 어쩜 좋아: 또 하나 끔찍한 죄를 저질렀어   내 이름을 더럽히

name. I was lying in bed / yesterday evening / waiting / for
는.   침대에 누워 있었어   어제 저녁에   기다리면서

Daddy to come / and say my prayers with me, / and wish
아빠가 와서   나와 함께 기도하고,

me good night, / when Mummy came into my room, / sat
잘 자라고 말해 주시기를,   그때 엄마가 내 방에 들어 와서,

on my bed, / and asked very nicely, / "Anne, / Daddy can't
내 침대에 앉아,   아주 상냥하게 물었지,   "안네,   아빠는 아직 오실 수

come yet, / shall I say your prayers with you / tonight?" /
없대.   엄마가 너와 기도할까   오늘 밤은?"

"No, Mummy," / I answered.
"싫어요, 엄마,"   난 대답했어.

Mummy got up, / paused by my bed / for a moment, / and
엄마는 일어나서,   내 침대 옆에 서서 계셨지   잠시 동안,

walked slowly towards the door. Suddenly she turned
그리고는 천천히 문 쪽으로 걸어가셨어.   갑자기 돌아서더니,

around, / and with a distorted look on her face / said, /
얼굴을 일그러뜨리고   말씀하셨어.

"I don't want to be cross, / love cannot be forced." There
"화내고 싶지 않다,   사랑은 강요할 수 없는 것이니까."

were tears in her eyes / as she left the room.
엄마 눈에 눈물이 고여 있었어   방을 나가시는데.

I lay still in bed, / feeling / at once / that I had been
계속 누워 있었지,   느끼면서   즉시   내가 아주 나빴다고

horrible / to push her away so rudely. But I knew too / that
엄마를 그렇게 무례하게 밀쳐내다니.   하지만 역시 알고 있었지

I couldn't have answered differently. It simply wouldn't
다른 식으로 대답할 수는 없었다는 것을.   잘 안 돼.

---

distorted 일그러진 | cross 화난, 언짢은 | insensitive 무신경한, 냉담한 [to]

work. I felt sorry for Mummy; / very, very sorry, / because
엄마에게 미안하기는 해;   아주, 아주 미안하지,   왜냐하면 본

I had seen / for the first time in my life / that she minds /
것이니까   내 생애에서 처음으로   엄마가 속상해 하는 모습을

my coldness.
내가 냉정하게 구는 것에.

I saw the look of sorrow / on her face / when she spoke /
슬픈 표정을 봤어   엄마 얼굴에서   말씀하실 때

of love not being forced. It is hard to speak the truth, / and
사랑은 강요할 수 없다고   진실은 말하기 어렵지만,

yet it is the truth: / she herself has pushed me away, / her
그래도 그것이 진실이야: 엄마 역시 나를 밀어냈어,

tactless remarks / and her crude jokes, / which I don't find
엄마의 서투른 지적과   잔인한 농담들이,   내게는 전혀 재미없었던,

at all funny, / have now made me insensitive / to any love
날 냉담하게 만들었어   엄마가 주는 어떤

from her side. Just as I shrink / at her hard words, / so did
사랑에도.   내가 위축되었듯이   엄마의 심한 말에,   엄마의 마음도

her heart / when she realized / that the love between us
상처 받았던 거야   깨달았을 때   우리 사이에 사랑이 없다는 것을.

was gone. She cried half the night / and hardly slept at all.
엄마는 그 날 밤 내내 울었고   거의 잠을 자지 못하셨다.

Daddy doesn't look at me / and if he does for a second,
아빠는 날 쳐다보지도 않고   만약 잠시 보게 되더라도,

/ then I read in his eyes the words: / "How can you be
아빠 눈에서 이런 말을 읽을 수 있지: "어쩜 그렇게 잔인하니,

so unkind, / how can you bring yourself / to cause your
어떻게 안겨줄 수 있니   엄마에게

mother / such sorrow?"
그런 슬픔을?"

They expect me to apologize; / but this is something /
엄마 아빠는 내가 사과하기를 기대하시지만;   이것은 그런 일이 아니야

I can't apologize for / because I spoke the truth / and
내가 사과할 수 있는   왜냐하면 난 사실을 말했고

Mummy will have to know it / sooner or later / anyway.
엄마도 아셔야 하니까   조만간   어찌됐든.

I seem, / and indeed am, / indifferent both to Mummy's
그런 것 같아, 사실 그래, 엄마의 눈물도 아빠의 표정도 상관없어,

tears and Daddy's looks, / because for the first time /
왜냐하면 처음으로

they are both aware of something / which I have always
두 분 모두 알게 되신 거니까 내가 항상 느껴왔던 감정을.

felt. I can only feel sorry for Mummy, / who has now
단지 엄마가 안 됐을 뿐이야, 지금에서야 알게 된

had to discover / that I have adopted / her own attitude.
내가 취해왔다는 것을. 엄마 자신이 해왔던 방식을

For myself, / I remain silent and aloof; / and I shall not
내 자신을 위해서는, 홀로 떨어진 채 조용히 있어야 하지만; 그런데 진실 앞에서 주저하

shrink from the truth / any longer, / because the longer it
지 않을 거야 더 이상, 이런 일은 미룰수록,

is put off, / the more difficult / it will be for them / when
더욱 힘든 법이니까 두 분이 받아들이기에

they do hear it.
마침내 이런 이야기를 들었을 때.

Yours, Anne
안네가

Key Expression 🔑

the + 비교급~, the + 비교급… : ~하면 할수록 더욱 …하다
the +비교급~, the +비교급…은 '~하면 할수록 더욱 …하다'라는 의미를 지닌
비교급의 특수 구문입니다.
the +비교급 뒤에는 원칙적으로 '주어 + 동사'의 절이 오지만, 'The more, the
better. (많을수록 좋다)'처럼 생략하여 간결하게 표현하기도 합니다.

ex) The longer it is put off, the more difficult it will be for them
이런 일은 미루면 미룰수록, 그들이 받아들이기 더 힘들어 질거야.

* 독일 장교 클럽

indifferent 무관심한 | aloof 떨어져서, 냉담한 | thunder 큰 소리를 내다, 울려 퍼지다 | ventilated 말하다 |
hemorrhage 출혈 | quench (불을) 끄다 | incendiary 소이탄

Tuesday, 27 April, 1943
1943년 4월 27일 화요일

Dear Kitty,
키티에게,

Such quarrels that the whole house thunders! Mummy
엄청난 다툼들로 온 집안을 흔들리고 있어!   엄마와 나,

and I, / the Van Daans and Daddy, / Mummy and Mrs.
반 단 씨 가족과 아빠,   엄마와 반 단 아주머니,

Van Daan, / everyone is angry with everyone else. Nice
모두가 서로에게 화가 나 있어.

atmosphere, / isn't it? Anne's usual list of failings / has
굉장한 분위기지,   안 그래?   안네가 평소에 저지르는 잘못의 목록을

been brought out again / and fully ventilated.
다시 들춰내고   이야기 하고 있어.

Mr. Vossen is already / in the Binnengasthuis hospital.
보센 씨는 이미   비넨하스트휘스 병원에 계셔.

Mr. Koophuis is up again, / the hemorrhage having
쿠피스 씨는 이제 다시 일어나졌지,   출혈이 멈춰서

stopped / sooner than usual. He told us / that the
보통 때보다 빨리.   아저씨가 말씀하셨어

Registrar's Office received additional damage / from the
등기소가 또 피해를 입었다고

Fire Service who, / instead of just quenching the flames,
소방대 때문에,   불만 끈 것이 아니라,

/ soaked the whole place with water. I'm glad!
건물 전체를 물에 잠기게 했대.   잘됐어!

The Carlton Hotel is smashed to bits. Two British planes
칼튼 호텔은 산산조각이 났대.   영국 비행기 두 대가

/ loaded with incendiary bombs / fell right on top of the
소이탄을 실은   독일 장교 클럽 바로 위에 떨어졌거든.

"*Offiziersheim." The whole Vijzelstraat-Singel corner
                      빙젤 거리에서 신헬 모퉁이까지

/ is burned down. The air raids on German towns / are
다 타버렸대.   독일 마을에 대한 공습은

growing in strength / every day.
점점 강도가 세지고 있어   매일.

We don't have a single quiet night. I've got dark rings
하루도 조용한 날이 없어.   눈 밑에는 다크서클이 생겼어

under my eyes / from lack of sleep. Our food is miserable.
                수면 부족으로.   음식은 비참할 정도야.

Dry bread and coffee / substitute for breakfast. Dinner:
말라빠진 빵과 커피 대용품이   아침 식사를 대신하지.   저녁은:

/ spinach or lettuce / for a fortnight on end. Potatoes /
시금치나 상추야   2주 연속으로.   감자는

twenty centimeters long / and tasting sweet and rotten.
20cm나 되는   달콤하고 썩은 맛이 나.

Whoever wants to follow a slimming course / should stay
다이어트 코스에 참여하고 싶은 사람은

in the "Secret Annexe"! They complain bitterly upstairs, /
"은신처"에 묵어야 한다고!   위층 사람들은 몹시 불평하지만,

but we don't regard it / as such a tragedy. All the men who
우리는 생각하지 않아   아주 큰 비극이라고는.   1940년에 전쟁에서 싸웠던

fought in 1940 / or were mobilized / have been called up /
모든 사람들이나   끌려갔던 사람들은   소집되고 있어

to work for "der Führer" / as prisoners of war. Suppose /
"총통"을 위한 노동에   전쟁 포로로.   생각해

they're doing that / as a precaution against invasion.
독일군들이 그런 일을 한다고   연합군 침공에 대한 대비책으로.

Yours, Anne
안네가

Key Expression

every other day : 이틀에 한 번씩
every other day는 '이틀에 한번씩', 즉 '격일로'라는 의미를 지닌 숙어입니다. 다른 표현으로 every second day, 혹은 every two days도 같은 의미입니다.
이와 같이 every + 기수 + 복수명사, 혹은 every + 서수 + 단수명사의 형태를 사용하면 '~마다'라는 표현을 나타낼 수 있어요.

ex) Although it is fairly warm, we have to light our fires every other day.
    꽤 따뜻해졌지만, 이틀에 한 번씩 불을 피워야 해.

substitute 대신하다, 대체하다 | fortnight 2주 간 | on end 계속하여, 연달아 | precaution 예방, 대비 |
parachute 낙하산 | pail 양동이

Tuesday, 18 May, 1943
1943년 5월 18일 화요일

Dear Kitty,
키티에게,

I witnessed a terrific air battle / between German and
아주 엄청난 공중전을 목격했어   독일 비행기와 영국 비행기 간의.

British planes. Unfortunately / a couple of the Allies had
불행히도   연합군 두어 명이 뛰어내려야 했어

to jump / from burning machines. Our milkman, / who
불타는 비행기에서.   우유배달부가,

lives in Halfweg, / saw four Canadians / sitting by the
할프베흐에 사는   캐나다인 네 명을 봤는데   길가에 앉아 있는,

roadside, / one of them spoke fluent Dutch. He asked the
그 중 한 명은 독일어를 유창하게 했대.   그 사람이 우유배달부

milkman / to give him a light for his cigarette, / and told
에게 부탁했고   담뱃불을 좀 달라고,   말했대

him / that the crew had consisted of six men. The pilot
승무원은 모두 여섯 명이었다고.

was burned to death, / and their fifth man had hidden
조종사는 불에 타 죽었고,   다섯 번째 사람은 어딘가에 숨었다고.

himself somewhere. The German police came / and
독일 경찰이 와서

fetched the four perfectly fit men. I wonder / how they
전혀 부상이 없는 네 남자를 잡아갔대.   궁금해

managed to have such clear brains / after that terrifying
어떻게 그렇게 멀쩡할 수 있는지   그런 무서운 낙하산 비행을 겪었

parachute trip.
는데.

Although it is fairly warm, / we have to light our fires
꽤 따뜻해졌지만,   불을 피워야 해

/ every other day, / in order to burn vegetable peelings
이틀에 한 번씩,   채소 껍질과 쓰레기를 태우기 위해.

and refuse. We can't put anything / in the garbage pails, /
우리는 아무것도 버릴 수 없어   쓰레기통에,

because we must always think / of the warehouse boy.
항상 생각해야 하니까   창고지기 소년을.

149

How easily one could be betrayed / by being a little
사람이 얼마나 쉽게 배신당할 수 있는지   아주 작은 부주의한 실수로!

careless!

All students / who wish either to get their degrees /
모든 학생들이   학위를 받고 싶거나

this year, / or continue their studies, / are compelled to
올해,   공부를 계속하고 싶어 하는,   서명하도록 강요당하고 있어

sign / that they are in sympathy with the Germans / and
독일군에 동조하고

approve of the New Order. Eighty per cent have refused
새로운 질서를 승인한다고.   80%가 거절했대

/ to go against their consciences. Naturally / they had
양심에 반하는 행동을 하는 것에.   자연히

to bear the consequences. All the students who do not
그 사람들은 결과를 감수해야 했지.   서명하지 않은 모든 학생들은

sign / have to go to a labor camp / in Germany. What
노동 강제 수용소에 가야 해   독일에 있는.

will be left / of the youth of the country / if they have
얼마나 남을까   이 나라에 젊은 사람이

all got to do hard labor / in Germany? Mummy shut the
모두 힘든 노동을 해야 한다면   독일에서?   엄마는 창문을 닫았어

window / last night / because of all the banging: / I was
어젯밤에   총소리 때문에: 난 아빠 침대

in Pim's bed. Suddenly / Mrs. Van Daan jumped out of
에 있었지.   갑자기   반 단 아주머니가 침대에서 뛰어 나왔어

bed / above us, / just as if Mouschi had bitten her. A loud
위층에서,   마치 마우쉬가 물기라도 한 것처럼.   쾅 하는 큰

clap followed / immediately. It sounded / just as if an
소리가 따라왔어   바로.   그 소리는 들렸어

incendiary bomb had fallen / beside my bed. I shrieked
마치 소이탄이 떨어진 것처럼   내 침대 옆에.   난 비명을 질렀고,

out, / "Light, light!" / Pim turned on the lamp.
"불, 불을 켜요!"   아빠가 램프를 켜셨어.

---

compel ~에게 억지로 시키다 | consciences 양심 | clap 툭 치는 소리 | shriek out 날카로운 소리로 말하다 |
nothing less than 전혀 ~하지 않다 | ablaze 타올라서 | flow 흘러내림, 분출 | bolt upright 곧장, 똑바로 서서 |
uncontrollable 제어하기 힘든 | banish (걱정 따위)를 몰아내다

I expected nothing less than to see / the room ablaze /
보게 되는 것이 아닐까 생각했어   방이 불타오르는 것을

within a few minutes. Nothing happened. We all hurried
짧은 순간.   아무 일도 생기지 않았어.   모두 서둘러 위층으로

upstairs / to see what was going on. Mr. and Mrs. Van
올라갔어   무슨 일이 일어나고 있나 보러.   반 단 씨 부부는 붉은 불덩이 같은

Daan had seen a red flow / through the open window.
것을 봤대   열린 창문을 통해서.

He thought / that there was a fire / in the neighborhood
아저씨는 생각했고   불이 났다고   이웃집에

/ and she thought / that our house had caught fire. When
아주머니는 생각했지   우리 집에 불이 붙었다고.

the clap came / Mrs. Van Daan was already on her feet /
꽝 소리가 났을 때   반 단 아주머니는 이미 서 있었어

with her knees knocking. But nothing more happened /
무릎을 벌벌 떨면서.   하지만 아무 일도 일어나지 않았고

and we all crept back into our beds.
우리는 모두 각자의 침대로 기어 들어갔지.

Before a quarter of an hour had passed / the shooting
15분도 채 안 되어

started up again. Mrs. Van Daan sat bolt upright / at
총소리는 다시 시작되었어.   반 단 아주머니는 벌떡 일어나 앉았고

once / and then went downstairs to Mr. Dussel's room,
즉시   아래층 뒤셀 씨 방으로 갔어,

/ seeking there the rest / which she could not find with
위안을 찾으러   남편에게서 찾을 수 없었던.

her spouse. Dussel received her / with the words, /
뒤셀 씨는 아주머니를 맞았지   이런 말로,

"Come into my bed, / my child!" / which sent us off
"내 침대로 오렴,   우리 아기!"   이 말 때문에 우리는 참지 못하고

into uncontrollable laughter. The gunfire troubled us no
웃음을 터뜨리고 말았지.   총소리는 더 이상 문제가 되지 않았어,

longer, / our fear was banished!
두려움은 사라졌으니까!

Yours, Anne
안네가

Sunday, 13 June, 1943
1943년 6월 13일 일요일

Dear Kitty,
키티에게,

My birthday poem from Daddy / is too good to keep
아빠가 써 주신 내 생일 축하시가   너무 좋아서 네게 꼭 보여 주지

from you. As Pim usually writes verses in German, /
않을 수 없어.   아빠는 보통 독일어로 시를 쓰시기 때문에,

Margot volunteered to translate it. Judge for yourself /
언니가 자진해서 번역해 줬어.   네가 판단해 봐

whether Margot didn't do it brilliantly. After the usual
언니가 훌륭하게 하지 않았는지.   대충 요약한 후에

summary / of the events of the year, / this is how it ran:
          한 해 동안 일어났던 일을,   이렇게 써 있어:

Though youngest here, / you are no longer small,
이곳에서 가장 어리지만,   넌 더 이상 어린이가 아니야,

But life is very hard, / since one and all
그러나 삶은 매우 힘들지,   누구나

Aspire to be your teacher, / thus and thus:
네 스승이 되려 하고,   이래라 저래라 하지:

"We have experience, / take a tip from us."
"우리는 경험이 있어,   우리에게 배우렴."

"We know / because we did it long ago."
"우리는 알고 있어   오래 전에 그 일을 해 봤기 때문에."

"Elders are always better, / you must know."
"어른들이 항상 더 옳아,　　　　　　　　명심하렴."

At least that's been the rule / since life began!
적어도 그것이 규칙이지　　　　　　　삶이 시작된 이후로!

Our personal faults are much too small to scan,
우리 자신의 잘못은 너무 작아서 살피지 못하고,

This makes it easier to criticize
남을 판단하기가 더 쉬운 법이지.

The faults of others, / which seem double size.
다른 사람의 잘못은,　　　　　　두 배로 커 보이니까.

Please bear with us, / your parents, / for we try
우리를 이해해 주렴,　　　네 부모를,　　　우리도 노력할 테니

To judge you fairly and with sympathy.
널 이해하며 공평하게 판단하도록.

Correction sometimes take against your will,
잘못을 고치는 것은 때로는 네 의지와 맞지 않을 거야,

Though it's like swallowing a bitter pill.
비록 쓴 약을 삼키는 것 같다 해도.

Which must be done / if we're to keep the peace,
해야만 하는 일이야　　　평온함을 지키고 싶다면,

While time goes by / till all this suffering cease.
시간이 흘러가면　　　이런 모든 고통도 끝날 거란다.

You read and study / nearly all the day,
넌 읽고 공부하지　　　거의 하루 종일,

Who might have lived / in such a different way.
누가 살아보았겠니　　　이런 색다른 삶을.

You're never bored / and bring us all fresh air.
넌 결코 지루해 하지 않고　　우리에게 신선한 활력을 가져 오지.

Your only moan is this: / "What can I wear?
네 유일한 불평은 이것이지:　　　"뭘 입죠?

I have no knickers, / all my clothes are small,
속옷도 없고,　　　모든 옷이 작은데,

My vest might be a loincloth, / that is all!
조끼는 원주민 옷 같은데,　　　그것뿐이에요!

---

run ~이라고 씌어 있다 | aspire 열망하다 | scan 눈여겨보다 | moan (고통 따위의) 신음 | knicker 블루머 비슷한
여성용 속옷 | loincloth (미개인 등이) 허리에 걸치는 간단한 옷

To put on shoes / would mean to cut off toes,
신발을 신으려면　　　　　발가락을 잘라야 해요,

Oh dear, I'm worried by so many woes!"
아, 고생할 일뿐이라 걱정이에요!"

There was also a bit about food / that Margot could
음식에 관한 이야기가 좀 더 있어서　　　　　언니가 운율을 맞춰 번역하지 못한,

not translate into rhyme, / so I shall leave it out. Don't
　　　　　　　빼기로 했어.

you think / my birthday poem is good? I have been
생각하지 않니　　내 생일 축시가 멋지다고?

thoroughly spoiled / in other ways / and received a lot of
완전히 응석받이가 됐고　　또 다른 선물들로도　　멋진 물건들을 많이 받았어.

lovely things. Among other things / a fat book on my pet
　　　　　선물 중에는　　　　　내가 좋아하는 주제의 두꺼운 책이

subject / — the mythology of Greece and Rome. I can't
있어　　　— 그리스와 로마 신화.

complain / of a shortage of sweets either / — everyone
불평할 수 없잖아　과자가 부족하다고

has broken into their last reserves. As the Benjamin of
— 모두 마지막까지 아껴둔 것을 꺼내 줬거든.　　은신처 가족의 막내로서,

the family in hiding, / I am really more honored / than I
　　　　　　　　난 정말 축하를 많이 받았지

deserve.
분에 넘치는.

Yours, Anne
안네가

woe 고생 | pet 좋아하는 | mythology 신화 | break into (비상용 물자)에 손을 대다 | reserve 비축 | Benjamin
막내둥이, 귀둥이

A. 다음 문장을 해석해 보세요.

(1) I could go on for hours / about all the suffering / the war has brought, / but then I would only make myself more dejected.
→

(2) It will be all right / as long as he doesn't come back / and want to see the "Secret Annexe".
→

(3) Yesterday Mummy, / Daddy, / Margot, / and I were sitting pleasantly together / when suddenly Peter came in / and whispered something in Daddy's ear.
→

(4) Discussions over the question / of whether we should, / or should not, / use our canned vegetables / ended in our favor.
→

B. 다음 주어진 문구가 알맞은 문장이 되도록 순서를 맞춰 보세요.

(1) 그 생각 만으로도 토할 것 같은 기분이야.
(makes / The / me / mere / quite / of them / sick / feel / thought)
→

(2) 이런 일은 미루면 미룰수록, 아빠 엄마가 받아들이기 더 힘들어 질거야.
(difficult / the more / The longer / will be / it / put off, / for them / it is)
→

(3) 수면 부족으로 내 눈 밑에 다크서클이 생겼어.
(under / I've got / of / my eyes / lack / sleep / from / dark rings)
→

(4) 우리는 이틀에 한 번씩 불을 피워야 해.
   (every / We / day / light / other / have to / our fires)
   →

C. 다음 주어진 문장이 본문의 내용과 맞으면 T, 틀리면 F에 동그라미 하세요.

(1) Anne couldn't get along well with her mother.
   (T / F)

(2) "Secret Annexe" had new member.
   (T / F)

(3) Anne received a poem from her father as a Christmas
   present.
   (T / F)

(4) Anne thought that their life in "Secret Annexe" was a tragedy.
   (T / F)

D. 의미가 비슷한 것끼리 서로 연결해 보세요.

(1) wreckage   ▶   ◀ ① misery

(2) dismay   ▶   ◀ ② ruin

(3) relentless   ▶   ◀ ③ disappoint

(4) woe   ▶   ◀ ④ merciless

5

Sunday, 11 July, 1943
1943년 7월 11일 일요일

Dear Kitty,
키티에게

To return to the "upbringing" theme / for the umpteenth
"양육"이라는 주제로 돌아가자면   몇 번째인지 모르겠지만,

time, / I must tell you / that I really am trying to be /
말해야겠어   정말 노력하고 있다고

helpful, / friendly, / and good, / and to do everything I can
도움이 되고,   상냥하고,   착해지고,   내가 할 수 있는 것을 하려고

/ so that the rain of rebukes dies down / to a light summer
그래서 비처럼 쏟아지던 비난이 약해지고 있어   약한 여름날의 이슬비로.

drizzle. It is mighty difficult / to be on such model behavior
평창히 어려운 일이야   그렇게 모범적인 예의 바른 행동은

/ with people you can't bear, / especially when you don't
참을 수 없는 사람들에게,   특히 진심으로 하는 말이 아닐 때.

mean a word of it. But I do really see / that I get on better
하지만 정말 알 수 있어   더 잘 지내게 된다는 것을

/ by shamming a bit, / instead of my old habit / of telling
자신을 약간 꾸미면,   예전의 습관 대신

everyone exactly what I think / (although no one ever asked
모든 사람들에게 내가 생각하는 그대로 말하는   (비록 아무도 내 의견을 물어보거나

my opinion / or attached the slightest importance to it).
내 의견을 중시하지 않지만).

I often lose my cue / and simply can't swallow my rage /
종종 내 다짐을 잊어버리고   그저 화를 삼키지 못할 때가 있어서

at some injustice, / so that for four long weeks / we hear
약간의 부당함에,   4주나 되는 기간 동안

nothing but an everlasting chatter / about the cheekiest
우리는 끝나지 않는 이야기를 들어야 했어   제일 버릇 없고 부끄러움을 모르는

and most shameless girl / on earth. Don't you think / that
소녀에 대한   세상에서.   생각하지 않니

rebuke 질책, 비난 | die down 점점 그치다 | drizzle 이슬비 | shamming 가장하다, ~인 체하다 | cue 지시 |
injustice 부당함, 부당한 조치 | chatter 재잘거림, 잡담 | grouser 불평분자 | sour 심술궂은 | wretched 뒤틀린
| shortsighted 근시의

sometimes / I've cause for complaint? It's a good thing
가끔은　　　　　내게도 불평할 만한 이유가 있다고?　　다행이야

/ I'm not a grouser, / because then / I might get sour and
내가 불평주의자가 아닌 것은,　　　그랬다면　　　나는 아마 뒤틀리고 성격이 나쁜

bad-tempered.
사람이 됐을 테니까.

I have decided / to let my shorthand go / a bit, / firstly / to
결심했어　　　　　속기 수업을 쉬기로　　　당분간,　　첫 번째 이유는

give me more time / for my other subjects / and secondly
내게 시간을 주기 위해서이고　다른 과목을 하기 위한　　　두 번째 이유는

/ because of my eyes. I'm so miserable and wretched / as
내 눈 때문이야.　　　아주 우울하고 속상해

I've become very shortsighted / and ought to have had
심한 근시가 되고　　　　　　　　　안경을 썼어야만 해서

glasses / for a long time already / (phew, / what an owl I
이미 오래 전부터　　　　　(휴,　　부엉이처럼 보일 거야!)

shall look!) / but you know, / of course, / in hiding / one
하지만 너도 알지,　　물론,　　숨어 있으면서

cannot.
쓸 수 없다는 것을.

Yesterday / everyone talked of nothing but Anne's
어제는   모두 안네의 눈에 대해서만 얘기했어,

eyes, / because Mummy had suggested / sending me /
왜냐하면 엄마가 제안했기 때문이지   날 보내야 한다고

to the oculist with Mrs. Koophuis. I shook in my shoes
쿠피스 아주머니랑 안과 의사에게.   나는 다소 겁이 났어

somewhat / at this announcement, / for it is no small
이 소식을 듣고,   이것은 간단한 일이 아니기 때문에.

thing to do. Go out of doors, / imagine it, / in the street
문을 나서서,   상상해 봐,   길거리로 나가다니

/ — doesn't bear thinking about! I was petrified at first,
— 생각하는 것만으로도 참을 수 없어!   처음에는 공포로 얼어 붙었는데,

/ then glad. But it doesn't go as easily as that, / because
그러다가 기뻤어. 하지만 이야기는 쉽게 진행되지 않았어,

all the people / who would have to approve such a step /
왜냐하면 모두   그런 조치에 허락해야 하는

could not reach an agreement quickly. All the difficulties
금방 동의할 수 없었으니까.   모든 어려움과 위험들을

and risks / had first to be carefully weighed, / although
우선 조심스럽게 가늠해야 했어,

Miep would have gone with me straight away.
미프 아주머니가 바로 나를 데리고 가 주겠다고 했지만.

In the meantime / I got out my gray coat / from the
그 동안   난 내 회색 코트를 꺼내 봤는데   옷장에서,

cupboard, / but it was so small / that it looked / as if it
아주 작아서   보이더라

belonged to my younger sister.
동생 옷을 입은 것처럼.

oculist 안과 의사, 검안사 | shake in one's shoes 부들부들 떨다, 겁내다 | announcement 발표, 소식 | petrify
(공포 따위로) 그 자리에 못박히게 하다, 망연자실하게 하다 | approve 승인하다, 허가하다 | step 발걸음, 조치 |
agreement 동의, 일치 | meantime 그 동안, 한편 | come of ~의 결과이다 | come off (예정대로) 일어나다,
행하여지다 | take pains 애를 쓰다, 공을 들이다 | mule 노새 | long for 열망하다

I am really curious to know / what will come of it all, /
정말 알고 싶지만   어떻게 결론이 날지,

but I don't think / the plan will come off / because the
생각하지 않아   계획이 실행될 것이라고는

British have landed in Sicily now / and Daddy is once
영국군은 지금 시실리에 상륙했고   아빠는 다시 한 번 희망을 품고

again hoping / for a "quick finish."
계시거든   "전쟁이 빨리 끝날 것"이라는.

Elli gives Margot and me / a lot of office work; / it makes
엘리 언니가 마르호트 언니와 내게 주었어   사무실 일을 잔뜩;   그 일로 우리

us both feel / quite important / and is a great help to her.
는 느꼈고   중요한 사람이 된 것처럼   엘리 언니한테 도움이 많이 된다고 해.

Anyone can / file away correspondence / and write in the
누구든지 할 수 있지만 우편물을 정리하거나   매상일지를 쓰는 일은,

sales book, / but we take special pains.
우리에게는 꽤 수고스러운 일이야.

Miep is just like a pack mule, / she fetches and carries
미프 아주머니는 꼭 짐을 실어 나르는 노새같아,   아주 많은 것을 실어서 가져오시거든.

so much. Almost every day / she manages to get hold
거의 매일   아주머니는 겨우 구해서

of / some vegetables for us / and brings everything
우리에게 줄 채소를   전부 가져오셔

/ in shopping bags / on her bicycle. We always long
시장 바구니에 실어서   자전거에 달린.   우리는 항상 토요일을 기다리지

for Saturdays / when our books come. Just like little
책이 도착하는.

children receiving a present.
마치 선물을 받는 아이들처럼 말이야.

Ordinary people simply don't know / what books mean
일반 사람들은 그저 모를 거야   우리에게 책이 어떤 의미인지,

to us, / shut up here. Reading, / learning, / and the radio /
여기에 갇혀 있는.   읽기,   배우기,   그리고 라디오가

are our amusements.
우리의 즐거움이야.

Yours, Anne
안네가

Friday, 16 July, 1943
1943년 7월 16일 금요일

Dear Kitty,
키티에게,

Burglars again, / but real this time! This morning / Peter
다시 강도 소동이야,　하지만 이번에는 진짜야!　오늘 아침에

went to the warehouse / at seven o'clock / as usual, / and
페터가 창고에 갔다가　7시에　평소처럼,

at once noticed / that both the warehouse door / and the
바로 눈치챘지　창고문과

door opening on to the street / were ajar. He told Pim, /
도로 쪽으로 난 문이　살짝 열린 것을. 페터는 아빠한테 말했어,

who turned the radio in the private office to Germany /
아빠는 개인 사무실의 라디오를 독일 방송으로 맞추고

and locked the door. Then they went upstairs together.
문을 잠궜지.　그리고 나서 두 사람은 함께 위층으로 올라갔어.

The standing orders / for such times / were observed as
정해진 규칙을　이런 때를 위해　보통 때처럼 따랐지:

usual: / no taps to be turned on; / therefore, / no washing,
수돗물을 틀지 않기;　그러므로,　씻지 않기,

/ silence, / everything to be finished by eight o'clock
조용히 하기,　모든 일은 8시까지 끝내고

/ and no lavatory. We were all very glad / that we had
화장실 쓰지 않기.　모두 참 다행이야

slept so well / and not heard anything. Not until half
깊이 잠들어서　아무 소리도 듣지 못했다는 사실이.　11시 30분이 되어서야

past eleven / did we learn from Mr. Koophuis / that the
쿠피스 씨에게 들었어

burglars had pushed in the outer door / with a crowbar /
강도들이 바깥문을 밀어서 열었고　쇠지레로

and had forced the warehouse door. However, / they did
창고문을 부쉈다는 것을.　그러나,

not find much to steal, / so they tried their luck upstairs.
훔칠 것을 별로 발견하지 못해서,　위층으로 올라가 보기로 한 거야.

---

ajar (문이) 살짝 열려 | standing 고정적인, 늘 하는 | crowbar 쇠지레 | postal order 우편환, 우편 소액 | stir
큰 소동

They stole / two cashboxes / containing forty florins, /
강도들은 훔쳤어　돈 상자 두 개와　40플로린이 들어 있던,

postal orders / and checkboxes / and then, / worst of all, /
우편환과　수표상자와　그리고,　무엇보다도,

all the coupons for 150 kilos of sugar.
설탕 150kg을 살 수 있는 배급카드 전부.

Mr. Koophuis thinks / that they belonged to the same
쿠피스 씨는 생각하서　그 강도들이 같은 패라고

gang / as the ones who tried all three doors / six weeks
문 세 개를 열려고 했던 도둑들과　6주 전에.

ago. They were unsuccessful then.
그때는 성공하지 못했었지.

It has caused rather a stir / in the building, / but the
그 사건이 좀 혼란스럽게 했지만　건물 전체를,

"Secret Annexe" can't seem to go on / without sensations
"은신처" 사람들은 견딜 수 없을 거야　이런 소동마저 없다면.

like this. We were very glad / that the typewriters and
우리는 아주 기뻐했어　타자기와 돈이

money / in our wardrobe, / where they are brought
옷장에 있는,　위층으로 옮겨 놓은,

upstairs / every evening, / were safe.
매일 저녁　안전하다는 사실에.

Yours, Anne
안네가

Key Expression

not until~ 도치구문의 해석

not until~ 구문은 not~until··· 구문에서 강조를 위해 not until을 문장 맨 앞에 놓은 형태입니다. 이 구문은 직역하면 '···할 때까지는 ~하지 않다'라는 뜻이지만 '···하고 나서야 비로소 ~하다'라고 의역하는 것이 자연스러운 해석이 됩니다.

이때 뒤따르는 '주어+동사'의 순서가 뒤바뀌는 도치 현상이 일어나게 됩니다. 또한 'it is ~ that' 강조용법을 사용하여 it is not until A that B와 같은 형태로도 사용됩니다.

ex) Not until half past eleven did we learn from Mr. Koophuis that the burglars had pushed in the outer door with a crowbar and had forced the warehouse door. (강조 도치 구문)
11시 30분이 되어서야 우리는 쿠피스 씨에게서 강도가 쇠지레로 바깥문을 밀어 열고 창고문을 부쉈다는 것을 들었어.

→ We did not learn from Mr. Koophuis that the burglars had pushed in the outer door with a crowbar and had forced the warehouse door until half past eleven. (기본 구문)

Monday, 26 July, 1943
1943년 7월 26일 월요일

Dear Kitty,
키티에게,

Nothing but tumult and uproar / yesterday, / we are still
흥분과 소란뿐이었어   어제는,

very het up about it all. You might really ask, / does a
우리는 아직도 흥분 상태야.   넌 정말 물어볼지 모르겠구나,

day go by without some excitement?
하루라도 흥분하지 않고 보낸 날이 있느냐고?

We had the first warning siren / while we were at
첫 번째 공습 경보가 울렸지만   아침 식사를 할 때,

breakfast, / but we don't give a hoot about that, / it only
우리는 그런 것에 개의치 않아,   의미할 뿐이

means / that the planes are crossing the coast.
니까   비행기가 해안을 지나가고 있다고.

After breakfast / I went and lay down / for an hour / as
아침 식사 후   난 누워 있다가   한 시간 동안

I had a bad headache, / then I went downstairs. It was
두통이 심해서,   아래층으로 내려 갔지.

about two o'clock. Margot had finished her office work /
2시쯤이었어.   언니는 사무실 일을 끝냈는데

at half past two: / she had not packed her things together
2시 30분에: 물건들을 아직 정리하지 못했었지

/ when the sirens began to wail, / so upstairs I went again
사이렌이 울리기 시작했을 때,   그래서 언니와 함께 다시 위층에 올라

with her. It was high time, / for we had not been upstairs
갔어.   바로 그때   위층에 올라간 지 5분도 되지 않았는데

five minutes / when they began shooting hard, so much /
거세고, 심한 포격이 시작되었어

so that we went and stood in the passage. And yes, / the
그래서 우리는 통로에 가서 서 있었어.   그리고 맞아,

house rumbled and shook, / and down came the bombs.
건물이 울리고 흔들리더니,   폭탄들이 떨어졌어.

I clasped my "escape bag" close to me, / more because I
난 "피난 가방"을 가까이 꽉 잡았어,

wanted to have something to hold / than with an idea of
뭔가 잡을 것이 필요해서였지   피난을 가겠다는 생각 때문이라기

escaping, / because there's nowhere we can go. If ever
보다,   달리 갈 곳도 없었으니까.

we come to the extremity / of fleeing from here, / the
만약 극한 상황이 온다고 해도   여기에서 도망가야 하는,

street would be just as dangerous / as an air raid. This
길거리는 마찬가지로 위험할 거야   공습 속에 있는 것만큼.

one subsided after half an hour, / but the activity in the
폭격은 30분 후에 잠잠해졌지만,   집 안의 혼란은 가라앉지 않았어.

house increased. Peter came down / from his lookout
페터는 내려 왔고   망보는 보루에서

post / in the attic, / Dussel was in the main office, / Mrs.
다락방 안의,   뒤셀 씨는 큰 사무실에 있었고,   반 단 아

Van Daan felt safe / in the private office, / Mr. Van Daan
주머니는 안전하다고 생각하고   개인 사무실에 있는 것이,   반 단 아저씨는 지켜보고

had been watching / from the loft, / and we on the little
있었으며   다락에서,   우리는 좁은 층계참에 있었어

landing / dispersed ourselves too: / I went upstairs /
역시 흩어져서: 난 위층으로 올라가서

to see rising above the harbor the columns of smoke /
항구 너머 연기 기둥이 피어오르는 것을 봤어

Mr. Van Daan had told us about. Before long you could
반 단 아저씨가 말했던.   타는 냄새를 맡기 전에,

smell burning, / and outside it looked / as if a thick
바깥에서 보이더라

mist hung everywhere. Although such a big fire is not a
마치 짙은 안개가 사방에 깔린 것처럼. 큰 불이 그렇게 썩 즐거운 구경거리는 아니었지만,

pleasant sight, / luckily for us / it was all over, / and we
운좋게도   모두 꺼졌고,

---

tumult 마음의 어수선함, 흥분 | uproar 소란 | het up 흥분하여 | not give a hoot 조금도 개의치 않다 | wail
소리를 내다 | rumble 우르르 울리다 | clasp 꽉 잡다 | extremity 궁지, 난국, 한계 | flee 달아나다, 피난하다 |
subside 가라앉다, 진정되다 | lookout 망보기, 경계 | post 기둥, 장대 | disperse 뿔뿔이 흩어지다

went about our respective tasks. That evening at dinner: /
우리는 다시 각자의 일로 돌아갔어.　　　　　　　　그날 저녁 식사 시간에:

another air-raid alarm! It was a nice meal, / but my hunger
또 공습 경보가 울리는 거야!　　맛있는 식사였지만,　　　허기는 사라져 버렸어,

vanished, / simply at the sound of the alarm. Nothing
　　　　　단지 경보 소리에.　　　　　　　아무 일도 생기지 않았고

happened / and three quarters of an hour later / it was all
　　　　　45분이 지나자　　　　　　　　　　　경보가 해제되었어.

clear. The dishes were stacked / ready to be done: / air-raid
접시들이 쌓여 있었지　　　　　　설거지 할:

warning, / ack-ack fire, / an awful lot of planes. "Oh, dear
공습 경보,　　대공 사격의　　수없이 많은 비행기들.　　　"세상에,

me, / twice in one day, / that's too much," / we all thought,
하루에 두 번씩이라니　　너무하잖아,"　　우리 모두 생각했지만,

/ but that didn't help at all; / once again / the bombs rained
어쩔 수 없었지;　　　　　다시 한 번　　폭탄이 비오듯 쏟아졌어,

down, / the other side this time, / on *Schiphol, / according
　　　이번에는 반대쪽,　　　　　　스키폴 공항에,

to the British. The planes dived and climbed, / we heard
영국 방송에 의하면.　비행기들은 급강하 하다가 다시 상승했어,

the hum of their engines / and it was very gruesome. Each
웅웅대는 엔진 소리는 소리를 들었는데　　아주 무섭더라.

moment / I thought: / "One's falling now. Here it comes."
매 순간　　난 생각했어:　　"폭탄 하나가 지금 떨어지고 있고, 여기 오는 구나."

I can assure you / that when I went to bed / at nine o'clock
정말이야　　　　　잠자리에 들었을 때　　　9시에

/ I couldn't hold my legs still. I woke up / at the stroke of
후들거리는 다리를 진정할 수 없었지.　　잠이 깼어　　12시쯤 큰 소리에 :

twelve: / planes. Dussel was undressing. I didn't let that put
비행기 소리였어.　뒤셀 씨는 옷을 벗고 있었어.　난 지체하지 않고,

me off, / and at the first shot, / I leaped out of bed, / wide
첫 번째 폭격이 터지자마자,　　침대에서 뛰어 나왔어,　　잠이 완전히

awake. Two hours with Daddy / and still they kept coming.
깨서.　　두 시간 동안 아빠와 있었는데,　　폭격이 여전히 그치지 않았어.

---

go about 열심히 하다, ~하려고 애쓰다 | ack-ack 대공 사격의 | hum 와글와글 하는 소리 | gruesome 무서운 |
stroke (시계, 종 따위의) 치는 소리

Then they ceased firing / and I was able to go to bed. I
그 후 공격은 멈췄고   다시 잠자리에 들 수 있었지.

fell asleep / at half past two.
잠이 들었어   2시 30분에.

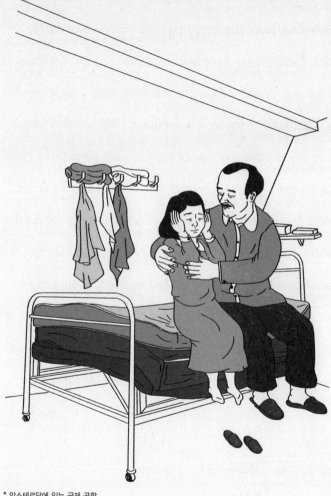

* 암스테르담에 있는 국제 공항

Seven o'clock. I sat up in bed / with a start. Mr. Van Daan
7시. 침대에서 앉았지 무슨 소리가 들리자. 반 단 아저씨는 아빠와

was with Daddy. Burglars was my first thought. I heard /
있었어. 처음에는 강도들이라고 생각했지. 들었어

Mr. Van Daan say "everything." I thought / that everything
반 단 아저씨가 "모든 것"이라고 하는 소리를. 생각했어 모든 것을 도둑 맞았구나

had been stolen. But no, / this time / it was wonderful
라고. 하지만 아니었어, 이번에는 좋은 소식이었지,

news, / such as we have not heard for months, / perhaps in
몇 달 동안 듣지 못한, 아마 전쟁 중인

all the war years. "Mussolini has resigned, / the King of
몇 년 동안을 통틀어. "무솔리니가 물러났습니다,

Italy has taken over the government." We jumped for joy.
이탈리아의 국왕은 정부를 인계받았습니다." 우리는 기뻐서 펄쩍펄쩍 뛰었어.

After the terrible day yesterday, / at last / something good
어제 끔찍한 날을 보내고 나니, 마침내 다시 좋은 일이 생겼구나

again / and — hope. Hope for it to end, / hope for peace.
그리고 — 희망이 생겼지. 종전에 대한 희망, 평화에 대한 희망 말이야.

Kraler called in and told us / that Fokkers has been badly
크랄러 씨가 들러서 말해 줬어 독일 군용기가 심하게 공격을 당했다고.

damaged. Meanwhile / we had another air-raid alarm / with
한편 공습 경보가 다시 있었고 비행기

planes overhead / and one more / warning siren. I'm just
가 머리 위로 날아다니면서 그리고 또 한 번 경계 경보가 울렸어.

about choked with alarms, / very tired / and don't feel a bit
경보가 울리면 숨이 막힐 것 같아, 아주 피곤해서 공부하고 싶은 기분이 아니야.

like work. But now the suspense over Italy / will awaken
하지만 지금 이탈리아에 드리워진 긴장이 희망을 일깨우고 있어

the hope / that it will soon end, / perhaps even this year.
곧 끝날 것이라는, 어쩌면 올해 안에.

Yours, Anne
안네가

call in (~에) 잠깐 들르다 | Fokker 독일 군용기 | choked 숨 막히게 하다 | suspense 긴장 | capitulate
항복하다 | surrender 항복하다 | chronicle 연대기, 기록 | national anthem 국가(國歌) | Internationale
노동자 혁명가 | uplifting 사기를 높이는, 격려가 되는

Friday, 10 September, 1943
1943년 9월 10일 금요일

Dear Kitty,
키티에게,

Every time I write to you / something special seems to
네게 글을 쓸 때마다   뭔가 특별한 일이 생기는 것 같아,

have happened, / but they are more often unpleasant /
                그런데 불쾌한 일들이 많지

than pleasant things. However, / now there is something
즐거운 일들보다는.   하지만,   멋진 일이 일어나려고 해.

wonderful going on. Last Wednesday evening, / 8
                지난 수요일 저녁,

September, / we sat around / listening to the seven o'clock
9월 8일에,   우리는 둘러 앉아 있었어   7시 뉴스를 들으려고

news / and the first thing we heard was: / "Here follows
그리고 처음 들은 뉴스는: "가장 기쁜 소식입니다

the best news / of the whole war. Italy has capitulated!"
                전쟁 이후로.   이탈리아가 항복했습니다!

Italy's unconditional surrender! The Dutch program from
이탈리아의 무조건 항복이라니!   영국에서 하는 네덜란드어 방송은

England / began at quarter past eight. "Listeners, / an
                8시 15분에 시작했어.   "청취자 여러분,

hour ago, / I had just finished writing / the chronicle of
한 시간 전에,   막 작성을 끝냈습니다   오늘의 소식들을

the day / when the wonderful news / of Italy's capitulation
                그때 멋진 뉴스가   이탈리아의 항복이라는

/ came in. I can tell you / that I have never deposited my
들어 왔습니다. 전 말할 수 있습니다   원고를 내던진 적이 없었다고

notes / in the wastepaper basket / with such joy!" "God
                쓰레기통에   이렇게 기쁘게!"

Save the King," / the American national anthem, / and
영국의 "신의 가호를"   미국 국가,

the "Internationale" / were played. As always, / the Dutch
그리고 러시아 국가가   연주되었어.   언제나처럼,

program was uplifting, / but not too optimistic.
네덜란드어 방송은 사기를 높여주지만,   별로 낙관적이지는 않아.

169

Still we have troubles, / too; / it's about Mr. Koophuis. As
우리에게는 여전히 걱정거리가 있어, 역시; 쿠피스 씨 문제야.

you know, / we are all very fond of him, / he is always
알다시피, 모두 아저씨를 아주 좋아해,

cheerful and amazingly brave, / although he is never well,
아저씨는 항상 쾌활하고 놀랍도록 용감하시지, 비록 언제나 건강하지 못하고,

/ has a lot of pain, / and is not allowed / to eat much or
통증이 많으며, 없지만 말이야 많이 먹거나 걸을 수.

do much walking. "When Mr. Koophuis enters, / the sun
"쿠피스 씨가 들어 오면,

begins to shine," / Mummy said just recently, / and she is
태양이 빛나기 시작해요," 최근 엄마가 그러셨는데,

quite right. Now he has had to go into the hospital / for a
맞는 말이야. 지금 아저씨는 병원에 가야 하고

very unpleasant abdominal operation / and will have to
아주 힘든 개복 수술을 해야 해서 입원하셔야 해

stay there / for at least four weeks. You really ought to have
최소 4주 동안. 정말 봤어야 했어

seen / how he said good-by to us / just as usual / — he
아저씨가 어떻게 작별 인사를 하셨는지 마치 보통 때처럼

might have simply been going out to do / a bit of shopping.
— 아저씨는 단지 나가시는 것 같았어 쇼핑이라도 좀 하러.

Yours, Anne
안네가

Key Expression

at least : 적어도

at least는 '적어도'란 뜻으로, 그 이상이 필요하다는 속뜻을 가진 숙어입니다.

▶ at least : 적어도, 최소한, ~이상 (=not less than)
▶ at most : 기껏해야, 많아야 (=not more than)

ex) Now he has had to go into the hospital for a very unpleasant abdominal
    operation and will have to stay there for at least four weeks.
    지금 아저씨는 매우 힘든 개복 수술을 위해 병원에 가야 하는데 적어도 4주
    동안 입원하셔야 해.

abdominal operation 개복 수술 | Valerian 신경안정제 | hearty 격렬한, 억제하지 않은 | droop 늘어지다,
처지다 | misgiving 걱정, 불안 | terror 공포

Thursday, 16 September, 1943
1943년 9월 16일 목요일

Dear Kitty,
키티에게,

Relations between us here / are getting worse / all the
이곳에서의 사람들 관계가　　점점 더 나빠지고 있어　　계속해서.

time. At mealtimes, / no one dares to open their mouths
식사 시간이면,　　아무도 입을 열려고 하지 않아

/ (except to allow a mouthful of food to slip in) / because
(음식을 입에 넣으려고 여는 것 말고는)

whatever is said / you either annoy someone / or it is
왜냐하면 무슨 말을 하든　　다른 사람의 감정을 상하게 하거나

misunderstood. I swallow Valerian pills every day /
오해를 일으킬 뿐이니까.　　날마다 신경안정제를 삼키지만

against worry and depression, / but it doesn't prevent me
걱정과 우울증 때문에,　　　　　　더 비참해지는 것을 막지 못해

from being even more miserable / the next day. A good
다음 날이면.

hearty laugh would help / more than ten Valerian pills,
한바탕 웃는 것이 도움이 되겠지만　　신경안정제 10알을 먹는 것 보다,

/ but we've almost forgotten / how to laugh. I feel afraid
우리는 거의 잊었어　　　　　　웃는 법을.　　때때로 걱정스러워

sometimes / that from having to be so serious / I'll grow
이토록 심각하게만 지내다 보면

a long face / and my mouth will droop at the corners.
얼굴이 길어지고　　입꼬리가 처질까 봐.

The others don't get any better either, / everyone looks
다른 사람들도 별로 나을 바 없어,

with fear and misgivings / towards that great terror, /
모두 겁에 질리고 불안에 떠는 듯 보여　　엄청난 폭력적인 사태에,

winter. Another thing / that does not cheer us up / is
겨울이라는. 또 다른 일은　　우리를 기운 없게 만드는

the fact / that the warehouseman, / V.M., / is becoming
사실이야　　창고지기인,　　　　V.M. 씨가,　의심하기 시작했다는

suspicious / about the "Secret Annexe."
"은신처"에 대해.

171

We really wouldn't mind / what V.M. thought of the
우리는 별로 걱정하지 않겠지만   V.M. 씨가 어떤 생각을 하든

situation / if he wasn't so exceptionally inquisitive, /
만약 그가 그렇게 특별히 호기심이 많고,

difficult to fob off, / and, / moreover, / not to be trusted.
속이기 어렵고,   그리고,   더구나,   믿을 수 없는 사람이 아니라면.

One day Kraler wanted to be extra careful, / put on his
하루는 크랄러 씨는 더욱 조심스럽게 행동하셨어,

coat at ten minutes to one, / and went to the chemist /
1시 10분 전에 코트를 입고,   약국에 가셨지

round the corner. He was back / in less than five minutes,
길 모퉁이의.   돌아오셔서   5분도 되기 전에,

/ and sneaked like a thief up / the steep stairs / that lead
도둑처럼 살그머니 올라오셨어   가파른 계단을

straight to us. At a quarter past one / he wanted to go
은신처로 통하는.   1시 15분에   아저씨는 다시 돌아가려고 하는데,

again, / but Elli came to warn him / that V.M. was in the
엘리 언니가 경고하러 왔어   V.M. 씨가 사무실에 있다고.

office. He did a right-about turn / and sat with us / until
아저씨는 뒤돌아 서서,   우리와 앉아 있었어

half past one. Then he took off his shoes / and went in
1시 30분까지.   그리고 신발을 벗고   양말 차림으로 가서

stockinged feet / to the front attic door, / went downstairs
앞쪽 다락방문으로,   한 발 한 발 내려가셨지,

step by step, / and, / after balancing there / for a quarter
그리고,   계단에서 중심을 잡으며 내려간 후

of an hour / to avoid creaking, / he landed safely in the
15분 동안   삐꺽거리지 않으려고,   사무실에 안전하게 당도하셨어,

office, / having entered from the outside. Elli had been
바깥문을 통해 들어가서.   엘리 언니는 V.M. 씨를

freed of V.M. / in the meantime, / and came up to us /
보내고,   그러는 동안   우리한테 올라왔지만

to fetch Kraler, / but he had already been gone / a long
크랄러 씨를 모시러,   아저씨는 이미 떠나셨지   오래 전에;

time; / he was still on the staircase / with his shoes off.
아직 계단에 계셨어   신발을 벗고.

Whatever would the people in the street / have thought
길거리에 있던 사람들이   무슨 생각을 했을까

/ if they had seen / the Manager / putting on his shoes /
만약 봤다면   사장님이   신발을 신고 있는 모습을

outside? Gosh! The Manager in his socks!
밖에서?   어이쿠!   양말 바람의 사장님이라니!

Yours, Anne
안네가

Friday, 29 October, 1943
1943년 10월 29일 금요일

Dear Kitty,
키티에게,

There have been resounding rows again / between Mr. and
또 시끄러운 싸움이 있었어   반 단 씨 부부 사이에.

Mrs. Van Daan. It came about like this: / as I have already
반 단 씨 부부 사이에.   싸움은 이런 식으로 일어났지: 이미 말한 것처럼,

told you, / the Van Daans are at the end of their money.
            반 단 씨 네는 돈이 떨어졌거든.

One day, / some time ago now, / Koophuis spoke about a
어느 날,   얼마 전인데,   쿠피스 씨가 모피 상인에 대해 이야기

furrier / with whom he was on good terms; / this gave Van
하셨어   잘 알고 지내는;   반 단 아저씨는 생각하

Daan the idea / of selling his wife's fur coat. It's a fur coat
게 된 거지   부인의 모피 코트를 팔아야겠다고.   그것은 모피 코트이고

/ made from rabbit skins, / and she has worn it / seventeen
토끼털로 만들어진,   아주머니는 입었어   17년 동안.

years. He got 325 florins for it / — an enormous sum.
        아저씨는 그 코트를 325플로린에 팔았어   — 엄청난 가격이지.

However, / Mrs. Van Daan wanted to keep the money / to
그렇지만,   반 단 아주머니는 그 돈을 보유하고 싶어 했고

buy new clothes after the war, / and it took some doing /
전쟁 후에 새 옷을 사려고,   그 일로 싸움이 일어났어

before Mr. Van Daan made it clear to her / that the money
반 단 아저씨가 아주머니에게 분명히 하기 전에

---

fob off (교묘한 말로) 속이다 | sneak 살금살금 들어오다 | a right-about turn 반대로 돌아서기 | resounding
소리 높은 | furrier 모피 상인 | be on good terms with ~와 좋은 사이이다

173

was urgently needed / for the household.
그 돈이 급하게 필요하다고   생활하는데.

The yells and screams, / stamping and abuse / — you
고함 소리와 비명 소리,   발 구르는 소리와 욕지거리

can't possibly imagine it! It was frightening. My family
— 넌 상상도 못할 거야!   무섭더라.   우리 가족은 서 있었어

stood / at the bottom of the stairs, / holding their breath,
충계 아래,   숨을 죽인 채,

/ ready if necessary to drag them apart! All this shouting
필요하면 두 사람을 떼어 놓을 준비를 하고!   이 모든 고함 소리와 흐느끼는

and weeping / and nervous tension / are so unsettling /
소리와   불안한 긴장 상태에   매우 심란해졌고

and such a strain, / that in the evening / I drop into my
그런 긴장 때문에,   그날 저녁에   난 침대에 파묻혀 울었어,

bed crying, / thanking heaven / that I sometimes have half
감사하며   가끔 30분이라도 나 혼자 있을 수 있다는

an hour to myself.
것에.

Mr. Koophuis is away again; / his stomach gives him no
쿠피스 씨가 다시 오지 못하셔;   위가 아저씨를 내버려 두지 않네.

peace. He doesn't even know / whether it has stopped
심지어 모르시겠대   출혈이 멈췄는지도.

bleeding yet. For the first time, / he was very down / when
처음으로,   아저씨가 아주 우울해 하셨어   우리한테

he told us / that he didn't feel well / and was going home.
말씀하실 때   몸이 좋지 않아   집에 간다고.

All goes well with me / on the whole, / except that I have
나는 다 괜찮아   전체적으로,   식욕이 없는 것만 빼고.

no appetite. I keep being told: / "You don't look at all
계속 듣고 있어: "건강해 보이지 않는구나"라고.

well." I must say / that they are doing their very best / to
알아   사람들이 최선을 다하고 있다고

keep me up to the mark. Grape sugar, / cod-liver oil, /
내가 기운을 내도록 하려고.   포도당,   간유,

yeast tablets, / and calcium / have all been lined up.
효모 정제,   그리고 칼슘   모든 것이 갖춰져 있단다.

My nerves often get the better of me: / it is especially
신경이 자주 예민해져: 특히 일요일이면

on Sundays / that I feel rotten. The atmosphere is so
기분이 고약해.   분위기는 아주 답답하고,

oppressive, / and sleepy / and as heavy as lead. You don't
활기가 없고   납처럼 무거워.

hear a single bird singing / outside, / and a deadly close
새 소리 하나도 들리지 않고   밖에서는,   끔찍한 침묵만이 드리워져 있어

silence hangs / everywhere, / catching hold of me / as if
모든 곳에,   나를 손아귀에 넣고

it will drag me down / deep into an underworld.
끌어 당기려는 것처럼   땅 속 깊은 곳으로.

At such times / Daddy, / Mummy, / and Margot /
그런 때면   아빠,   엄마,   그리고 언니는

leave me cold. I wander from one room to another, /
날 냉담하게 내버려 둬. 나는 이 방 저 방으로 돌아다니고,

downstairs and up again, / feeling like a songbird /
아래층 위층을 왔다 갔다 해,   새가 된 듯한 기분으로

whose wings have been clipped / and who is hurling
날개가 꺾인 채   몸을 내던지는

himself / in utter darkness / against the bars of his cage.
완전한 어둠 속에서   새장 창살을 향해.

"Go outside, / laugh, / and take a breath of fresh air," / a
"밖에 나가서,   웃고,   신선한 공기를 마시고 싶어,"

voice cries within me, / but I don't even feel a response /
내 안에서 외치는 소리가 들리지만,   대답하고 싶은 기분이 아니야

any more; / I go and lie on the divan and sleep, / to make
더 이상;   침대에 가서 누워 잠을 자,

the time pass more quickly, / and the stillness and the
시간이 더 빨리 흐르게 하려고,   그리고 이 정적과 끔찍한 공포를 잊으려고,

terrible fear, / because there is no way / of killing them.
            다른 방법이 없으니까   그 감정들을 없앨.

Yours, Anne
안네가

household 집안일, 가사 | abuse 욕설, 욕지거리 | unsettling 심란하게 하는, 동요시키는 | strain 긴장, 팽팽함
| up to the mark 건강이 아주 좋아서, 표준에 달하여 | grape sugar 포도당 | cod-liver oil 대구 간유 | yeast
tablets 효모 정제 | get the better of one (남)에게 이기다 | oppressive 답답한, 숨막힐 듯한 | sleepy 활기가
없는 | catch hold of ~을 손에 넣다 | songbird 명금 | hurling (세게) 던지다

Monday evening, 8 November, 1943
1943년 11월 8일 월요일 저녁

Dear Kitty,
키티에게,

If you were to read my pile of letters / one after another,
네가 내 편지들을 읽었다면   하나 하나,

/ you would certainly be struck / by the many different
확실히 놀라게 될 거야   각각 다른 기분이었다는 것에

moods / in which they are written. It annoys me / that
         편지를 쓸 때.   짜증이 나지만

I am so dependent / on the atmosphere here, / but I'm
매우 좌우된다는 사실이   이곳 분위기에,

certainly not the only one / — we all find it the same.
확실히 나만 그런 것은 아니야   — 우리 모두 그렇단다.

If I read a book / that impresses me, / I have to take
책을 읽으면   나를 감동시키는,

myself firmly in hand, / before I mix with other people;
감정을 좀 추스려야 해,   다른 사람들과 섞이기 전에;

/ otherwise they would think / my mind rather queer. At
그렇지 않으면 생각할 테니까   내가 좀 이상하다고.

the moment, / as you've probably noticed, / I'm going
지금은,   아마 눈치챘겠지만,

through a spell of being depressed. I really couldn't
좀 우울한 주기를 보내는 중이야.   왜 그런지는 말할 수 없지만,

tell you why it is, / but I believe / it's just because I'm a
                         생각해   내가 단지 겁쟁이기 때문에,

coward, / and that's what I keep bumping up against.
겁쟁이,   계속 부딪치는 문제야.

take~in hand 관리하다, 억제하다 | spell 불쾌한 한때 | bump up against ~와 우연히 만나다 | penetrating
파고드는, 날카로운 | heart palpitation 심장의 고동 | dungeon 지하 감옥 | possess 소유하다, 가지다 |
tranquility 조용함, 고요함

This evening, / while Elli was still here, / there was a
오늘 저녁에, 엘리 언니가 이곳에 아직 있을 때, 길고,

long, / loud, / penetrating ring at the door. I turned white
시끄럽고, 섬뜩한 초인종 소리가 문에서 울렸어. 난 즉시 창백해졌고,

at once, / got a tummy-ache / and heart palpitations, /
배가 아프기 시작하면서 심장이 두근거렸어,

all from fear. At night, / when I'm in bed, / I see myself
두려움 때문에. 밤에, 침대에 누워 있으면,

alone in a dungeon, / without Mummy and Daddy.
지하 감옥에 갇혀 있는 것 같아, 엄마 아빠도 없이.

Sometimes / I wander by the roadside, / or our "Secret
가끔은 길가를 헤매고 있거나,

Annexe" is on fire, / or they come and take us away / at
"은신처"가 불에 타고 있거나, 그들이 와서 우리를 끌고 가는 거야

night. I see everything / as if it is actually taking place,
밤에. 이 모든 장면이 보여 실제 일어나고 있는 것처럼,

/ and this gives me the feeling / that it may all happen
그리고 기분이 들어 이 일이 내게 생길 것처럼

to me / very soon! Miep often says / she envies us / for
머지 않아! 미프 아주머니는 자주 말씀해 우리가 부럽다고

possessing such tranquility here. That may be true, /
이런 호적함을 누리는. 맞을지도 모르지만,

but she is not thinking / about all our fears. I simply
아주머니는 생각하지 않는 거지 우리가 느끼는 공포에 대해. 상상도 할 수 없어

can't imagine / that the world will ever be normal for
우리에게 다시 보통 세상이 올지.

us again. I do talk about "after the war," / but then it
"전쟁 후"에 관한 이야기를 하지만,

is only a castle in the air, / something that will never
그것은 사상누각일 뿐이고, 실제 일어나지 않을 것 같아.

really happen. If I think back to / our old house, / my girl
회고해 보면 예전 우리 집과,

friends, / the fun at school, / it is just as if another person
여자 친구들과, 학교에서의 즐거움을, 마치 다른 사람이 살았던 것 같아,

lived it all, / not me.
내가 아닌.

I see the eight of us with our "Secret Annexe" / as if we
"은신처"에 있는 여덟 명은 생각되지

were a little piece of blue heaven, / surrounded by heavy
파란 하늘의 작은 조각처럼,   무거운 비구름에 둘러 싸인.

black rain clouds. The round, clearly defined spot / where
둥글고, 확실하게 구분된 장소는

we stand / is still safe, / but the clouds gather more closely
우리가 서 있는   아직 안전하지만,   구름들이 점점 가까이 몰려오고

/ approaching danger closes / more and more tightly. Now
위험이 가까이 다가오고 있어   점점 더 조여오면서.

we are so surrounded / by danger and darkness / that we
지금 우리는 둘러싸여 있어서   위험과 어둠에

bump against each other, / as we search desperately / for a
서로 부딪히고 있어,   필사적으로 찾으면서

means of escape. We all look down below, / where people
탈출할 수 있는 방법을.   모두 아래를 내려다 보면,

are fighting each other, / we look above, / where it is quiet
사람들이 서로 싸우고 있고,   위를 올려다 보면,   조용하고 아름다운 세계가

and beautiful, / and meanwhile / we are cut off / by the
있지,   그런데 그 와중에   우리는 갇혀 있어

great dark mass, / which will not let us go upwards, / but
캄캄한 암흑 속에,   위로 올라가지 못하게 막고 있는,

which stands before us / as an impenetrable wall; / it tries
우리 앞에 서 있지만   뚫고 들어갈 수 없는 벽으로;   그 벽은 우

to crush us, / but cannot do so yet. I can only cry and
리를 부수려 하지만,   아직은 그렇게 하지 못해.   난 울면서 간청할 뿐이야:

implore: / "Oh, / if only the black circle could recede / and
"아,   이 검은 구름이 걷혀서

open the way for us!"
우리에게 길을 열어 주기만 있다면!"

Yours, Anne
안네가

---

defined (경계를) 한정하다, 정하다 | cut off 포위하다, 봉쇄하다 | impenetrable 뚫고 들어갈 수 없는 | implore
애원하다, 간청하다 | recede 물러나다, 멀어지다 | shattering 파괴적인, 녹초가 되는 | diphtheria 디프테리아 |
reign 세력을 떨치다, 크게 유행하다 | awkward 불편한, 난처한 | companionship 동료애, 우정 | porridge 죽 |
frantically 굉장히, 대단히

Wednesday, 17 November, 1943
1943년 11월 17일 수요일

Dear Kitty,
키티에게,

Shattering things are happening. Diphtheria reigns in Elli's
힘든 일들이 계속 일어나고 있어.   디프테리아가 엘리 언니 집에 유행하고

home, / so she is not allowed to come into contact with us
있어서,   우리를 만나러 오는 것이 금지됐어

/ for six weeks. It makes it very awkward / over food and
6주 동안.   그 때문에 곤란해졌지   음식과 물건을 사는 일이,

shopping, / not to mention missing her companionship.
언니가 보고 싶다는 것은 말할 필요도 없고.

Koophuis is still in bed / and has had nothing but porridge
쿠피스 씨는 아직 누워 계시고   죽과 우유 외에는 아무것도 먹지 못해

and milk / for three weeks. Kraler is frantically busy.
3주 동안.   크랄러 씨가 아주 바쁘게 되셨지.

The Latin lessons Margot sends in / are corrected by a
마르호트 언니가 보내는 라틴어 과제는   선생님이 채점해서 돌려보내,

teacher and returned, / Margot writing in Elli's name. The
언니는 엘리 언니의 이름으로 글을 쓰지.

teacher is very nice, / and witty, / too. I expect / he is glad /
선생님도 굉장히 좋으시고,   재미있는 분이야,   역시.   난 생각해   기뻐할 거라고

to have such a clever pupil.
언니같이 영리한 학생을 맡게 되어서.

Dussel is very put out, / none of us know why. It began
뒤셀 씨는 대단히 화가 나 있는데,   아무도 그 이유를 몰라.   시작됐어

/ by his keeping his mouth closed / upstairs; / he didn't
입을 다문 채 침묵을 지키는 것으로   위층에서;   한 마디도 하지

utter a word / to either Mr. or Mrs. Van Daan. Everyone
않으려   반 단 아저씨나 아주머니에게는.

was struck by it, / and when it lasted a couple of days,
모두 당황했고,   며칠 동안 계속되자,

/ Mummy took the opportunity of warning him / about
엄마는 기회를 봐서 뒤셀 씨에게 경고하셨지

Mrs. Van Daan, / who, / if he went on like this, / could
반 단 아주머니에 대해,   아주머니는,   계속 그렇게 말을 안 하면,

make things very disagreeable / for him.
상황이 힘들어질 거라고   아저씨에게도.

Dussel said / that Mr. Van Daan started the silence, / so
뒤셀 씨는 말했대   반 단 아저씨가 먼저 말을 안 하기 시작했으니,

he was not going to be the one to break it.
먼저 침묵을 깨고 싶지는 않다고.

Now I must tell you / that yesterday was the sixteenth of
말해야겠군   어제는 11월 16일이었고,

November, / the day he had been exactly one year / in
아저씨에게 정확히 1주년 되는 날이었어

the "Secret Annexe." Mummy received a plant / in honor
"은신처"에서 생활한 지.   엄마는 화분을 선물 받았지만

of the occasion, / but Mrs. Van Daan, / who for weeks
1주년 기념으로,   반 단 아주머니는,

beforehand / had made no bones / about the fact that she
몇 주 전부터   떠들어댔었지만   생각으로

thought / Dussel should treat us to something, / received
뒤셀 씨가 한턱내야 한다는,

nothing.
아무것도 받지 못했어.

put out ~을 화나게 하다 | disagreeable 사귀기 힘든, 불쾌한 | condole 애도하다

Instead of expressing, / or the first time, / his thanks / for
표현하지도 않고,   그러기는 커녕,   감사 인사를

our unselfishness / in taking him in, / he didn't say a word.
우리가 베푼 친절에   뒤셀 씨를 받아들였던,   한 마디도 하지 않았지.

And when I asked him, / on the morning of the sixteenth,
그리고 내가 물어봤을 때,   16일 아침에,

/ whether I should congratulate or condole, / he answered
축하해야 하는지 위로해야 하는지,   대답하시더라

/ that it didn't matter to him. Mummy, / who wanted to act
아무래도 상관없다고.   엄마는,   중재자가 되려 했던,

as peacemaker, / didn't get one step further / and finally
                          그만두셨고

the situation remained as it was.
결국 계속해서 같은 상황이야.

*Der Man bat einen grossen Geist / Und ist so klein von
인간의 정신은 위대하지만,   그 행동은 보잘것없구나!

Taten!

Yours, Anne
안네가

* 'The spirit of the man is great, how puny are his deeds!'라는 뜻이다.

Monday, 6 December, 1943
1943년 12월 6일 월요일

Dear Kitty,
키티에게,

When St. Nicholas' Day approached, / none of us could
성 니콜라우스 축일이 다가오자,   생각하지 않을 수 없었어

help thinking / of the prettily decorated basket / we had
           예쁘게 장식되었던 바구니를   작년에 받았던

last year / and I, / especially, / thought / it would be very
그리고 난,   특히,   생각했어   아주 지루할 거라고

dull / to do nothing at all / this year. I thought / a long
아무것도 하지 않으면   올해.   생각했지   오랫동안

time / about it, / until I invented something, / something
뭘 할까,   그 계획을 발명해 낼 때까지,   재미있는 그 계획을.

funny.

I consulted Pim, / and a week ago / we started
아빠와 의논했고,   1주일 전에

composing a little poem / for each person.
우리는 짧은 시를 짓기 시작했어   각자에게 줄.

On Sunday evening / at a quarter to eight / we appeared
일요일 저녁   8시 15분에   우리는 위층에 나타났어

upstairs / with the large laundry basket between us, /
           커다란 세탁 바구니를 사이에 두고,

decorated / with little figures, / and bows of pink and
장식된   작은 꽃과,   분홍색과 파랑색 종이 리본으로.

blue carbon copy paper. The basket was covered / with
                              바구니는 덮여 있었고

a large piece of brown paper, / on which a letter was
큰 갈색 종이로,   그 위에 편지 한 통이 핀으로 꽂혀 있었지.

pinned. Everyone was rather astonished / at the size of
           모두 좀 놀랐어

the surprise package.
깜짝 선물의 크기에.

I took the letter from the paper / and read:
나는 종이에서 편지를 떼어 읽었어:

"Santa Claus has come once more,
"산타 클로스가 다시 한 번 찾아왔어요,

Though not quite as he came before,
지난번 같지는 않아서,

We can't celebrate his day
우리는 축하할 수 없어요

In last year's fine and pleasant way.
작년처럼 근사하고 유쾌한 방법으로.

For then our hopes were high and bright,
그때는 우리의 희망이 높고 밝았고,

All the optimists seemed right,
모든 낙관론자들이 옳은 것 같았죠,

None supposing / that this year
아무도 생각하지 않았어요 올해에도

We would welcome Santa here.
이곳에서 산타를 맞이할 것이라고.

Still, / we'll make his spirit live,
그래도, 산타의 뜻을 살릴 거예요,

And since we're nothing left to give,
그런데 드릴 것이 없기 때문에,

We've thought of something else to do
다른 방법을 생각했어요.

Each please look inside his shoe."
각자의 신발 속을 봐 주세요."

As each owner took his shoe / from the basket / there was
각자 자신의 신발을 가져갔고 바구니에서

a resounding peal of laughter. A little paper package / lay
커다란 웃음 소리가 들렸어. 작은 종이 꾸러미가 각자의

in each shoe / with the address of the shoe's owner on it.
신발 속에 들어 있었지 신발 주인의 주소가 적혀 있는.

Yours, Anne
안네가

bow 리본, 나비 매듭 | peal 떠들썩한 소리

Wednesday, 22 December, 1943
1943년 12월 22일 수요일

Dear Kitty,
키티에게,

A bad attack of flu / has prevented me from writing to you
심한 독감의 습격을 받아서   네게 글을 쓰지 못했어

/ until today. It's wretched / to be ill here. When I wanted
오늘까지.   비참해   여기에서 아프면.

to cough / — one, two, three — / I crawled under the
기침이 나오면   — 하나, 둘, 셋을 세며 —   담요 밑으로 기어들어가서

blankets / and tried to stifle the noise. Usually / the only
코를 막고 숨을 참았어.   대개   그 결과는

result was / that the tickle wouldn't go away at all; / and
목이 간질간질한 것이 전혀 가시지 않을 뿐이었지;

milk and honey, sugar or lozenges / had to be brought into
그래서 우유와 꿀, 설탕이나 감기약 등이   동원되어야만 했지.

operation. It makes me dizzy / to think of all the cures
어지러워   그 치료법들을 생각만 해도

/ that were tried on me. Sweating, / compresses, / wet
내가 받아야 했던.   땀 빼기,   습포,

clothes on my chest, / dry cloths on my chest, / hot drinks,
가슴에 젖은 수건 얹기,   가슴에 마른 수건 얹기,   뜨거운 음료,

/ gargling, / throat painting, / lying still, / cushion for
목 헹구기,   목에 약 바르기,   가만히 누워 있기,   몸을 따뜻하게 하기 위해

extra warmth, / hot-water bottles, / lemon squashes, / and,
쿠션,   뜨거운 물을 채운 병들,   레몬 스쿼시,   그리고,

/ in addition, / the thermometer every two hours!
추가로,   두 시간마다 체온 재기!

Can anyone really get better like this? The worse moment
이렇게 해서 진짜 나을 수 있겠어?   최악의 순간은 역시

of all was certainly / when Mr. Dussel thought he'd
뒤셸 씨가 의사 행세를 하겠다면서,

play doctor, / and came / and lay on my naked chest /
다가와서   내 맨 가슴에 댔을 때야

with his greasy head, / in order to listen to the sounds
기름기 흐르는 머리를,   몸 속에서 나는 소리를 듣기 위해.

within. Not only did his hair tickle unbearably, / but I
머리카락 때문에 견딜 수 없이 간지러웠을 뿐만 아니라,

was embarrassed, / in spite of the fact / that he once, /
당황스러워졌지,　　사실이라고는 하지만　　그가 한때,

thirty years ago, / studied medicine / and has the title
30년 전에,　　의학 공부를 했고　　의사 자격이 있는 것이.

of Doctor. Why should the fellow come / and lie on my
도대체 이 사람은 왜 와서　　내 가슴에 머리를 대는

heart? He's not my lover, / after all! For that matter, / he
거야?　내 애인도 아니잖아,　　결국!　　그 문제로 말하자면,

wouldn't hear / whether it's healthy or unhealthy / inside
듣지도 못하잖아　　그 소리가 건강한지 건강하지 않은지　　내 가슴 속

me / anyway; / his ears need syringing first, / as he's
에서　어찌됐든;　뒤셀 씨는 귀부터 청소해야 해,

becoming alarmingly hard of hearing.
깜짝 놀랄 정도로 귀가 어두워졌으니까.

But that is enough about illness. I'm as fit as fiddle again,
하지만 아픈 얘기는 그것으로 충분해.　　나는 다시 아주 건강해졌고,

/ one centimeter taller, / two pounds heavier, / pale, / and
키는 1cm 컸으며,　　체중도 2ld 늘었어,　　창백하지만,

with a real appetite for learning.
배움에 대한 욕구가 넘쳐 흘러.

There is not much news to tell you. We are all getting on
별로 말해 줄 소식이 없네.　　모두 잘 지내고 있어

well together / for a change! There's no quarreling / —
분위기를 바꿔서!　다툼도 없지

we haven't had such peace in the home / for at least half
— 집에서 이렇게 평화롭게 지내지 못했지　　반년 이상.

a year. Elli is still parted from us.
엘리 언니는 아직도 오지 못해.

---

stifle ~의 숨을 막다 | tickle 간지러운 느낌 | lozenge 기침약 | into operation 실시, 시행 | compress 습포
| paint 약을 바르다 | unbearably 참을 수 없게 | syringing 세척하다 | alarmingly 놀랄 만하게 | as fit as
fiddle 매우 건강하여

185

We received extra oil for Christmas, / sweets and syrup; /
크리스마스라서 기름을 더 받았어,　　　　　　　　　　　과자와 시럽도;

the "chief present" is a brooch, / made out of a two-and-a-
"최고의 선물"은 브로치인데,　　　　　　　　2.5센트짜리 동전으로 만든,

half-cent piece, / and shining beautifully. Anyway, / lovely,
　　　　　아름답게 반짝이지.　　　　어쨌든,　　　멋지지만,

/ but indescribable. Mr. Dussel gave mummy and Mrs. Van
표현하기 힘드네.　　　뒤셀 씨는 엄마와 반 단 아주머니에게 선물했어

Daan / a lovely cake / which he had asked Miep to bake for
예쁜 케이크를　　　미프 아주머니에게 구워달라고 부탁해서.

him. With all her work, / she has to do that as well! I have
일도 많은데,　　　　　　　　케이크까지 구워야 했다니!

also something / for Miep and Elli. For at least two months
나도 선물을 할 거야　　　미프 아주머니와 엘리 언니에게. 두 달이 넘는 기간 동안

/ I have saved the sugar from my porridge, / you see, / and
내 죽에 넣을 설탕을 아꼈단다,　　　　　　　　알겠지만,

with Mr. Koophuis's help / I'll have it made into fondants.
쿠피스 씨에게 도와달라고 해서　　　　설탕으로 퐁당 과자를 만들 거야.

* 괴테의 시의 한 대목(On top of the world, or in the depths of despair.)

piece 동전 | indescribable 형언할 수 없는 | fondant 퐁당(입 안에서 금방 녹는 연하고 단 과자) | thunderous
우뢰같은 | at a standstill 정지 상태의 | morale 사기 | outcast 버림받은 사람

It is drizzly weather, / the stove smells, / the food lies
이슬비가 내리고,　　　　　난로에서는 냄새가 나고,

heavily on everybody's tummy, / causing thunderous
모두 배불리 먹었지,　　　　　　덕분에 요란한 소리가 나네

noises / on all sides! The war at a standstill, / morale
여기저기에서!　전쟁은 소강 상태에 빠져 있고,

rotten.
사기는 떨어졌어.

Yours, Anne
안네가

Friday, 24 December, 1943
1943년 12월 24일 금요일

Dear Kitty,
키티에게,

I have previously written / about how much we are
전에도 썼지만　　　　　우리가 얼마나 영향을 받는지에 대해

affected / by atmospheres here, / and I think / that in my
이곳 분위기에,　　　　생각해　　내 경우에는

own case / this trouble is getting much worse / lately.
이 문제가 점점 심각해진다고　　　　　최근 들어.

"*Himmelhoch jauchzend und zum Tode bertübt" /
"지상 천국인가, 절망의 나락인가"

certainly fits here. I am "Himmelhoch jauchzend" / if
이곳에 딱 맞는 말이야.　나는 "지상 천국"에 있는 편이지

only think / how lucky / we are here / compared with
생각해 보면　얼마나 행운인지　이곳에 있는 것이　다른 유대인 아이들과

other Jewish children, / and "zum Tode bertübt" comes
비교했을 때,　　　　　하지만 "절망의 나락"이 나를 덮쳐 버리지.

over me / when, / as happened today, / for example, / Mrs.
때로는,　오늘같은 일이 생길 때는,　예를 들면,

Koophuis comes / and tells us / about her daughter Corry's
쿠피스 아주머니가 와서　말하면　딸 코리의 하키 클럽과,

hockey club, / canoe trips, / theatrical performances, / and
카누 여행,　극장에서의 공연,　친구들

friends / a great longing / to have lots of fun myself / for
에 대해,　간절히 열망하게 되지　나도 그런 즐거움을 갖고 싶고　한 번

once, / and to laugh / until my tummy ached.
이라도,　웃고 싶다고　배가 아프도록.　　　　187

ungrateful 은혜를 모르는, 고마워 할 줄 모르는 | grant 허락하다

Especially at this time of the year / with all the holidays
특히 일 년 중 이맘 때

for Christmas and the New Year, / and we are stuck here
₩크리스마스와 신년 휴가가 있는,　　　　이곳에 처박혀 있어야 하다니

/ like outcasts. Still, / I really ought not to write this, /
버림 받은 사람처럼.　그래도,　정말 이런 글을 쓰면 안 돼,

because it seems ungrateful / and I've certainly been
은혜를 모르는 것처럼 보이고　　　　확실히 과장하고 있는 부분이 있으니.

exaggerating. But still, / whatever you think of me, / I
하지만 그래도,　날 뭘로 생각하든지,

can't keep everything to myself, / so I'll remind you of
모든 것을 내 안에 간직해 둘 수 없구나,　　내가 처음에 했던 말을 상기시켜 줄게

my opening words / — "Paper is patient."
　　　　　— "종이는 인내심이 강하다."

When someone comes in from outside, / with the wind in
누군가 밖에서 들어올 때면,　　　　　옷 안에 바람을 안고

their clothes / and the cold on their faces, / then I could
얼굴이 꽁꽁 언 채,

bury my head in the blankets / to stop myself thinking:
머리를 담요 속에 묻어 버리고 싶어　　　생각을 지워 버리려고:

/ "When will we be granted / the privilege of smelling
"우리에게는 언제쯤 허락될까　　신선한 공기를 마시는 특권이?"

fresh air?" And because I must not bury my head in the
그런데 담요 속에 머리를 묻고 있으면 안 되니까,

blankets, / but the reverse / — I must keep my head high
오히려　　　　　— 머리를 꼿꼿이 세우고 용감해져야 해,

and be brave, / the thoughts will come, / not once, / but
그런 생각을 계속하지,　　　　한 번이 아니고,　오,

oh, / countless times. Believe me, / if you have been shut
셀 수 없이 많이.　믿어 줘,　　만약 네가 갇혀 있었다면

up / for a year and a half, / it can get too much for you
일 년 반 동안,　　　　견딜 수 없는 날들이 올 거야.

some days. In spite of all justice and thankfulness, / you
정의로움과 감사하는 마음에도 불구하고,

can't crush your feelings.
자신의 감정을 떨칠 수 없어.

Cycling dancing, / whistling, / looking out into the
자전거 타기,   휘파람 불기,   세상 구경하기,

world, / feeling young, / to know that I'm free / — that's
젊음을 만끽하기,   자유로움을 만끽하는 것   — 그것이 내

what I long for; / still, / I mustn't show it, / because
가 바라는 것이야;   하지만,   내 감정을 드러내서는 안 돼,

I sometimes think / if all eight of us began to pity
때때로 생각하기 때문에   여덟 명 모두 자신을 가엾게 여기기 시작하거나,

ourselves, / or went about with discontented faces,
불행한 얼굴로 돌아 다닌다면,

/ where would it lead us? I sometimes ask myself, /
어떻게 될까?   가끔 내 자신에게 물어봐,

"Would anyone, / either Jew or non-Jew, / understand
"누구든,   유대인이든 아니든,

this about me, / that I am simply a young girl / badly
나를 이해해 주실래요,   어린 소녀일 뿐이에요

in need of some rollicking fun?" I don't know, / and I
쾌활한 재미거리를 간절히 원하는?"   모르겠어,

couldn't talk about it / to anyone, / because then I know I
그리고 이런 얘기를 할 수 없어   아무에게도,   그러면 울어버리고 말테니까.

should cry. Crying can bring such relief.
울고 나면 위로가 되기도 하지.

Key Expression

as it were : 이를테면

as it were는 '말하자면, 이를테면'이라는 의미의 관용표현입니다. it 뒤에 were가 쓰인다는 것에 주의하세요.
또한 so to speak도 같은 의미입니다.

ex) The incomplete "Mumsie," as it were, whom I would so love to honor with the
extra "ie" and yet who does not realize it.
"멈지(Mumsie)"의 줄인 말이야, 이를테면, 엄마라는 말을 바꿔 부르면서도 알아차
리지 못하게 하고 싶은 것이지.

---

rollicking 까불거리는, 쾌활한 | mumsie 엄마, 엄마다운 | ie (i.e.) 바꿔 말하면

In spite of all my theories, / and however much trouble
내가 세운 모든 이론에도 불구하고,　　　또 문제가 아무리 심각해도,

I take, / each day / I miss having a real mother / who
매일　　　난 엄마다운 엄마를 그리워 해

understands me. That is why / with everything I do
날 이해해 주는.　　　그 때문이야　　　무슨 일을 하거나 쓸 때

and write / I think of the "Mumsie" / that I want to be
"다정한 엄마"를 생각하는 것은

for my children later on. The "Mumsie" / who doesn't
나중에 내 아이들에게 되고 싶다고.　　　"다정한 엄마"는

take everything that is said / in general conversation /
모든 대화를 받아들이지 않지만　　　일반적인 대화에서는

so seriously, / but who does take / what I say seriously.
그다지 진지하게,　　받아 주는 거야　　　내가 말하는 것을.

I have noticed, / though I can't explain how, / that the
발견했어,　　　비록 표현할 수 없지만,

word "Mumsie" tells you everything. Do you know
"다정한 엄마"라는 단어가 모든 것을 말해 준다고.　　　알고 있니

/ what I've found? To give me the feeling of calling
내가 발견한 것을?　　　엄마를 부르는 느낌을 내기 위해서

Mummy / something which sounds like "Mum"; / then
"엄마(Mum)와 비슷한 소리를 찾았고;　　　그러다

from that comes "Mums" / : the incomplete "Mumsie,"
"멈스(Mums)"란 말에서 착안해 사용한 거야　: "멈지(Mumsie)"의 줄임말이지

/ as it were, / whom I would so love to honor / with the
이를테면,　　　사랑을 담아 부르는 말로　　　끝을 길게 늘여

extra "ie" / and yet who does not realize it. It's a good
부른 거야,　　　하지만 엄마가 알아차리지 못하도록.　　　알아차리지 못해서

thing, / because it would only make her unhappy.
잘 됐어,　　　엄마를 불행하게 만들 뿐이니까.

That's enough about that, / writing has made my "zum
이제 충분히 말했어,　　　글을 쓰니 "절망의 나락"이 사라지는 것 같다

Tode betrübt" go off / a bit.
약간은.

Yours, Anne
안네가

mini test 5

A. 다음 문장을 해석해 보세요.

(1) Not until half past eleven / did we learn from Mr. Koophuis / that the burglars had pushed in the outer door with a crowbar / and had forced the warehouse door.
→

(2) Anyone can file away correspondence / and write in the sales book, / but we take special pains.
→

(3) I clasped my "escape bag" close to me, / more because I wanted to have something to hold / than with an idea of escaping, / because there's nowhere we can go.
→

(4) Mrs. Van Daan, who for weeks beforehand had made no bones about the fact that she thought Dussel should treat us to something, received nothing.
→

B. 다음 주어진 문장이 되도록 빈칸에 써 넣으세요.

(1) 모든 사람이 <u>안네의 눈에 대해서만</u> 얘기했어.

Everyone talked of ▮▮▮▮▮▮▮▮▮▮▮▮▮▮▮▮▮ .

(2) 그는 그곳에 적어도 4주 동안 머물러야 해.

→

(3) 나는 심하게 근시가 되어 버렸어.

→

(4) 그것으로 퐁당 과자를 만들 거야.

→

C. 다음 주어진 문구가 알맞은 문장이 되도록 순서를 맞춰 보세요.

(1) 우리는 그런 것에 개의치 않아.
   (a / that / We / about / give / don't / hoot)
   →

(2) 아저씨가 어떻게 작별 인사를 하셨는지 정말 봤어야 했는데.
   (seen / ought to / You / really / have)

   _____ how he said good-
   by to us.

(3) 그것으로는 더욱 더 비참해지는 것을 막아주지 못해.
   (miserable / prevent / It / even / being / me / doesn't / more /
   from)
   →

(4) 신경이 자주 예민해져.
   (get / me / nerves / My / the / of / often / better)
   →

D. 다음 단어에 대한 맞는 설명과 연결해 보세요.

(1) petrify   ▶   ◀ ① state of great confusion

(2) tumult   ▶   ◀ ② becomes less strong or loud

(3) subside   ▶   ◀ ③ loud and high-pitched

(4) penetrating   ▶   ◀ ④ feel very frightened

방"을 가까이 두고 꽉 잡았어. 우리는 갈 곳이 없으니까. (4) 반 단 아주머니는, 몇 주 전부터 뒤셀 씨가
한턱내야 한다고 생각한다는 사실을 솔직히 얘기했었지만 아무것도 받지 못했어. | B. (1) nothing but
Anne's eyes (2) (2) He will have to stay there for at least four weeks. (3) I've become very short-
sighted. (4) I'll have it made into fondants. | C. (1) We don't give a hoot about that. (2) You really
ought to have seen (3) It doesn't prevent me from being even more miserable. (4) My nerves often
get the better of me. | D. (1) ④ (2) ① (3) ② (4) ③

193

6

Thursday, 6 January, 1944
1944년 1월 6일 목요일

Dear Kitty,
키티에게,

My longing to talk to someone / became so intense / that
누군가와 이야기 하고 싶다는 열망이   아주 강해져서

somehow or other / I took it into my head / to choose Peter.
그럭저럭   생각해 내게 되었어   페터를 선택하기로.

Sometimes if I've been upstairs into Peter's room / during
때때로 위층에 있는 페터의 방에 가면

the day, / it always struck me as very snug, / but because
낮에,   아주 아늑하게 여겨졌지만,

Peter is so retiring / and would never turn anyone out
페터가 매우 수줍은데다가   사람을 거절하지 못해서

/ who became a nuisance, / I never dared stay long, /
무례하게 가라며,   오래 머무를 수 없었지,

because I was afraid / he might think me a bore. I tried
왜냐하면 걱정됐기 때문이야   그 애가 날 지루하다고 생각할까 봐.

to think of an excuse / to stay in his room / and get him
핑계거리를 생각해 내려 했고   그 방에 있을 수 있는   말을 시키려 했어,

talking, / without it being too noticeable, / and my chance
너무 티 나지 않게,

came yesterday. Peter has a mania for crossword puzzles
그리고 어제 기회가 왔지.   페터는 낱말 맞추기에 푹 빠져 있어서

/ at the moment / and hardly does anything else. I helped
요즘   다른 것은 거의 하지 않아.   난 페터가 낱말

him with them / and we soon sat opposite each other / at
맞추는 것을 도와줬고   우리는 금새 마주 앉게 되었지

his little table, / he on the chair and me on the divan.
그 애의 작은 테이블에,   페터는 의자에 앉고 난 침대에 앉아서.

---

snug 아늑한, 편안한 | retiring 내성적인, 수줍은 | turn out 결국은 ~이 되다 | nuisance 남에게 폐가 되는 사람 |
crossword puzzle 낱말 맞추기 | helplessness 무력함 | trace 자취, 흔적 | refrain from 그만두다   beseech
간청하다, 애원하다 | patronage 친절을 베풀기 | repellent 불쾌한, 싫은

It gave me a queer feeling / each time I looked into his
이상한 기분이 들었고   페터의 짙푸른 눈을 들여다 볼 때마다,

deep blue eyes, / and he sat there / with that mysterious
그 애는 앉아 있었어   야릇한 웃음을 지으며

laugh / playing round his lips. I was able to read his
입술에 떠도는.   페터의 속마음을 읽을 수 있었지.

inward thoughts. I could see on his face / that look of
얼굴에서 볼 수 있었어

helplessness and uncertainty / how to behave, / and, /
무력함과 불확실함의 표정을   어떻게 행동해야 할지 모르는, 그리고,

at the same time, / a trace of his sense of manhood. I
동시에,   남성성의 흔적을.

noticed his shy manner / and it made me feel very gentle;
그 애의 수줍어하는 모습을 알아채니,   마음이 온화해졌어;

/ I couldn't refrain from meeting / those dark eyes / again
마주치는 것을 그만둘 수 없는 거야   그 짙은 눈을

and again, / and with my whole heart / I almost beseeched
계속해서,   내 마음을 다해   거의 애원할 뻔 했다니까;

him; / oh, tell me, / what is going on inside you, / oh, /
아, 말해 줘,   넌 속으로 무슨 생각을 하고 있니   아,

can't you look beyond / this ridiculous chatter?
그만둘 수 없겠니   이런 쓸데없는 잡담을?

But the evening passed / and nothing happened, / except
하지만 저녁이 지나가도록   아무 일도 일어나지 않았어,

that I told him / about blushing / — naturally not what I
내가 얘기한 것을 빼면   얼굴이 붉어지는 것에 대해   — 당연히 내가 네게 쓴 것은 아니지만,

have written, / but just so that he would become more sure
페터가 자기 자신에 대해 더욱 확신을 갖게 될 것이라고

of himself / as he grew older.
어른이 되면.

When I lay in bed / and thought over the whole situation,
침대에 누워서   그 전체 상황에 대해 생각해 봤지,

/ I found it far from encouraging, / and the idea that I
별로 고무적인 일은 아니었고,

should beg for Peter's patronage / was simply repellent.
페터에게 친절을 구걸한다는 생각이   그저 싫어졌을 뿐이야.

One can do a lot / to satisfy one's longings, / which
일을 많이 해야 해   자신이 원하는 바를 이루기 위해서는,

certainly sticks out in my case, / for I have made up my
내 경우에는 정당하게 한 거지,   결심했으니까

mind / to go and sit with Peter / more often / and to get
페터에게 가서 함께 앉아   더 자주   말을 시켜야겠다고

him talking / somehow or other.
어떤 식으로든.

Whatever you do, / don't think I'm in love with Peter
네가 뭐라 하든,   페터와 사랑에 빠졌다고는 생각지 않아

/ — not a bit of it! If the Van Daans had had a daughter
— 전혀 아니야!   반 단 가족에게 딸이 있었다면

/ instead of a son, / I should have tried / to make friends
아들 대신,   노력했어야 할 거야   그 애와 친구가 되려고

with her / too.
역시.

I woke at about five to seven / this morning / and knew
7시 5분에 깨서   오늘 아침에는   즉시 알았어,

at once, / quite positively, / what I had dreamed. I sat on
꽤 분명히,   무슨 꿈을 꾸었는지.   난 의자에 앉

a chair / and opposite me / sat Peter…Wessel.
아 있었고   내 맞은편에는   페터… 베셀이었어.

Key Expression ❢

가정법 과거/과거완료

현재 사실의 반대를 가정할 때에는 가정법 과거를, 과거 사실의 반대를 가정할 때에는 가정법 과거완료를 사용합니다.

▶ 가정법 과거
  → if + 주어 + were/과거동사, 주어 would/should/could/might + 동사원형 ~
▶ 가정법 과거완료
  → if + 주어 + had p.p~, 주어 would/should/could/might + have p.p ~

ex) If I had only known, I would have come to you long before!
   내가 알기만 했더라면, 오래 전에 네게 왔을 텐데!

   If I went on running after him, I should soon get the name of being boy-mad.
   내가 그를 계속 쫓아간다면, 곧 남자에게 미쳤다는 악명을 얻게 될 텐데.

We were looking together / at a book of drawing by
우리는 함께 보고 있었어 　　　　　　　 마리 보스의 화보집을.

Mary Bos. The dream was so vivid / that I can still partly
꿈은 아주 생생해서 　　　　　　 아직 그 그림의 일부를 기억할 수

remember the drawings. But that was not all / — the dream
있을 정도야. 　　　　　 그뿐이 아니었어 　　　　　 — 꿈은 계속되었지.

went on. Suddenly Peter's eyes met mine / and I looked into
갑자기 페터의 눈이 내 눈과 마주쳤고 　　　　　 난 들여다 보았어

/ those fine, velvet brown eyes / for a long time. Then Peter
그 예쁘고, 부드러운 갈색 눈을 　　　　 오랫동안. 　　　　 그러자 페터가 아주

said very softly, / "If I had only known, / I would have come
부드럽게 말했어, 　　　 "내가 알았더라면, 　　　　 네게 왔을 텐데

to you / long before!" I turned around brusquely / because
너에게 　　 오래 전에!" 난 퉁명스럽게 돌아섰어

the emotion was too much for me. And after that / I felt / a
감정이 너무 벅차 올라서. 　　　　　　 그리고 나서 　　 느껴졌지

soft, and oh, such a cool kind cheek / against mine / and it
부드럽고, 아, 차갑고 다정한 뺨이 　　　　　 내 뺨에 .

felt so good, so good⋯
아주 좋았어, 아주 좋았어 ⋯

I awoke at this point, / while I could still feel / his cheek
이 시점에서 잠이 깼어 　　　　 여전히 느껴졌지 　　　　 페터의 뺨이 내 뺨에

against mine / and felt his brown eyes / looking deep into
닿는 것이 　　　 그리고 갈색 눈도 　　　 내 마음 깊숙한 곳을 바라보는,

my heart, / so deep, / that there he read / how much I had
내 마음, 　　 아주 깊숙한, 　　 내 마음속에서 페터는 읽었지 얼마나 그를 사랑했는지

loved him / and how much I still love him. Tears sprang into
아직도 얼마나 사랑하고 있는지. 　　　　　 내 눈에 눈물이 고였고

my eyes / once more, / and I was very sad / that I had lost
다시 한 번, 　　　 난 매우 슬펐지만 　　　 페터를 다시 잃었다는

him again, / but at the same time glad / because it made me
사실에, 　　　 동시에 기뻤어 　　　 분명히 느낄 수 있었으니까

feel quite certain / that Peter was still the chosen one.
내가 여전히 페터를 선택했다는 사실을.

---

stick out 분명하다, 정당성을 계속 주장하다 | velvet 매끄럽고 부드러운 | brusquely 무뚝뚝하게, 퉁명하게

It is strange / that I should often see / such vivid images
이상한 일이지   종종 보게 되는 것이   그런 선명한 영상을

/ in my dreams here. First / I saw *Grandma so clearly
이곳에서 꿈을 꿀 때면.   처음에는 친할머니를 아주 분명하게 봤는데

/ one night / that I could even distinguish / her thick,
어느 날 밤   심지어 구별할 수 있을 정도였어   할머니의 두껍고,

soft, wrinkled velvety skin. Then Granny appeared / as
부드러우며, 주름진 매끄러운 피부까지.   그때 외할머니는 나타나셨어

a guardian angel; / then followed Lies, / who seems to be
마치 수호천사처럼;   그리고 나서 리스가 나타났는데,   리스는 내게 상징같은 거야

a symbol to me / of the sufferings of all my girl friends
고통 받는 내 모든 여자 친구들과 유대인의.

and all Jews. When I pray for her, / I pray for all Jews
내가 리스를 위해 기도할 때에는,   모든 유대인과 모든 사람들을 위해

and all those / in need. And now Peter, / my darling Peter
기도하는 거야   도움이 필요한. 그리고 지금은 페터야,   내 사랑 페터

/ — never before have I had / such a clear picture of him
— 전에는 본 적이 없어   그렇게 선명한 영상을

/ in my mind. I don't need a photo of him, / I can see him
마음 속에서.   사진도 필요없어,   페터를 볼 수 있으니까

/ before my eyes, / and oh, so well!
내 눈 앞에,   게다가, 아주 선명하게!

Yours, Anne
안네가

Friday, 7 January, 1944
1944년 1월 7일 금요일

Dear Kitty,
키티에게,

What a silly ass I am! I am quite forgetting / that I have
난 정말 바보같아!   잊고 있었네   네게 말한 적 없다는

never told you / the history of myself and all my boy
것을   나와 내 남자 친구들에 관해서.

friends.

When I was quite small / — I was even still at a
내가 아주 어렸을 때   — 심지어 아직 유치원에 다니고 있었어 —

kindergarten — / I became attached to Karel Samson.
                    카렐 삼손을 좋아하게 되었지.

He had lost his father, / and he and his mother lived with
카렐은 아빠가 없었고,   카렐 엄마는 이모와 함께 살고 있었어.

an aunt. One of Karel's cousins, / Robby, / was a slender,
          카렐 사촌 중 한 명인,   로비는,   호리호리하고,

/ good-looking dark boy, / who aroused more admiration
잘 생긴 까무잡잡한 소년이었는데,   인기가 더 많았어

/ than the little, / humorous fellow, / Karel. But looks did
작고,   익살스러운 친구였던,   카렐보다. 하지만 외모는 내게

not count with me / and I was very fond of Karel / for
중요하지 않았기에   카렐을 아주 좋아했지

years.
몇 년 동안.

We used to be together a lot / for quite a long time, / but
우리는 많은 시간을 함께했지만   아주 오랫동안,

for the rest, / my love was unreturned.
그 후,   내 사랑은 돌아오지 않았어.

* Grandma는 친할머니를 가리키고, Granny는 외할머니를 가리킨다.

slender 호리호리한 | arouse [감정 따위를] 자극하다 | admiration 감탄, 탄복 | count 가치가 있다, 중요하다 |
for the rest 다른 일은, 나머지는

Then Peter crossed my path, / and in my childish way
그리고 나서 페터와 마주쳤고,   어린 아이같은 방식으로

/ I really fell in love. He liked me very much, / too, /
정말 사랑에 빠지게 된 거지.   페터도 날 아주 많이 좋아했고,   역시,

and we were inseparable / for one whole summer. I can
우리는 떨어질 줄 몰랐어   한 해 여름 내내.

still remember / us walking hand in hand / through the
아직도 기억해   손을 잡고 걷던 일을   거리를 통과해서

streets / together, / he in a white cotton suit / and me in a
함께,   페터는 하얀 면 옷을 입었고   난 짧은 여름 원피스

short summer dress. At the end of the summer holidays /
를 입고 있었지.   여름 방학이 끝나자

he went into the first form of the high school / and I into
페터는 고등학교 1학년이 되었고

the sixth form of the lower school. He used to meet me
난 초등학교 6학년이 되었어.   페터는 학교에서 날 만나러 왔고,

from school and, / vice versa, / I would meet him. Peter
반대로,   나도 페터를 만나러 가곤 했어.

was a very good-looking boy, / tall, / handsome, / and
페터는 굉장히 잘생긴 소년이었어,   키 크고,   잘 생기고,   그리고 날씬

slim, / with an earnest, / calm, / intelligent face. He had
한데다,   성실하고,   차분하며,   지적인 얼굴을 가졌지.   짙은 색의 머리

dark hair, / and wonderful brown eyes, / ruddy cheeks,
카락에,   눈은 아름다운 갈색이었고,   볼은 발그레했으며,

/ and a pointed nose. I was mad about his laugh, / above
코는 오뚝했어.   난 그의 웃음을 정말 좋아했어,   무엇보다도,

all, / when he looked so mischievous and naughty!
웃을 때에는 장난꾸러기에 개구쟁이처럼 보였거든!

I went to the country for the holidays; / when I returned,
난 휴가를 보내러 시골에 갔는데;   돌아와서 보니,

/ Peter had in the meantime moved, / and a much older
페터는 그 동안 이사했고,   훨씬 나이 많은 소년이 살고

boy lived / in the same house. He apparently drew Peter's
있었어   그 집에.   그 소년은 분명히 페터에게 사실을 눈여겨보

attention to the fact that / I was a childish little imp, /
라고 했을 테고   내가 유치한 어린 악동이라는,

and Peter gave me up. I adored him / so that I didn't want to
페터는 날 포기했어.　　　　　그를 아주 좋아해서　진실을 받아들이려 하지 않았지.

face the truth. I tried to hold on to him / until it dawned on
페터에게 매달리려고 했고　　　마침내 깨닫게 되었어

me / that if I went on running after him / I should soon get
내가 계속 페터를 쫓아다니면　　　　　악명을 얻을 것이라는 사실을

the name / of being boy-mad. The years passed. Peter went
남자에게 미쳤다는.　　몇 년이 흘렀지.　　　페터는 소녀들과

around / with girls of his own age / and didn't even think of
다녔고　　자기 또래의　　　내게 "안녕"이라는 인사조차 하려 하지

saying "Hello" to me / any more; / but I couldn't forget him.
않았지만　　더 이상;　　난 페터를 잊을 수 없었지.

I went to the Jewish Secondary School. Lots of boys in
유대인 중학교에 가게 되었어.　　　　　우리 반의 많은 남자 아이들이

our class / were keen on me / — I thought it was fun, / felt
날 좋아했어　　　— 재미있다고 생각했지,　　자랑스럽

honored, / but was otherwise quite untouched. Then later
기도 했지만,　　그다지 감동받지 않았어.　　　그리고 나중에,

on, / Harry was mad about me, / but, / as I've already told
해리가 내게 폭 빠졌어,　　　그렇지만, 이미 말한 대로,

you, / I never fell in love again.
다시는 사랑에 빠지지 않았지.

There is a saying / "Time heals all wounds," / and so it was
말이 있어　　　"시간이 모든 상처를 낫게 한다"라는,

with me. I imagined / that I had forgotten Peter / and that
내게도 그랬어. 생각했지　　페터를 잊었고

I didn't like him a bit / any more. The memory of him, /
조금도 좋아하지 않는다고　더 이상.　페터에 관한 추억은,

however, / lived so strongly / in my subconscious mind /
그러나,　　아주 강렬하게 남아 있었고　내 무의식 속에

that I admitted to myself / sometimes I was jealous of the
인정해　　　　가끔은 다른 소녀들을 질투했고,

other girls, / and that was why I didn't like him / any more.
　　그래서 페터를 좋아하지 않게 되었다고　　더 이상.

cross one's path (뜻밖에) 남과 마주치다 | inseparable 떨어질 수 없는 | ruddy 불그스레한, 혈색이 좋은 |
mischievous 장난꾸러기의, 짓궂은 | naughty 개구쟁이의 | apparently 분명히 | draw one's attention to
~에 주의를 쏠리게 하다 | imp 악동 | hold on to [사람 따위]를 꽉 붙잡고 떨어지지 않다 | dawn on 이해되기
시작하다, 분명해지다 | keen on 아주 좋아하는 | subconscious mind 잠재 의식, 무의식

This morning / I knew / that nothing has changed; / on
오늘 아침에   알게 되었어   아무것도 변하지 않았다는 것을;

the contrary, / as I grew older and more mature / my love
반대로,   내가 더 자라고 성숙해짐에 따라   사랑도 내 안

grew with me. I can quite understand now / that Peter
에서 자라났어.   이제야 이해할 수 있지만   페터가 날 유치하다고

thought me childish, / and yet it still hurt / that he had so
생각했다는 것을,   아직도 상처가 돼

completely forgotten me. His face was shown so clearly
페터가 날 완전히 잊었다는 것은.   내게는 그의 얼굴이 아주 선명했지만,

to me, / and now I know / that no one else could remain
이제 알아   아무도 내게 남을 수 없다는 것을

with me / like he does.
페터가 그런 것처럼.

I am completely upset / by the dream. When Daddy
완전히 혼란스러워   꿈 때문에.   아빠가 내게 입맞췄을 때

kissed me / this morning, / I could have cried out: / "Oh,
오늘 아침에,   소리지를 뻔 했어:

if only you were Peter!" I think of him / all the time /
"아, 아빠가 페터였으면!"   페터를 생각하고 있고   계속

and I keep repeating to myself / the whole day, "Oh,
중얼거리곤 해   하루 종일,   "오 페텔,

Petel, / darling, / darling Petel…!"
사랑하는,   사랑하는 페텔…!"

Who can help me now? I must live on / and pray to God
지금 누가 날 도와줄 수 있을까?   난 살아야만 하고   신께 기도할 거야

/ that He will let Peter cross my path / when I come out
페터를 다시 만나게 해 주시고   여기에서 나가게 되면,

of here, / and that when he reads the love / in my eyes /
그가 사랑을 읽고   내 눈 속에서

he will say, / "Oh, Anne, / if I had only known, / I would
말하게 해 달라고,   "아, 안네   알았더라면,

have come to you / long before!"
네게 왔을 텐데   오래 전에!"

I saw my face in the mirror / and it looks quite different.
거울에서 내 얼굴을 봤는데　　　　　꽤 달라 보이더라.

My eyes look so clear and deep, / my cheeks are pink
내 눈은 아주 맑고 깊으며,　　　　　　　빰은 분홍빛이며

/ — which they haven't been for weeks — / my mouth
— 몇 주 동안이나 붉어진 적이 없었는데 말이야 —　　　입술은 훨씬 부드러워;

is much softer; / I look as if I am happy, / and yet there
　　　　　　　마치 행복한 것처럼 보이지만,

is something so sad / in my expression / and my smile
뭔가 큰 슬픔이 있고　　　내 표정에는　　　미소는

/ slips away from my lips / as soon as it has come. I'm
　입술에서 사라져 버리지　　　나타나자 마자.

not happy, / because I might know / that Peter's thoughts
행복하지 않지만,　　알기 때문에　　　페터의 마음에는 내가 있지 않다는

are not with me, / and yet I still feel / his wonderful eyes
것을,　　　　　　하지만 여전히 느껴　　　그의 아름다운 눈이 내게 머물고

upon me / and his cool soft cheek against mine.
　　　그의 차갑고 부드러운 빰이 내 빰에 맞닿아 있는 것을.

Oh, Petel, / Petel, / how will I ever free myself of your
아, 페텔,　　페텔,　　어떻게 하면 네 모습을 잊을 수 있을까?

image? Wouldn't any other in your place / be a miserable
　　　　네 자리를 대신하는 누군가　　　　　불행한 대용품이 되는 것

substitute? I love you, / and with such a great love / that
은 아니겠지?　사랑해,　　　그리고 그런 큰 사랑은

it can't grow in my heart any more / but has to leap out
내 마음속에서만 더 이상 자라지 못하고　　　뛰쳐 나와서

into the open / and suddenly manifest itself / in such a
　　　　갑자기 자신의 존재를 드러내는 거야

devastating way!
그런 강렬한 방법으로!

expression 표정 | substitute 대용물 | manifest 분명하게 보여 주다 | devastating 지독한, 파괴하는

A week ago, / even yesterday, / if anyone had asked me, /
일주일 전에,   아니 어제라도,   누군가 내게 물어봤다면,

"Which of your friends / do you consider / would be the
"어떤 친구가   네가 생각하기에

most suitable to marry?" / I would have answered, / "I don't
결혼하기 가장 알맞은 사람이니?"라고   대답했겠지만,   "모르겠어"

know"; / but now I would cry, / "Petel, / because I love him
라고;   지금은 울지도 몰라,   "페텔,   그를 사랑하니까

/ with all my heart and soul. I give myself completely!" But
모든 마음과 영혼을 다 바쳐서.   내 자신을 완전히 바칠 수도 있어!"

one thing, / he may touch my face, / but no more.
하지만 한 가지,   내 얼굴을 만질 수는 있지만,   더 이상은 안 돼.

Once, / when we spoke about sex, / Daddy told me / that I
예전에,   성관계에 관해 이야기 했을 때,   아빠는 말씀하셨지   그

couldn't possibly understand / the longing / yet; / I always
아마도 이해하지 못할 거라고   욕정이란 것을   아직은;   하지만 난 항상 알

knew / that I did understand it / and now I understand it
고 있었고   욕정을 이해하고 있었다는 것을   지금은 완전히 이해해.

fully. Nothing is so beloved to me / now / as he, / my Petel.
무엇도 그토록 사랑스럽지 않아   지금은   그만큼,   나의 페텔.

Yours, Anne
안네가

supermodern 최신식의 | corded 끈으로 된 | in vain 보람없이, 헛되이 | limb 팔다리 | supple 나긋나긋한,
유연한 | morn 아침, 새벽

Wednesday, 12 January, 1944
1944년 1월 12일 수요일

Dear Kitty,
키티에게,

Elli has been back a fortnight. Miep and Henk were away
엘리 언니가 2주 전에 돌아왔어.　　　　　미프 아주머니와 헹크 아주머니는 일을 나오지

from their work / for two days / — they both had tummy
못하셨어　　　　　　이틀 동안　　　　— 두 분 모두 배탈이 났거든.

upsets.

I have a craze for dancing and ballet / at the moment,
난 댄스와 발레에 미쳐서　　　　　　　　　　지금,

/ and practice dance steps / evening / diligently. I have
스텝을 연습하고 있지　　　　　　저녁마다　부지런히.

made a supermodern dance frock / from a light blue
최신식의 무용복을 만들었어

petticoat edged with lace / belonging to Mansa. A ribbon
레이스를 두른 밝은 파랑색의 페티코트로　엄마가 쓰시던.

is threaded through round the top / and ties in a bow in the
목 부분에는 리본을 바느질 해 둘러서　　　가운데 나비 모양으로 묶었고,

center, / and a pink corded ribbon / completes the creation.
분홍색 실로 된 리본으로　　그 무용복을 완성했지.

I tried in vain / to convert my gym shoes / into real ballet
허사였어　　　내 운동화를 바꾸려고 했던 것은　　진짜 발레 슈즈로.

shoes. My stiff limbs are well on the way / to becoming
뻣뻣한 팔다리가 좋아지고 있어

supple again / like they used to be. One terrific exercise is /
다시 유연하게 되면서　예전처럼.　　　힘들었던 동작 한 가지는

to sit on the floor, / hold a heel in each hand, / and then lift
마루 바닥에 앉아서,　　발꿈치를 양 손에 잡고,　　　양쪽 다리를 공중으

both legs up in the air. I have to have a cushion under me, /
로 들어올리는 거야.　　　쿠션을 깔고 앉아야 해,

otherwise my poor little behind / has a rough time.
그렇지 않으면 내 불쌍한 엉덩이가　　　힘들 테니까.

Everyone here is reading the book / *Cloudless Morn.*
이곳의 모든 사람은 읽고 있어　　　　〈구름 없는 아침〉이라는 책을.

205

Mummy thought it exceptionally good; / there are a
엄마는 아주 훌륭한 책이라고 생각하시지;

lot of youth problems in it. I thought to myself / rather
청소년들의 문제가 많이 나오거든. 난 속으로 생각했지 다소 빈정대며:

ironically: / "Take a bit more trouble / with your own
"신경 쓰시죠

young people first!"
본인 자식이나 먼저!"

I believe Mummy thinks / there could be no better
엄마는 생각하시는 것 같아 더 좋은 관계가 없을 것이고

relationship / between parents and their children, /
부모와 자식 간에,

and that no one could take a greater interest / in their
더 신경을 쓰는 사람이 없을 것이라고

children's lives / than she. But quite definitely / she only
자녀들 삶에 엄마보다. 하지만 확실히

looks at Margot, / who I don't think / ever had such
엄마는 언니만 보고 있지, 내가 보기에 언니는 문제를 겪거나 생각한 적이

problems and thoughts / as I do. Still, / I wouldn't dream
없는 것 같아 나만큼. 그래도, 지적하는 것은 꿈도 꾸지 않아

of pointing out / to Mummy that, / in the case of her
엄마에게, 엄마 딸들의 경우에는,

daughters, / it isn't at all / as she imagines, / because she
전혀 그렇지 않다고 엄마가 상상하는 것처럼,

would be utterly amazed / and wouldn't know / how to
왜냐하면 엄마는 완전히 놀라실 테고 알지 못할 테니까 어떻게 바꿔야

change / anyway; / I want to save her the unhappiness /
하는지 어쨌든; 엄마를 불행에 빠뜨리고 싶지는 않아

it would cause her, / especially as I know / that for me /
그런 말이 엄마에게 가져다 줄, 특히 난 알고 있으니까 내게는

everything would remain the same / anyway.
모든 것이 똑같을 것이라는 사실을 어쨌든.

---

go in 들어가다 | phase 단계, 국면 | count for nothing 가치가 인정되지 않다, 무익하다 | as it were 말하자면,
이를테면 | at one's ease 마음 편히, 느긋하게 | browse 열람하다, 마음 내키는 대로 읽다

Mummy certainly feels / that Margot loves her / much more
엄마는 분명히 생각하고 있지만   마르흐트 언니가 엄마를 사랑한다고   나보다 훨씬 더,

than I do, / but she thinks / that this just goes in phases!
생각하시지   이런 상황은 어떤 단계일 뿐이라고!

Margot has grown so sweet; / she seems quite different /
언니는 아주 상냥해졌어;   완전히 달라 보여

from what she used to be, / isn't nearly so catty / these days
예전의 언니와는,   얄미운 짓도 거의 하지 않고   요즘에는

/ and is becoming a real friend. Nor does she any longer
진정한 친구가 되고 있어.   또 더 이상 생각하지도 않아

regard / me as a little kid / who counts for nothing.
내가 어린 아이라고   아무 가치가 없는.

I have an odd way of / sometimes, / as it were, / being able
난 이상한 방법을 쓰곤 해   때때로   이를테면,

to see myself / through someone else's eyes. Then I view
내 자신을 보는 거야   다른 사람의 눈을 통해.   그러면 보면서

/ the affairs of a certain "Anne" / at my ease, / and browse
"안네"라는 사람에게 일어난 사건들을   편안하게,   훑어보는 거야

/ through the pages of her life / as if she were a stranger.
안네의 인생 페이지를 통해   마치 이방인이라도 된 것처럼.

Before we came here, / when I didn't think about things /
우리가 이곳에 오기 전에, 여러 가지 일들에 대해 생각하지 않았을 때

as much as I do now, / I used at times to have the feeling /
지금처럼 많이, 때로는 느끼곤 했어

that I would always be a bit of an outsider. Sometimes / I
난 언제나 일종의 제3자같다고. 가끔은

used to pretend I was an orphan, / until I reproached and
고아인 체 하기도 했었지, 그러다 내 자신을 꾸짖고 벌을 줬어

punished myself, / telling myself / it was all my own fault
스스로에게 말하면서 모두 내 잘못이라고

/ that I played this self-pitying role, / when I was really so
이런 불쌍한 역할 놀이를 하는 것은, 내가 정말 운이 좋았을 때.

fortunate. Then came the time / that I used to force myself
그리고 나서 그런 시간이 다가왔어 내 자신에게 강요하는

/ to be friendly. Every morning, / as soon as someone
친절해지도록. 매일 아침, 누군가 아래층에 오자마자

came downstairs / I hoped / that it would be Mummy
난 바랐어 그 사람이 엄마이기를

/ who would say good morning to me; / I greeted her
내게 아침 인사를 해 주는; 그리고 엄마에게 따뜻하게

warmly, / because I really longed / for her to look lovingly
인사했어, 진짜 바랐으니까 엄마가 날 사랑하는 눈으로 바라봐

at me. Then she made some remark or other / that seemed
주기를. 그러면 엄마는 몇 마디 정도 하실 뿐이었지

unfriendly disheartened. On the way home / I would
퉁명스럽고 의기소침하게. 집으로 가는 길에

make excuses for her / because she had so many worries, /
엄마를 위해 핑계거리를 만들곤 했어 걱정거리가 많기 때문일 거라고,

arrive home very cheerful, / chatter nineteen to the dozen,
집에 도착할 때에는 아주 기분이 좋아져서, 마구 떠들어 대곤 하다가,

/ until I began repeating myself, / and left the room /
그러다 같은 말을 되풀이 하고, 방을 나갔지

wearing a pensive expression, / my satchel under my arm.
구슬픈 표정으로, 책가방을 팔에 끼고.

Sometimes I decided to remain cross, / but when I came
때로는 토라진 채로 있으려고 결심하기도 했지만,   학교에서 집으로 올 때는

home from school / I always had so much news / that
언제나 매우 많은 소식이 있어서

my resolutions were gone with the wind / and Mummy,
결심들은 바람처럼 사라지고   엄마는,

/ whatever she might be doing, / had to lend an ear to all
뭘 하고 계시든지,   내 모험담에 귀를 기울이셔야 했어.

my adventures. Then the time came once more / when I
그러다가 다시 한 번 때가 온 거지   발소리에 귀

didn't listen / for footsteps on the staircase / any longer, /
기울이지 않고,   계단에서 울리는 발소리에   더 이상,

and at night / my pillow was wet with tears.
밤이면   눈물로 베개를 적셨던.

Everything grew much worse / at that point; / enfin, /
모든 상황이 더욱 더 악화되었고   그때;   마침내,

you know all about it.
너도 아는 이런 상황이 된 거야.

Now God has sent me a helper / — Peter··· / I just clasp
이제 신이 내게 조력자를 보내셨어   — 페터라는···   난 그저 내 목걸이를

my pendant, / kiss it, / and think to myself, / "What do I
꼭 쥐고,   입맞추고,   혼자 생각해,

care about the lot of them! Peter belongs to me / and no
"그런 것에 신경 쓸 게 뭐람!   내게는 페터가 있고

one knows anything about it" This way / I can get over
아무도 그 사실을 모르지"   이런 식으로   모든 냉대를 극복할 수

all the snubs / I receive. Who would ever think / that so
있어   내가 받는.   누가 생각이나 할까   그렇게 많은

much can go on / in the soul of a young girl?
생각이 오가고 있으리라고   어린 소녀의 머리 속에서?

Yours, Anne
안네가

---

reproach 꾸짖다, 비난하다 | disheartened 낙담시키는, 의기소침하게 하는 | chatter nineteen to dozen 마구
지껄여대다 | repeat oneself 같은 말을 되풀이하다 | pensive 애수를 띤, 구슬픈 | resolution 결의, 결심 | enfin
마침내, 드디어 | clasp 꽉 쥐다 | snub 냉대

Saturday, 22 January, 1944
1944년 1월 22일 토요일

Dear Kitty,
키티에게,

I wonder / whether you can tell me / why it is / that
궁금해　　네가 말해 줄 수 있는지　　도대체 왜

people always try so hard / to hide their real feelings?
사람들은 언제나 그렇게 애쓰는 걸까　　진심을 감추려고?

How is it / that I always behave quite differently / from
도대체 어째서　　난 항상 다르게 행동하는 걸까

what I should / in other people's company?
해야 하는 행동과　　다른 사람들 앞에서?

Why do we trust one another so little? I know / there
우리는 왜 서로를 거의 신뢰하지 않는 걸까?　　알지만

must be a reason, / but still I sometimes think / it's
이유가 있을 거라는 것을,　　그래도 때때로 생각하곤 해

horrible / that you find / you can never really confide in
끔찍하다고　　알게 되는 것은　　결코 사람들한테 속마음을 털어놓을 수 없다는 것을,

people, / even in those who are nearest to you.
심지어 제일 가까운 사람에게도.

It seems as if I've grown up a lot / since my dream the
내 자신은 꽤 성장한 것 같아　　지난번 꿈 이후로.

other night. I'm much more of an "independent being."
훨씬 더 "독립적인 사람"이 되었어.

You'll certainly be amazed / when I tell you / that even
너도 깜짝 놀랄 거야　　내가 이야기 하면

my attitude towards the Van Daans / has changed. I
심지어 반 단 가족에 대한 내 태도도　　변했다는 것을.

suddenly see / all the arguments and the rest of it / in a
갑자기 보게 되었고　　모든 언쟁이나 그 외 것들을

different light, / and am not as prejudiced as I was.
다른 시각으로,　　이제는 예전처럼 편견을 가지지 않아.

light 견해, 견지 | if it were not for ~이 없다면 | tricky 다루기 힘든, 까다로운 | stinginess 인색함 |
underhandedness 음흉함 | get on the wrong side of ~의 마음에 들지 않다 | seize on 기회를 포착하다

How can I have changed so much? Yes, / you see / it
어떻게 이렇게나 많이 변했을까?　　　　　　　　그래,　알다시피

suddenly struck me / that if Mummy had been different,
갑자기 생각이 들었어　　　　엄마가 지금과 달리,

/ a real Mumsie, / the relationship might have been /
진짜 따뜻한 엄마였다면,　엄마와의 관계도 어쩌면

quite, quite different. It's true / that Mrs. Van Daan is by
아주, 아주 달랐을지도 모르겠다고. 사실이지만　반 단 아주머니가 결코 좋은 사람이 아니라는

no means a nice person, / but still I do think / that half
것은,　　　　　　　　　　아직도 생각해

the quarrels could be avoided / if it weren't for the fact /
싸움의 반은 피할 수 있었을 거라고　그런 일만 없었다면

that when the conversation gets tricky / Mummy is a bit
대화가 까다로워졌을 때　　　　　　엄마도 역시 좀 어렵게 굴어서.

difficult too.

Mrs. Van Daan has one good side, / and that is that you
반 단 아주머니도 한 가지 좋은 면이 있는데,　　　그것은 이야기를 할 수 있다는 것이지.

can talk to her. Despite all her selfishness, / stinginess, /
　　　　　　아주머니의 모든 이기심,　　　　인색함,

and underhandedness, / you can make her give in easily,
그리고 음흉함에도 불구하고,　　아주머니를 굴복시키는 건 쉬워,

/ as long as you don't irritate her / and get on the wrong
화를 돋우지만 않고　　　　　　마음에 들지 않도록 하지만 않는다면.

side of her. This way doesn't work / every time, / but if you
이 방법이 효과가 있는 것은 아니지만　항상,

have patience / you can try again / and see how far you get.
인내심을 가지면　다시 시도해 봐서　좀 더 나아지는 것을 볼 수 있어.

All the problems of our "upbringing," / of our being
우리 "양육 방식"에 대한 모든 문제도　　　　우리가 잘못 배웠다는,

spoiled, / the food / — it could have been quite different
　　　　음식에 관해　— 달라질 수 있었을 거야

/ if we'd remain perfectly open and friendly, / and not
우리가 완전히 열린 마음으로 상냥하게 대했다면,　　　또한 언제나 찾아내려

always only on the lookout / for something to seize on.
하지만 않았다면 말이야　　　꼬투리 잡을 거리를.

211

I know exactly / what you'll say, / Kitty: / "But, / Anne, /
난 확실히 알고 있어   네가 분명히 뭐라고 할지,   키티: "하지만,   안네,

do these words / really come from your lips? From you, /
이 말들이   진짜 네 입에서 나온 거니?   네게서,

who have had to listen to / so many harsh words / from the
들어야만 했었던   그토록 많은 험한 말을

people upstairs, / from you, / the girl who has suffered / so
위층 사람들로부터,   네게서,   괴로워했던 소녀인

many injustices? And yet they come from me.
그토록 많은 부당한 일들에? 그래도 내가 한 말이 맞아.

I want to start afresh / and try to get to the bottom of it
난 새롭게 시작하고 싶고   끝까지 해 보고 싶어,

all, / not be like the saying / "the young always follow
속담처럼 되고 싶지 않으니까   "어린 아이들은 언제나 나쁜 것만 배운다"라는.

a bad example." I want to examine / the whole matter
조사하고 싶고   모든 문제를 주의 깊게

carefully / myself / and find out / what is true / and what
직접   알아내고 싶어   무엇이 진실이고

is exaggerated. Then if I myself am disappointed in them,
무엇이 과장된 것인지.   그리고 나서 만약 반 단 가족에게 실망하게 된다면,

/ I can adopt the same line / as Mummy and Daddy; / if
같은 길을 선택할 수 있지만   엄마와 아빠같은;   그렇지

not, / I shall try first of all / to make them alter their ideas
않다면, 먼저 노력할 거야   부모님이 생각을 바꾸시도록

/ and if I don't succeed / I shall stick to my own opinions
그래서 만약 성공하지 못한다면   내 의견과 판단을 따르면 돼.

and judgment. I shall seize every opportunity / to discuss
나는 기회를 잡아서   마음을 열고 토론할

openly / all our points of argument / with Mrs. Van Daan /
거야   언쟁에 대한 모두의 관점에 대해   반 단 아주머니와의

and not be afraid of declaring / myself neutral, / even at the
그리고 두려워 하지 않으며 선언할 거야   내 자신은 중립이라고,   심지어 불리게 되

cost of being called / a "know-all." It is not that I shall be
는 대가를 치르더라도   "아는 체 하는 사람"이라고. 그것은 하겠다는 것이 아니라

know-all 아는 체하는 사람 | immovable 흔들림이 없는, 확고한 | insight 통찰력 | acquire 얻다, 습득하다

going / against my own family / but from today / there
우리 가족을 거스르는 일을　　　　오늘부터

will be no more unkind gossip / on my part.
더 이상 불친절한 험담은 하지 않겠다는 뜻이야　　내 쪽에서의.

Until now / I was immovable! I always thought / the
지금까지　　난 확고하기만 했어!　　언제나 생각했지만

Van Daans were in the wrong, / but we too are partly to
반 단 아저씨 네만 잘못했다고,　　　　우리에게도 역시 일부 책임이 있어.

blame. We have certainly been right / over the subject
우리가 확실히 옳았지만　　　　　싸움 주제에 대해서;

matter; / but handling of others / from intelligent people
남을 다룰 때는　　　　배운 사람으로서

/ (which we consider ourselves to be!) / one expects more
(우리는 자신을 그렇게 생각해!)　　　　통찰력을 발휘해야 해.

insight. I hope / that I have acquired a bit of insight / and
바라지　　내게는 어느 정도 통찰력이 있으니까　　　　그 통찰

will use it well / when the occasion arises.
력을 잘 이용하게 되기를　　때가 되었을 때.

Yours, Anne
안네가

Key Expression

at the cost of ~ : ~을 희생하여

at the cost of ~는 '~의 비용을 지불하고, ~을 희생하여'라는 의미로 at one's cost로 바꿔 쓸 수 있습니다. 비슷한 형태의 숙어도 함께 기억하세요.

▶ at the cost of ~ = at one's cost
▶ at any cost : 무슨 일이 있어도
▶ at all cost/costs : 무슨 수를 써서라도

ex) I shall not be afraid of declaring myself neutral, even at the cost of being called a "know-all."
　　"아는 체 하는 사람"이라고 불리게 되는 대가를 치르게 되더라도 중립 선언을 두려워하지 않겠어.

Thursday, 3 February, 1944
1944년 2월 3일 목요일

Dear Kitty,
키티에게,

Invasion fever / in the country / is mounting daily. If you
연합군 침공에 대한 열기가 / 온 나라에 / 날마다 높아지고 있어. / 네가 이곳

were here, / on the one hand, / you would probably feel
에 있다면, / 한편으로는, / 느낄지 모르겠지만

/ the effect of all these preparations / just as I do and, /
독일군의 준비태세의 영향을 / 내가 느끼는 것처럼,

on the other, / you would laugh at us / for making such a
다른 한편으로는, / 우리를 비웃을지도 모르지 / 이런 소동을 피우는 것에

fuss / — who knows — / perhaps for nothing.
/ — 너도 알다시피 — / 어쩌면 아무 소용없는 일에.

All the newspapers are full of the invasion / and are
신문들마다 침공에 대한 기사들로 가득하고

driving people mad / by saying that / "In the event of
사람들을 선동하고 있지 / 이런 말로 /

the English landing in Holland, / the Germans will do /
"네덜란드에 영국군이 상륙한다면, / 독일군은 할 것이다

all they can / to defend the country; / if necessary / they
가능한 모든 일을 / 방어하기 위해; / 필요 시에는

will resort to flooding." With this, / maps have been
홍수 작전마저 감행할 것이다." / 이런 기사와 함께, / 지도까지 나와 있어,

published, / on which / the parts of Holland / that will be
지도에 / / 네덜란드의 지역의 / 물에 잠길 것으로

under water / are marked. As this applies to large parts
예상되는 / 표시되어 있어. / 침수 지역은 암스테르담의 대부분이라서,

of Amsterdam, / the first question was, / what shall we
/ 첫 번째 문제는, / 우리가 뭘 할 것인가야

do / if the water / in the streets / rises to one meter? The
만약 물이 / 도로에서 / 1m 높이까지 차 오르면?

answers given by different people / vary considerably.
사람들에 따라 대답은 / 꽤 다양했어.

---

mount 높아지다, 늘다 | resort to 힘을 빌다, 쓰다 | considerably 꽤 | wade (강 따위를) 걸어서 건너다 | stagnant
고여 있는, 흐르지 않는 | collapse 무너지다, 붕괴하다 | wobbly 불안정한, 흔들리는 | ladle 국자 | stilt 죽마

"As walking or cycling is out of the question, / we shall
"걷거나 자전거를 타는 것은 불가능하니,

have to wade / through the stagnant water."
우리는 걸어야 할 거야   고여 있는 물을 헤치고.

"Of course not, / one will have to try and swim. We shall
"물론 아니지,   헤엄쳐야 할 거야.

all put on our bathing suits and caps / and swim under
수영복을 입고 수영모를 쓰고   물 밑으로 헤엄쳐야지

water / as much as possible, / then no one will see / that
가능한 한,   그러면 아무도 모를 거야   우리가

we are Jews."
유대인이라는 것을."

"Oh, what nonsense! I'd like to see the ladies swimming,
"아, 말도 안 되는 소리야!   수영하는 여자들을 보고 꽤나 보고 싶군,

/ if the rats started biting their legs!" (That was naturally
쥐들이 다리를 물기 시작하는데도!"   (이런 말을 한 건 당연히 남자였어:

a man: / just see / who screams the loudest!)
보라고   누가 가장 크게 비명을 지르는지!)

"We shan't be able to get out of the house / anyway; / the
"우리는 이 집에서 나갈 수 없을 거야   어쨌든:

warehouse will definitely collapse / if there is a flood, / it
창고는 확실히 무너지겠지   홍수가 나면,

is so wobbly already."
벌써 흔들리는 걸."

"Listen, / folks, / all joking apart, / we shall try and get a
"들어 봐,   모두들,   농담은 그만하자고,   보트를 구해 봐야겠어."

boat."

"Why bother? I know something much better. We each
"왜 귀찮은 일을?   훨씬 좋은 생각이 있어.

get hold of a wooden packing case / from the attic / and
나무 상자를 하나씩 가져와서   다락방에서

row with a soup ladle!"
수프 국자로 젓고 가면 되잖아!"

"I shall walk on stilts: / I used to be an expert at it / in
"난 죽마를 타고 걸어야겠어: 난 죽마를 아주 잘 탔었다고

my youth."
어릴 때."

215

"Henk Van Santen won't need to, / he's sure to take his
"헹크 반 산텐은 필요 없을 거야.   분명히 부인을 업고 갈 거거든,

wife on his back, / then she'll be on stilts."
          그러면 미프는 죽마를 탄 거나 다름없을 테니."

This gives you a rough idea, / doesn't it, Kit?
대략적으로 알겠지,   안 그래, 키티?

This chatter is all very amusing, / but the truth may be
이런 수다는 아주 재미있지만,   현실은 그렇지 않겠지.

otherwise. A second question about the invasion / was
          침공에 대한 두 번째 문제는

bound to arise: / what do we do / if the Germans evacuate
자연히 떠오르지: 어떻게 해야 할 것인가야   독일군이 암스테르담에서 철수한다면?

Amsterdam?

"Leave the city too, / and disguise ourselves / as best we
"역시 도시를 떠나야 하고,   변장해야지   할 수 있는 한."

can."

"Don't go, / whatever happens, / stay put! The only thing
"가면 안 돼,   무슨 일이 생기든,   가만히 있어야 해! 단지 할 일은

to do / is remain here! The Germans are quite capable / of
          이곳에 남는 것이야!   독일군은 할 수 있다고

driving the whole population right into Germany, / where
네덜란드 국민 전체를 독일로 끌고 가는 일도,

they will all die."
독일에서 모두 죽을 거야."

"Yes, / naturally, / we shall stay here, / since this is the
"맞아,   당연히,   우리는 이곳에 있어야 해,   이곳이 가장 안전한 장소이니까.

safest place. We'll try and fetch / Koophuis and his family
          불러오도록 하자고   쿠피스와 그의 가족들을

/ over here / to come and live with us. We'll try and get
이곳으로   와서 우리와 함께 살도록.   충전재를 좀 구해 보자,

hold of a sack of wood wool, / then we can sleep on the
          그러면 마루에서 잘 수 있어.

floor. Let's ask Miep and Koophuis / to start bringing
미프와 쿠피스에게 부탁하자고   담요를 이곳으로 가져오기 시작할

blankets here."
것을."

"We'll order some extra corn / in addition to our sixty
"옥수수를 추가로 좀 주문해야 해   여기 있는 60lb 외에도.

pounds. Let's get Henk to try and obtain / more peas and
헹크에게 구하라고 해 봐야지   더 많은 콩을;

beans; / we have about sixty pounds of beans / and ten
약 60lb의 콩과

pounds of peas / in the house / at present. Don't forget / that
10lb의 완두콩이 있어   집에는   현재.   잊지 마

we've got fifty tins of vegetables."
채소 통조림이 50개 있다는 것도."

"Mummy, / just count up / how much we've got of other
"엄마,   세어 보세요   다른 음식이 얼마나 더 있는지도,

food, / will you?"
그러실래요?"

"Ten tins of fish, / forty tins of milk, / ten kilos of milk
"생선 통조림 10개,   우유 40통,   가루우유 10kg,

powder, / three bottles of salad oil, / four preserving jars of
샐러드 오일 세 병,   버터 네 통,

butter, / four ditto of meat, / two wicker-covered bottles of
고기 통조림 네 통,   고리버들 세공 뚜껑으로 덮은 딸기 두 병,

strawberries, / two bottles of raspberries, / twenty bottles
라즈베리 두 병,   토마토 20병,

of tomatoes, / ten pounds of rolled oats, / eight pounds of
납작 귀리 10lb,   쌀 8lb;

rice; / and that's all.
그것이 전부야.

"Our stock's not too bad, / but if you think / that we may
"보관량이 나쁘지 않지만,   생각한다면

be having visitors as well / and drawing from reserves each
손님이 올지도 모르고   매주 비축품에서 꺼내 먹는다는 것을,

week, / then it seems more / than it actually is. We have
더 많아야 할 것 같아   실제 있는 것보다.

sufficient coal and firewood / in the house, / also candles.
석탄과 장작은 충분해   집에,   양초도 충분하고.

be bound to 반드시 ~하다 | evacuate 철수하다, 퇴각하다 | disguise 변장하다, 위장하다 | stay put 잠자코
가만히 있다 | wood wool 목모(木毛) 충격 방지를 위해 포장 속에 채워 넣는 재료 | wicker 고리버들 세공 | rolled
oat 납작 귀리

Let's all make little moneybags, / which could easily be
모두 작은 돈지갑을 만들자고, 쉽게 숨길 수 있는,

hidden / in our clothing, / in case we want to take money
옷 속에 돈을 가져가야 할 때를 대비해서.

with us.

"We'll make lists / of the most important things / to take,
"목록을 만들 거야 중요한 물건들의 가져가야 할,

/ should we have to run for it, / and pack rucksacks now
물건을 서둘러 가져와서, 지금 가방을 싸 두자

/ in readiness. If it gets that far, / we'll put two people on
만약을 대비해서. 사태가 긴박해지면, 두 사람씩 망을 보게 해야 할 거야,

watch, / one in the front / and one in the back loft. I say,
한 명은 앞쪽에 그리고 한 명은 뒤쪽 다락방에. 말하자면,

what's the use of collecting such stocks of food, / if we
음식을 저장해 둔 것이 무슨 소용이지, 우리에게

haven't / any water, / gas, / or electricity?"
없다면 물과, 가스나, 전기가?"

"Then we must cook on the stove. Filter and boil our
"그럼 난로에서 조리해야 해. 물은 걸러서 끓여야 해.

water. We'll clean out some large wicker bottles / and store
커다란 고리버들 병을 비워서

water in them."
그 안에 물을 보관해야지."

I hear nothing but this sort of talk / the whole day
이런 얘기들만 들려 하루 종일,

long, / invasion and nothing but invasion, / arguments
침공 그리고 또 침공, 고생에 대한 논쟁들

about suffering / from hunger, / dying, / bombs, / fire
굶주림, 죽음, 폭탄,

extinguishers, / sleeping bags, / Jewish vouchers, /
소화기, 침낭, 유대인 증명서,

poisonous gases, / etc., etc. None of it is exactly cheering.
독가스, 등등으로 인한. 즐거운 이야기는 하나도 없어.

run for ~을 부르러 달려가다 | in readiness 준비를 갖추고, 대비하여 | at one's disposal 마음대로, 뜻대로 |
shank's mare 자기의 다리, 도보

The gentlemen in the "Secret Annexe" / give pretty
"은신처"의 신사들은   꽤 직설적인 경고를 하지;

straightforward warnings; / an example is the following
                     예를 들면 다음과 같은 대화야

conversation / with Henk:
           헹크 아저씨와의.

"Secret Annexe": / "We are afraid / that if the Germans
"은신처" :   "걱정되네   독일군이 퇴각한다면,

withdraw, / they will take the whole population with
       네덜란드 국민 전체를 끌고 갈까 봐."

them."

Henk : / "That is impossible, / they haven't the trains / at
헹크 :   "불가능합니다,   기차도 없어요

their disposal."
마음대로 할."

"S.A.": / "Trains? Do you really think / they'd put civilians
"은신처" :   "기차?   자네는 정말 생각하나   시민을 기차에 실을 것이라고?

in carriages? Out of the question. They could use 'shank's
           말도 안 되네.   "자기의 다리"로 써서 걸어야 할 걸,;"

mare.;" (Per pedes apostolorum, Dussel always says.)
          (뒤셀 씨가 언제나 쓰는 말이지.)

H.: / "I don't believe a word of it, / you look on the black
헹크 : "한 마디도 믿을 수 없어요, 사물의 어두운 면만 보시는 군요.

side of everything. What would be their object / in
목적이 뭐랍니까

driving all the civilians along with them?"
모든 시민을 끌고 가는?"

"S.A.": / "Didn't you know / that Goebbels said, / 'If we
"은신처" : "모르나 괴벨스가 말한 것을,

have to withdraw, / we shall slam the doors / of all the
'우리가 퇴각해야 한다면, 문을 닫아 버리겠다

occupied countries behind us'?"
뒤에 남은 모든 점령국의'?"

H.: / "They have said so much already."
헹크 : "그런 말은 이미 여러 번 했어요."

"S.A.": / "Do you think / the Germans are above doing
"은신처" : "생각하나 독일군이 그런 일을 할 만한 사람들이 아니라고

such a thing / or too humane? What they think is this:
아니면 너무 인간적이라고? 그들은 이렇게 생각하고 있어:

/ 'If we have got to go down, / then everybody in our
'우리가 몰락한다면, 손아귀에 있는 모든 사람 역시

clutches / will go down with us.'"
우리와 함께 몰락해야 해.'"

H.: / "Tell that to the Marines; / I just don't believe it!"
헹크 : "그런 소리를 누가 믿어요; 난 믿지 않아요!"

"S.A.": / "It's always the same song; / no one will see /
"은신처" : "항상 같은 식이지; 아무도 볼 수 없겠지

danger approaching / until it is actually on top of him."
다가오는 위험을 자신에게 실제로 덮칠 때까지."

H.: / "But you know nothing definite; / you just simply
헹크 : "하지만 확실히 모르잖아요; 단지 추측일 뿐이잖아요."

suppose."

slam 꽝 닫다 | tell that to the Marines 그 따위 소리를 누가 믿는담 | propaganda 선전 활동 | spare 아껴두다,
하지 않고 남겨 두다

"S.A.": / "We have all been through it / ourselves, / first in
"은신처" :   "우리는 실제 겪었어,   처음에는

Germany, / and then here. And what is going on in Russia?"
독일에서,   그리고 이곳에서.   그리고 러시아에서 무슨 일이 벌어지고 있나?"

H.: / "You mustn't include the Jews. I don't think / anyone
헨크 :   "유대인 이야기를 포함시켜서는 안 돼요.   생각하지 않아요   누구라도 알고

knows / what is going on in Russia. The English and the
있다고는   러시아에서 무슨 일이 벌어지는지.   영국과 러시아도 확실히

Russians are sure / to exaggerate things / for propaganda
                      사건을 과장하고 있어요   선전 활동을 목적으로,

purposes, / just like the Germans."
독일처럼요."

"S.A.": / "Out of the question, / the English have always
"은신처" :   "말도 안 돼,   영국은 항상 진실만을 이야기 한다고

told the truth / over the wireless. And suppose they do
                라디오에서.   그리고 가정해도 영국이나 러시아가

exaggerate the news, / the facts are bad enough / anyway, /
뉴스를 과장한다고,   사실이 충분히 비참하지   어찌됐든,

because you can't deny / that many millions of peace-loving
부정하지 못할 테니까   수백만 명의 평화를 사랑하는 사람들이

people / were just simply murdered / or gassed / in Poland
그저 살해당했거나   가스실에 보내졌다는 것은

and Russia."
폴란드와 러시아에서."

I will spare you / further examples / of these conversations;
그만둬야겠어   더 이상 예를 드는 것은   이런 식의 대화의;

/ I myself keep very quiet / and don't take any notice / of all
난 아주 조용히 있고   신경 쓰지 않아

the fuss and excitement. I have now reached the stage / that
이런 모든 소동과 흥분에.   단계에 들어섰지

I don't care much / whether I live or die. The world will still
별로 신경 쓰지 않는   내가 살지 혹은 죽을지에 대해.   세상은 계속 돌아갈 테니까

keep on turning / without me; / what is going to happen, /
                      나 없이도;   일어날 일은,

will happen, / and anyway / it's no good trying to resist.
일어날테고,   어찌됐든   저항해 봐야 소용없으니까.

221

I trust to luck / and do nothing but work, / hoping / that
운에 맡기고   공부나 할래,   바라면서

all will end well.
모든 것이 잘 끝나길.

Yours, Anne
안네가

Saturday, 12 February, 1944
1944년 2월 12일 토요일

Dear Kitty,
키티에게,

The sun shining, / the sky is a deep blue, / there is a
태양은 빛나고,　　　　하늘은 짙푸르며,　　　상쾌한 바람이 불고

lovely breeze / and I'm longing / — so longing — / for
　　　　나는 열망하고 있어　　　— 너무나 —

everything. To talk, / for freedom, / for friends, / to be
모든 것을.　말하는 것을, 자유를,　　친구를,　　혼자 지내기

alone. And I do so long…to cry! I feel / as if I'm going to
를 열망해. 그리고 마음껏…울고 싶어!　느끼곤 해　울음을 터뜨릴 것 같다고,

burst, / and I know / that it would get better with crying;
알아　　울고 나면 나아질 것을;

/ but I can't, / I'm restless, / I go from one room to the
하지만 그럴 수 없어, 불안해서,　　이 방 저 방으로 왔다 갔다 하고,

other, / breathe through the crack of a closed window,
닫혀 있는 창문 틈으로 숨을 쉬어 보고,

/ feel my heart beating, / as if it is saying, / "can't you
심장 박동을 느껴,　　말하는 듯한,

satisfy my longings at last?"
"결국 내 소망을 들어주지 못하는 거니?"

I believe that it's spring within me, / I feel that spring
내 마음속에 봄이 온 것 같아,　　봄이 깨어나고 있는 것이 느껴져,

is awakening, / I feel it in my whole body and soul. It is
내 온몸과 영혼으로 느끼고 있어.

an effort to behave normally, / I feel utterly confused, /
평소처럼 행동하려고 노력하지만,　완전히 혼란스러워,

don't know / what to read, / what to write, / what to do, /
모르겠어　뭘 읽어야 할지,　뭘 써야 할지,　뭘 해야 할지,

I only know / that I am longing…!
알 뿐이야　뭔가 간절히 바란다는 것을…!

Yours, Anne
안네가

---

trust to (사람, 운 등에) 맡기다, 의지하다 | restless 불안한, 침착하지 못한 | crack 갈라진 틈

223

Monday, 14 February, 1944
1944년 2월 14일 월요일

Dear Kitty,
키티에게,

On Sunday evening / everyone except Pim and me / was
일요일 저녁에   아빠와 날 제외한 모두가

sitting beside the wireless / in order to listen to / the
라디오 옆에 앉아 있었어   듣기 위해서

"Immortal Music of the German Masters." Dussel fiddled
"독일 거장의 불멸의 음악"을.   뒤셀 씨가 라디오 채널을

with the knobs / continually. This annoyed Peter, / and
만지작거렸지   계속해서 .   페터는 짜증냈고,   다른 사람들도

the others too. After restraining himself for half an hour, /
마찬가지였지.   30분 가량 참고 있다가,

Peter asked somewhat irritably / if the twisting and turning
페터는 좀 짜증스럽게 얘기했어   이리저리 돌리는 것을 멈춰 달라고.

might stop. Dussel answered / in his most hoity-toity
뒤셀 씨가 대답했지   아주 오만한 태도로,

manner, / "I'm getting it all right." Peter became angry, /
"잘 나오게 하려는 거야."   페터는 화가 나서,

was rude, / Mr. Van Daan took his side, / and Dussel had to
무례하게 했고,   반 단 아저씨가 아들 편을 들어서   뒤셀 씨가 그만뒀대.

give in. That was all.
그렇게 끝났지.

The reason in itself was very unimportant, / but Peter
이유 그 자체는 전혀 중요하지 않은데,

seems to have taken it very much / to heart. In any case, /
페터는 그 일을 무척 담고 있는 것 같아   마음속에.   어쨌든,

when I was rummaging about / in the bookcase in the attic,
내가 책을 찾고 있을 때   다락방의 책장에서,

/ he came up to me / and began telling me the whole story. I
페터가 내게 와서   모든 이야기를 하기 시작했어.

didn't know anything about it, / but Peter soon saw / that he
그 일에 대해 전혀 몰랐지만,   페터는 곧 알았고

had found an attentive ear / and got fairly into his stride.
경청하는 사람을 찾았다는 것을   신이 나서 말을 계속했어.

"Yes, / and you see," / he said, / "I don't easily say
"그래,   너도 알지만,"   페터가 말했어.   "난 어떤 말이든 쉽게 하지 못 해,

anything, / because I know beforehand / that I'll only
그 전에 이미 알기 때문에

become tongue-tied. I begin to stutter, / blush, / and
혀가 꼬이고 말 것을.   말을 더듬거리고,   얼굴이 붉어지고,

twist around what I want to say, / until I have to break
하고 싶었던 말을 제대로 못하기 시작하지,   그러다 그만두지

off / because I simply can't find the words. That's what
그저 단어들을 생각해 내지 못해서.   어제도 그랬어,

happened yesterday, / I wanted to say something quite
아주 다른 말을 하려고 했는데,

different, / but once I had started, / I got in a hopeless
일단 말을 시작하자,   절망적인 상태가 되었고

muddle / and that's frightful. I used to have a bad habit;
아주 끔찍했지.   나쁜 버릇이 있었어;

/ I wish I still had it now. If I was angry with anyone, /
그 버릇이 아직 남아 있으면 좋을텐데.   누군가에게 화가 나면,

rather than argue it out / I would get to work on him with
말로 싸우는 대신   주먹이 먼저 나가곤 했어.

my fists. I quite realize / that this method doesn't get me
나도 깨닫고 있고   이런 방법으로는 아무것도 해결되지 않는다는 것을;

anywhere; / and that is why I admire you. You are never
그것이 널 존경하는 이유야.   넌 절대로 당황하지 않고

at a loss / for a word, / you say exactly / what you want to
단어를 떠올리느라,   정확하게 말하고도   사람들에게 하고 싶은 이야

say to people / and are never the least bit shy."
기를   절대 조금도 부끄러워하지 않아."

---

immortal 불멸의 | fiddle with 마음대로 만지다 | knob 라디오 따위의 손잡이, 스위치 | restrain 억누르다,
억제하다 | hoity-toity 점잔 빼는, 오만한 | rummage about 뒤져서 찾다 | attentive 경청하는 | get into one's
stride 제 가락이 나다, 궤도에 오르다 | tongue-tied 말문이 막힌 | stutter 말을 더듬다 | twist around 말
따위를 왜곡하다 | break off 중단하다 | hopeless 절망적인 | muddle 곤혹, 멍청한 상태 | get to work on 일을
시작하다 | at a loss 난처하여, 어찌할 바를 몰라서

"I can tell you, / you're making a big mistake," I
말해야겠어   네가 크게 잘못 알고 있다고."

answered. "I usually say things / quite differently / from
대답했어.   "난 보통 말하지   꽤 다르게

the way / I meant to say them, / and then I talk too much
방식과   내가 말하려고 작정했던,   게다가 너무 많이 말하고

/ and far too long, / and that's just as bad."
너무 길게 하지,   그리고 그것은 마찬가지로 좋지 않아."

I couldn't help laughing to myself / over this last
속으로 웃지 않을 수 없었지   페터의 마지막 말에.

sentence. However, / I wanted to let him go on talking
그러나,   페터가 계속 말하게 하고 싶어서

/ about himself, / so I kept my amusement to myself, /
자신에 대해,   웃음을 참고,

went and sat on a cushion on the floor, / put my arms
마루에 있는 쿠션에 가서 앉아서,   다리를 접고 팔을 두르고,

around my bent knees, / and looked at him / attentively.
페터를 바라보았어   경청하는 눈으로.

I am very glad / that there is someone else / in the house
매우 기뻐   다른 사람이 있다는 것이   이 집에

/ who can get into the same fits of rage / as I get into. I
폭같이 화를 벌컥 낼 수 있는   나처럼.

could see / it did Peter good / to pull Dussel to pieces /
알 수 있었어   페터에게 좋은 영향을 준다는 것을   뒤셀 씨 흉을 보는 것이

to his heart's content, / without fear of my telling tales.
마음껏,   내가 다른 사람에게 말할 것이라고 두려워하지 않고.

And as for me, / I was very pleased, / because I sensed a
그리고 나로서도,   아주 즐거웠어,   진정한 동지애를 느꼈기 때문에,

real feeling of fellowship, / such as I can only remember
기억에만 남아 있는

/ having had / with my girl friends.
가졌었다고   여자 친구들과.

Yours, Anne
안네가

---

get into (어떤 상태에) 들어가다 | fit (감정의) 복받침 | pull~to pieces ~을 혹평하다, 깎아내리다 | obligingly
협조적으로, 친절하게

Dear Kitty,
키티에게,

It's Margot's birthday. Peter came at half past twelve / to
마르호트 언니 생일이야.   페터는 12시 30분에 왔다가

look at the presents / and stayed talking much longer / than
선물을 보러   이야기 하느라 훨씬 오래 있었어

was strictly necessary / — a thing he'd have never done
예의상 있어야 하는 시간보다   — 전에는 결코 그런 적이 없었지.

otherwise. In the afternoon / I went to get some coffee and,
          오후에는   커피를 가지러 갔고,

/ after that, / potatoes, / because I wanted to spoil Margot /
          그 후에는,   감자도,   언니의 응석을 받아주려고

for just that one day in the year. I went through Peter's room;
일 년 중 하루뿐인 생일이니까.   페터의 방을 지나갔지;

/ he took all his papers off the stairs / at once / and I asked /
페터는 계단에 있는 종이들을 치웠고   즉시   난 물어봤지

whether I should close / the trap door to the attic. "Yes," / he
문을 닫아야 하는지   다락방으로.   "그래,"   페터

replied, / "knock when you come back, / then I'll open it for
가 대답했어,   "내려올 때 노크해 줘,   내가 열어 줄게,"

you."

I thanked him, / went upstairs, / and searched / at least ten
고맙다고 하고,   위층으로 올라가서,   찾았어   10분 이상

minutes / in the large barrel / for the smallest potatoes. Then
          큰 통에서   가장 작은 감자를.

my back began to ache / and I got cold. Naturally I didn't
등은 아프기 시작했고   추워졌다.   당연히 문을 두드리지 않고,

knock, / but opened the trap door / myself, / but still he came
문을 열었는데   직접,   그런데도 페터는 나를 맞으

to meet me / most obligingly, / and took the pan from me.
러 와서   아주 친절하게도,   냄비를 들어줬어.

"I've looked for a long time, / these are the smallest / I could
"오랫동안 찾았는데,   이 감자들이 가장 작은 것들이야   내가 찾을 수

find," / I said.
있었던,"   나는 말했어.

"Did you look in the big barrel?"
"큰 통 안에도 봤어?"

"Yes, / I've been over them all."
"응, 다 찾아 봤어."

By this time / I was standing at the bottom of the stairs /
여기까지 말했을 때 난 계단 밑에 서 있었고

and he looked searchingly in the pan / which he was still
페터는 냄비 속을 탐색하듯이 봤어 아직도 들고 있었던.

holding. "Oh, / but these are first-rate," / he said, / and
"아, 아주 잘 골랐네," 페터가 말했고

added / when I took the pan from him, / "I congratulate
덧붙였어 내가 냄비를 받아 들었을 때, "축하해!"라고.

you!" At the same time / he gave me such a gentle warm
그러면서 내게 부드러운 표정을 지어 보였어

look / which made a tender glow within me. I could
내 마음에 다정한 훈훈함을 느끼게 하는. 정말 알 수 있었지

really see / that he wanted to please me, / and because he
페터가 날 기쁘게 하려고 했다는 것을 그리고 할 줄 몰라서

couldn't make / a long complimentary speech / he spoke
장황한 찬사의 말을

with his eyes. I understood him, / oh, / so well, / and was
눈으로 말했다는 것을. 페터를 이해할 수 있었고, 아, 아주 잘,

very grateful. It gives me pleasure even now / when I
굉장히 고마웠어. 아직도 기뻐

recall / those words and that look / he gave me.
떠올리면 말들과 눈길을 페터가 내게 했던.

When I went downstairs, / Mummy said / that I must get
아래층으로 내려갔을 때, 엄마가 말씀하셨어

some more potatoes, / this time for supper. I willingly
감자를 좀 더 가져와야겠다고, 이번에는 저녁으로 먹을.

offered to go upstairs again.
흔쾌히 위층으로 다시 올라가겠다고 했어.

---

first-rate 일류의, 훌륭한 | glow (몸의) 달아오름, 훈훈함 | complimentary 찬사의, 칭찬의 | glance through
대강 훑어보다

When I came into Peter's room, / I apologized / having to
페터의 방에 들어갔을 때,   미안하다고 했지

disturb him again. When I was already on the stairs / he
다시 방해해야 해서.   이미 계단에 있는데   페터는

got up, / and went and / stood between the door and the
일어서더니,   다가와서   문과 벽 사이에 서더니,

wall, / firmly took hold of my arm, / and wanted to hold
내 팔을 확 잡고,   힘으로 나를 제지하고자 했어.

me back by force.

"I'll go," / he said. I replied / that it really wasn't
"내가 갈게,"   페터가 말했어. 난 대답했지   진짜 그럴 필요없고

necessary / and that I didn't have to get / particularly
고를 필요가 없다고   특별히 작은 것을

small ones / this time. Then he was convinced / and let my
이번에는.   그러자 그는 안심이 되었는지   팔을 놔 주더라.

arm go. On the way down, / he came and opened the trap
내려올 때,   페터가 와서 문을 열어 주고

door / and took the pan again. When I reached the door, /
냄비를 다시 받아 들었어.   문 앞까지 가서,

I asked, / "What are you doing?" / "French," / he replied.
물어봤어,   "뭐 하고 있니?"   "프랑스어,"   페터가 대답했어.

I asked / if I might glance through the exercises, / washed
물어봤고   연습한 것을 내가 봐도 되는지,

my hands, / and went and sat on the divan / opposite him.
손을 씻고,   침상에 가서 앉았어   페터의 맞은편에.

명사절을 이끄는 if

if는 '만약 ~이라면'이라는 의미의 조건절을 이끄는 접속사로 주로 쓰이지만 명사절을 이끌기도 합니다. if가 명사절을 이끌 때에는 '~인지 아닌지'의 뜻으로 뒤에 or not을 동반하기도 합니다.
if는 whether로 바꾸어 쓸 수 있는데, 주의할 점은 whether절은 주어, 목적어, 보어 다 쓰일 수 있지만 if절은 주어나 전치사의 목적어로는 쓰일 수 없습니다.

ex) I asked if I might glance through the exercises.
연습한 것을 내가 봐도 되는지 물어봤어.

We soon began talking, / after I'd explained some of the
우리는 곧 이야기를 시작했어, 프랑스어를 좀 설명해 주고 나서.

French to him. He told me / that he wanted to go to the
페터가 말했어 네덜란드령 동인도에 가서

Dutch East Indies / and live on a plantation / later on.
농장을 하며 살고 싶다고 나중에.

He talked / about his home life, / about the black market,
이야기 했어 집안일과, 암시장에 관해,

/ and then he said / that he felt so useless. I told him / that
그리고 말하더라 자기가 아주 쓸모없게 느껴진다고. 내가 말했지

he certainly had a very strong inferiority complex. He
그에게는 분명히 아주 강한 열등의식이 있다고.

talked about the Jews. He would have found it much easier
유대인에 관해서도 이야기 했어. 모든 것이 훨씬 쉬울 것 같다고 했어

/ if he'd been a Christian / and if he could be one / after
자기가 기독교인이었다면 기독교인이 될 수 있다면

the war. I asked / if he wanted to be baptized, / but that
전쟁 후에. 내가 물어봤는데 세례를 받고 싶은지

wasn't the case either. Who was to know / whether he was
그것은 아니래. 누가 알 수 있을까 자기가 유대인인지

a Jew / when the war was over? He said.
전쟁이 끝나면? 페터가 말했어.

This gave me rather a pang; / it seems such a pity / that
이 말에 나는 가슴이 좀 아팠어; 참 안됐어

there's always just a tinge of dishonesty / about him. For
항상 정직하지 못한 것이 있다는 건 페터에게.

the rest / we chatted very pleasantly / about Daddy, / and
그리고는 아주 즐겁게 수다를 떨었지만, 아빠와,

about judging people's characters / and all kinds of things,
사람들의 성격에 대해 비판하며 온갖 종류의 주제에 대해,

/ I can't remember exactly what now.
지금 정확하게 기억하지 못하겠어.

It was half past four / by the time I left.
4시 30분이었어 내가 나왔을 때는.

inferiority complex 열등 의식 I baptize 세례를 주다 I pang 마음의 고통 I tinge 기미, ~한 듯한 점 I
affection 애정, 호의 I shortcoming 단점, 결점

In the evening / he said something else / that I thought
저녁에　　　　　　　페터는 다른 이야기를 했어　　　내 생각에 재미있었던.

was nice. We were talking / about a picture of a film star
우리는 이야기 하고 있었어　영화 배우 사진에 대해

/ that I'd given him once, / which has now been hanging
내가 예전에 페터에게 줬던,　　　　그 사진은 페터 방에 걸려 있었단다

in his room / for at least a year and a half. He liked it very
적어도 1년 반 동안.　　　　　　그 애가 그 사진을 매우

much / and I offered to give him a few more / sometime.
좋아해서　몇 장 더 주겠다고 했어　　　　　언젠가.

"No," / he replied, / "I'd rather leave it like this. I look at
"아니야,"　페터는 대답했어.　"그냥 이 사진만 있는 것이 좋아.

these every day / and they have grown to be my friends."
매일 바라보니　　　　친구가 되어 버렸어."

Now I understand more / why he always hugs Mouschi.
이제야 더 잘 이해하게 되었어　　왜 페터가 항상 마우쉬를 껴안고 있는지.

He needs some affection, / too, / of course.
애정이 필요했던 거야,　　　　역시,　　당연하지만.

I'd forgotten something else / that he talked about. He
다른 것은 좀 잊어버렸어　　　　　페터가 이야기 했던.　　　그 애는

said, / "I don't know / what fear is, / except when I think
말하더라, "모르겠어　　두려움이 뭔지,　내 단점들을 생각할 때 이외에는.

of my own shortcomings. But I'm getting over that too."
　　　　　　　하지만 단점에 대한 두려움도 역시 극복해 내고 있어."

Peter has a terrible inferiority complex. For instance, / he
페터는 지독한 열등 의식이 있어.　　　　　　예를 들면,

always thinks / that he is so stupid, / and we are so clever.
언제나 생각하지　　자기는 아주 멍청하고,　　우리는 매우 똑똑하다고.

If I help him with his French, / he thanks me a thousand
내가 페터의 프랑스어 공부를 도와주면,　　고맙다는 말을 천 번은 해.

times. One day / I shall turn around and say: / "Oh, shut
어느 날　　돌아서서 말해야겠어:　　　　　"아, 그만해,

up, / you're much better / at English and geography!"
훨씬 잘하잖아　　영어와 지리는!"

Yours, Anne
안네가

Friday, 18 February, 1944
1944년 2월 18일 금요일

Dear Kitty,
키티에게,

Whenever I go upstairs now / I keep on hoping / that I shall
이제 위층에 올라갈 때마다,   바라게 돼   볼 수 있게 되기를

see / "him." Because my life now has an object, / and I have
"그를".   내 삶에도 목표가 생기고,

something to look forward to, / everything has become
무엇인가 기대하는 것이 생겼기 때문에,   모든 일이 더 즐거워졌어.

more pleasant.

At least / the object of my feelings / is always there, / and
적어도   내가 느끼는 감정의 대상이   항상 거기에 있고,

I needn't be afraid of rivals, / except Margot. Don't think /
경쟁자를 염려할 필요도 없어,   마르흐트 언니를 빼고는. 생각하지 마

I'm in love, / because I'm not, / but I do have the feeling /
내가 사랑에 빠졌다고, 그렇지 않으니까,   하지만 기분이 들기는 해

all the time / that something fine / can grow up / between
항상   뭔가 좋은 일이   자라날 수 있다고   우리 사이에,

us, / something that gives confidence and friendship. If I get
뭔가 믿음과 우정을 주는 일이.   기회 비슷한

half a chance, / I go up to him now. It's not like it used to be
거라도 생기면,   이제 그에게 올라가.   그전 같지 않아

/ when he didn't know / how to begin. It's just the opposite
그가 몰랐던 때처럼   어떻게 시작해야 할지. 완전히 반대야

/ — he's still talking / when I'm half out of the room.
— 계속해서 말하고 있지   내가 거의 방을 나설 때도 말이야.

Mummy doesn't like it much, / and always says / I'll be a
엄마는 별로 좋아하지 않으시므로,   언제나 말씀하시지   폐가 될 수 있으니

nuisance / and that I must leave him in peace. Honestly, /
페터를 평온하게 내버려 두라고.   솔직히,

doesn't she realize / that I've got some intuition?
엄마는 깨닫지 못하시나   내게도 직관이라는 것이 있다는 것을?

intuition 직관(력)

She looks at me so queerly / every time I go into Peter's
날 아주 이상한 눈으로 보시지   페터의 작은 방에 들어갈 때마다.

little room. If I come downstairs from there, / she asks me
그곳에서 나와 아래층으로 내려오면   엄마는 물어봐

/ where I've been. I simply can't bear it, / and think it's
어디에 있었느냐고.   참을 수 없고,   끔찍해.

horrible.

Yours, Anne
안네가

Saturday, 19 February, 1944
1944년 2월 19일 토요일

Dear Kitty,
키티에게,

It is Saturday again / and that really speaks for itself.
다시 토요일이고 　그것은 이 하루가 어떨지 말해 주지.

The morning was quiet. I helped a bit upstairs, / but I
아침에는 조용했어. 　위층에서 일을 좀 도왔지만,

didn't have / more than a few fleeting words / with "him."
나누지 못했어 　지나가는 말 몇 마디 외에는 　"그"와.

At half past two, / when everyone had gone to their own
2시 30분에, 　모든 사람들이 자기 방으로 돌아갔을 때,

rooms, / either to sleep or to read, / I went to the private
잠을 자거나 책을 읽으러, 　난 개인 사무실에 갔단다,

office, / with my blanket and everything, / to sit at the
내 담요와 여러 가지를 갖고, 　책상에 앉아

desk / and read or write. It was not long / before it all
책을 읽거나 글을 좀 쓰려고. 　머지않아

became too much for me, / my head drooped on to my
모든 것이 너무 버거워져서, 　머리를 팔에 묻고,

arm, / and I sobbed my heart out. The tears streamed
가슴이 터지도록 울었단다. 　눈물이 뺨을 타고 흘러내리고

down my cheeks / and I felt desperately unhappy. Oh, / if
비참할 정도로 불행하게 느껴졌어. 　아,

only "he" had come / to comfort me. It was four o'clock
"그"가 왔더라면 　날 위로하러. 　4시였어

/ by the time I went upstairs again. I went for some
다시 위층으로 올라갔을 때. 　감자를 좀 가지러 갔지만,

potatoes, / with fresh hope in my heart of a meeting / but
만날 거라는 새로운 희망을 가슴에 품고

while I was still smartening up my hair / in the bathroom,
내가 머리를 좀 다듬는 동안 　화장실에서,

/ he went down to see Boche / in the warehouse.
페터는 보쉬를 보러 내려갔어 　창고에.

---

fleeting 지나가는 | droop [고개 따위]를 숙이다 | sob one's heart out 가슴이 터지도록 흐느껴 울다 | nestle
다정하게 맞대다

Suddenly / I felt the tears coming back / and I hurried
갑자기　　　눈물이 다시 나올 것 같아서　　　　서둘러 화장실에 들어갔어,

to the lavatory, / quickly grabbing a pocket mirror / as I
　　　　　　손거울을 얼른 꺼내 들면서

passed. There I sat then, / fully dressed, / while the tears
지나갈 때.　거기에서 변기에 앉아,　옷을 입은 채로,　눈물이 어두운 자국을

made dark spots / on the red of my apron, / and I felt
만드는 동안　　　내 앞치마의 빨간 부분에,

very wretched.
아주 비참하게 느껴졌어.

This is what was going through my mind. Oh, / I'll never
이런 것이 내 마음속에서 일어나고 있는 일이야.　　　아,　　페터에게 절대

reach Peter / like this. Who knows, / perhaps he doesn't
다가갈 수 없을 거야　이런 식으로는. 누가 알겠어,　어쩌면 페터는 날 전혀 좋아하지

like me at all / and doesn't need anyone to confide in.
않고　　　비밀을 털어놓을 상대가 필요하지 않을지도 모르지.

Perhaps he only thinks about me / in a casual sort of
어쩌면 페터는 날 생각할 뿐일 거야　　　편하게.

way. I shall have to go on alone once more, / without
난 다시 한 번 홀로 살아가야 할지도 몰라,

friendship and without Peter. Perhaps soon / I'll be /
우정도 페터도 없이.　　　아마 곧　　　있어야 할 거야

without hope, / without comfort, or anything to look
희망도 없이　　위로나 기대할 것이 없이

forward to / again. Oh, / if I could nestle my head against
다지.　아,　만약 그의 어깨에 내 머리를 기댈 수 있고

his shoulder / and not feel / so hopelessly alone and
　　　　느끼지 않을 수 있다면　절망적일 정도로 혼자이고 버려졌다고!

deserted! Who knows, / perhaps he doesn't care about
　　　누가 알겠어,　　어쩌면 그는 날 전혀 좋아하지 않고

me at all / and looks at the others / in just the same way.
다른 사람들을 보는 것일지도　　나를 보는 것과 같은 방식으로.

Perhaps / I only imagined / that it was especially for me?
아마　난 단지 상상하는 것일까　그 시선이 나만을 위한 것이었다고?

Oh, Peter, / if only you could see or hear me. If the truth
아, 페터, 단지 네가 날 보거나 들어주기만 한다면.

were to prove / as bad as that, / it would be more / than I
만약 진실이 밝혀진다면 이렇게 나쁜 방식으로, 더 힘들 거야

could bear.
내가 감당할 수 있는 것보다.

However, / a little later / fresh hope and anticipation
그러나, 잠시 후에 새로운 희망과 기대가 돌아온 것 같았어,

seemed to return, / even though the tears were / still
비록 눈물이 있었지만

streaming down my cheeks.
여전히 내 뺨을 타고 흘러내리고.

Yours, Anne
안네가

Monday, 28 February, 1944
1944년 2월 28일 월요일

Dear Kitty,
키티에게,

It is becoming a bad dream / — in daytime as well as at
악몽의 연속이야 — 밤 뿐만 아니라 낮에도.

night. I see him nearly all the time / and can't get at him,
거의 항상 페터를 보지만 그를 가질 수 없어

/ I mustn't show anything, / must remain gay / while I'm
내 마음을 아무것도 드러내서는 안 되고, 쾌활한 척 해야 해

really in despair.
사실은 절망에 빠져 있지만.

Peter Wessel and Peter Van Daan / have grown into one
페터 베셀과 페터 반 단이 하나의 페터가 되었어,

Peter, / who is beloved and good, / and for whom I long
새로운 페터는 사랑스럽고 착하며, 내가 몹시 열망하는 사람이지.

desperately.

---

* 오래된 시계탑에서 나오는 벨 소리

get at 수중에 넣다 | gay 명랑한, 쾌활한 | beloved 사랑스러운 | tiresome 지루한, 실증나는 | seep away 스며
나오다

Mummy is tiresome, / Daddy sweet / and therefore all
엄마는 지겨워, 아빠는 다정하지만 그래서 더 지겹고,

the more tiresome, / Margot the most tiresome / because
마르호트 언니는 제일 지겨워

she expects me / to wear a pleasant expression; / and all I
내게 기대하기 때문에 즐거운 표정을 짓고 있기를; 내가 원하는

want is / to be left in peace.
것은 평화롭게 내버려 두는 거야.

Peter didn't come to me / in the attic. He went up to the
페터는 내게 오지 않았어 다락방에 있을 때. 대신 위층으로 올라갔고

loft instead / and did some carpentry. At every creak
목공 일을 좀 했어. 삐걱거리고 뚝딱거리는 소리가

and every knock / some of my courage seemed to seep
들릴 때마다 내 용기가 조금씩 빠져 나가는 것 같았고

away / and I grew more unhappy. In the distance / a
난 더 불행해졌지. 멀리서

bell was playing / "*Pure in body, / pure in soul." I'm
벨 소리가 울리고 있었어 "순수한 육체에, 순수한 영혼이 깃든다."

sentimental / — I know. I'm desperate and silly / — I
내가 감상적이라는 것 — 알아. 자포자기 하고 어리석지

know that too. Oh, / help me!
— 나도 알아. 아, 나 좀 도와줘!

Yours, Anne
안네가

Key Expression

A as well as B : B 뿐만 아니라 A도

A as well as B는 'B 뿐만 아니라 A도'라는 의미의 구문입니다. 같은 의미의 구문으로 not only A but also B가 있는데, 이것은 'A 뿐만 아니라 B도'의 뜻으로 A와 B의 위치가 반대가 되는 것에 주의합니다.
따라서 이 구문이 주어로 쓰일 경우에는 A as well as B의 경우에는 A에, not only A but also B의 경우에는 B에 시제 및 수를 일치시킨 동사가 뒤따르게 됩니다.

ex) It is becoming a bad dream — in daytime as well as at night.
악몽의 연속이야 — 밤 뿐만 아니라 낮에도.

mini test 6

A. 다음 문장을 해석해 보세요.

(1) Then Granny appeared as a guardian angel; / then followed Lies, / who seems to be a symbol to me / of the sufferings of all my girl friends and all Jews.
→

(2) Nor does she any longer regard me / as a little kid / who counts for nothing.
→

(3) The memory of him, / however, / lived so strongly in my subconscious mind / that I admitted to myself / sometimes I was jealous of the other girls, / and that was why I didn't like him any more.
→

(4) I love you, / and with such a great love / that it can't grow in my heart any more / but has to leap out into the open / and suddenly manifest itself / in such a devastating way!
→

B. 다음 주어진 문구가 알맞은 문장이 되도록 순서를 맞춰 보세요.

(1) 내게 그만큼 사랑스러운 것은 아무것도 없다.
(so / me / he / Nothing / to / as / beloved / is)
→

(2) 걷거나 자전거를 타는 것은 불가능하지.
(the question / of / or / cycling / Walking / is / out)
→

(3) 당신 자식이나 더 많이 신경 쓰시죠!
(a bit / own / trouble / Take / young / with / people! / your / more)
→

(4) 실제 있는 것보다 더 많아야 할 것 같아.
(more / is / seems / actually / than / It / it)
→

C. 다음 주어진 문장이 본문의 내용과 맞으면 T, 틀리면 F에 동그라미 하세요.

(1) Anne must be fall in love with Peter.
[T / F]

(2) Anne became interested in dance and ballet, but she couldn't practice.
[T / F]

(3) Anne sometimes see herself through someone else's eyes.
[T / F]

(4) Every morning, Mummy was the first person to greet warmly to Anne.
[T / F]

D. 의미가 비슷한 것끼리 서로 연결해 보세요.

(1) nuisance   ▶   ◀ ① mask
(2) disguise   ▶   ◀ ② unstable
(3) restless   ▶   ◀ ③ trouble
(4) nestle   ▶   ◀ ④ cuddle

7

Wednesday, 1 March, 1944
1944년 3월 1일 수요일

Dear Kitty,
키티에게,

My own affairs have been pushed / into the background
내 자신의 일은 밀렸어   뒷전으로

/ by — a burglary. I'm becoming boring / with all my
강도 때문에.   지겨워지고 있지만   이런 모든 강도 사건이,

burglars, / but what can I do, / they seem to take such a
강도들은,   어떻게 하겠어,   강도들은 이렇게 좋아하는 것 같은데

delight / in honoring Kolen & Co. / with their visits. This
콜렌 회사에게 영광을 주는 것을   방문해서.

burglary is much more complicated / than the one in July
이번 강도 사건은 훨씬 더 복잡해   1943년 7월에 있어났던 사건보다.

1943.

When Mr. Van Daan went to Kraler's office / at half past
반 단 아저씨가 크랄러 씨 사무실에 갔을 때   7시 30분에,

seven, / as usual, / he saw / that the communicating glass
평소처럼,   알았대   연결되는 유리문과 사무실 문이

doors and the office door / were open. Surprised at this, /
열려 있었다는 것을. 이에 놀라서,

he walked through / and was even more amazed to see /
쭉 걸어갔는데   보고 더 놀라게 되었지

that the doors of the little dark room / were open too, / and
불 꺼진 작은 방의 문들도   역시 열려 있었고,

that there was a terrible mess / in the main office. "There
어질러져 있는 것을   큰 사무실 안이.

has been a burglar," / he thought to himself at once, / and
"강도가 들어왔다,"   아저씨는 즉시 생각했고,

to satisfy himself / he went straight downstairs / to look at
확인해 보기 위해   아래층으로 바로 내려가셨어

complicated 복잡한 | Yale lock 원통형 자물쇠 | slack 부주의한 | portfolio 접는 가방, 서류 가방

the front door, / felt the Yale lock, / and found everything
정문을 살펴보고,　원통형 자물쇠를 살펴보고,　다 잠겨 있다는 것을 아셨어.

closed. "Oh, / then both Peter and Elli must have been
"아,　그러면 페터와 엘리 둘 다 아주 부주의했던 것이 틀림없군

very slack / this evening," / he decided. He remained in
오늘 저녁에는"이라고,　결론 지으셨지.

Kraler's room for a while, / then switched off the lamp, /
아저씨는 크랄러 씨 방에 잠시 더 있다가,　램프를 끄고,

and went upstairs, / without worrying much / about either
위층으로 올라오셨어,　별 걱정없이

the open doors / or the untidy office.
열린 문들이나　지저분한 사무실에 관해.

This morning / Peter knocked at our door early / and
오늘 아침　페터는 일찍 우리 문을 두드렸고

came with the not so pleasant news / that the front door
그다지 즐겁지 않은 소식을 가지고 왔어　정문이 활짝 열려 있다는.

was wide open. He also told us / that the projector and
페터는 또 말했어　프로젝터와 크랄러 씨의 새 서류가방이

Kraler's new portfolio / had both disappeared / from the
둘 다 사라졌다고　선반에서.

cupboard. Peter was told / to close the door. Van Daan
페터에게 말했지　문을 닫으라고.　반 단 아저씨는 자신이

told us of his discoveries / the previous evening / and we
발견한 것들에 대해 말씀해 주셨고　그 전날 저녁에

were all awfully worried.
우리 모두 무척 걱정했어.

What must have happened / is that the thief had a
분명한 것은 도둑은 결쇠를 가지고 있다는 거야,

skeleton key, / because the lock was quite undamaged.
자물쇠가 별로 부서지지 않을 것을 보면.

He must have crept into the house / quite early / and
도둑은 몰래 집에 들어왔음에 틀림없고 꽤 일찍

closed the door behind him, / hidden himself / when
들어오고 나서 문을 닫은 후, 숨어 있다가

disturbed by Mr. Van Daan, / and when he departed /
반 단 아저씨가 왔을 때, 아저씨가 돌아갔을 때

fled with his spoils, / leaving the door open / in his haste.
물건을 훔쳐 도망간 거지, 문을 열어 둔 채로 서두르느라.

Who can have our key? Why didn't the thief go to the
누가 열쇠를 가지고 있었을까? 왜 도둑은 창고로 가지 않았을까?

warehouse? Might it be one of our own warehousemen,
도둑이 창고 직원 중 한 명이 아닐까,

/ and would he perhaps betray us, / since he certainly
그러면 우리를 밀고하지 않을까, 반 단 아저씨의 소리를 분명히

heard Van Daan / and perhaps even saw him?
들었고 심지어 봤을 수도 있으니?

It is all very creepy, / because we don't know / whether
아주 소름끼치도록 무서워, 우리는 모르니까

this same burglar may not take it into his head / to visit
같은 강도가 생각을 하지 않을지 우리 집에

us again. Or perhaps / it gave him a shock / to find that
또 들어 올. 혹은 어쩌면 충격을 받았을지도

there was someone walking about / in the house?
누군가 돌아다니는 사람이 있다는 사실을 알고 집에?

Yours, Anne
안네가

---

* 안식일임을 의미함. 유대인 가정에서는 안식일 저녁에 촛불을 켠다.

skeleton key 곁쇠(여러 자물쇠에 쓸 수 있는 열쇠) | flee 달아나다 | spoil 약탈품, 노획품 | in one's haste
서둘러서 | creepy 오싹한, 소름 끼치게 하는 | govern 지배하다

Friday, 3 March, 1944
1944년 3월 3일 금요일

Dear Kitty,
키티에게,

When I looked into ***the candle** / this evening / I felt calm
촛불을 들여다보고 있었더니　　　　　　오늘 저녁에　　안정되고 행복했어.

and happy. Oma seems to be in the candle / and it is Oma
　　　　할머니가 촛불 속에 있는 것 같고　　　역시 할머니야

too / who shelters and protects me / and who always makes
날 숨겨 주고 보호해 주며　　　언제나 다시 행복하게 느끼도록 해

me feel happy again.
주는 것은.

But···there is someone else / who governs all my moods
하지만···다른 사람이　　　　　　내 기분을 온통 지배하고 있는

/ and that is···Peter. When I went up to get potatoes
그것은···페터야.　　　오늘 감자를 가지러 올라가서

today / and was still standing / on the stepladder / with
아직 서 있었는데　　　　계단에

the pan, / he at once asked, / "What have you been doing
냄비를 들고,　　페터가 바로 물어봤어,　　"뭐 하고 있었니

/ since lunch?" I went and sat on the steps / and we
점심 먹고 나서?"　난 다가가서 계단에 앉았고　　　우리는 이야기를

started talking. At a quarter past five / (an hour later) /
시작했지.　　　　5시 15분에　　　　　　(한 시간 뒤)

the potatoes, / which had been sitting on the floor / in the
감자는,　　　　마루에 놓여 있던

meantime, / finally reached their destinations.
그러는 동안,　　마침내 목적지에 도착할 수 있었어.

Peter didn't say another word / about his parents; / we just
페터는 별다른 이야기는 하지 않았어　　자기 부모님에 대해;　　그저 이야기

talked / about books / and about the past. The boy has such
했지　　책에 대해서　　그리고 과거에 대해서.

warmth in his eyes; / I believe / I'm pretty near to being in
페터의 눈 속에는 따스함이 있어;　난 믿어　　페터와 거의 사랑에 빠졌다고.

love with him. He talked about that / this evening.
　　　　　　그 애가 사랑에 대해 이야기 했어　　오늘 저녁에는.

I went into his room / after peeling the potatoes, / and
그의 방에 가서   감자 껍질을 벗기고 난 후,

said / that I felt so hot.
말했어   아주 덥다고.

"You can tell / what the temperature is / by Margot and
"알 수 있어   온도가 몇 도인지   마르호트 언니와 나를 보면;

me; / if it's cold / we are white, / and if it is hot / we are
나를; 추우면   창백해지고,   더우면   붉어지거든

red / in the face," / I said.
얼굴이,"   난 말했어.

"In love?" He asked.
"사랑에 빠지면?" 페터가 물었지.

"Why should I be in love?" My answer was rather silly.
"내가 왜 사랑에 빠져야 하는데?"   내 대답은 좀 바보같았어.

"Why not?" He said, / and then we had to go for supper.
"왜 안 되는데?"   페터는 말했고,   그 후 우리는 저녁을 먹으러 가야 했어.

Would he have meant anything / by that question? I
페터는 뭔가를 의미하려고 했던 걸까   그 질문으로?

finally managed to ask him today / whether he didn't
오늘에야 물어볼 수 있었어

find my chatter a nuisance; / he only said: / "It's okay, / I
혹시 내 수다가 귀찮다고 생각하지 않는지;   그는 말할 뿐이었지: "괜찮아,

like it!"
네 수다가 좋아!"

Key Expression

유사관계대명사 as

관계대명사는 아니지만 관계대명사의 역할을 하는 것을 유사관계대명사라고
합니다. 그 대표적인 예가 as입니다. as가 유사관계대명사로 쓰일 때에는 as는
주어나 목적어가 생략된 불완전한 문장을 이끕니다.

▶ the same ~ as

▶ such ~ as

▶ as ~ as

ex) I feel pretty sure that he thinks just the same as I do.
   그도 내가 하는 것과 똑같은 생각을 하고 있다고 꽤 확신하게 돼.
   I can tell by Peter's face that he thinks just as much as I do.
   그도 내가 하는 것 만큼이나 생각하고 있다는 것을 페터의 표정에서 알 수 있어.

To what extent / this answer was just shyness, / I am not
어느 정도까지   이 대답이 부끄러움 때문에 나온 것인지,

able to judge.
판단할 수 없어.

Kitty, / I'm just like someone in love, / who can only talk
키티,   난 그저 사랑에 빠진 사람같아,   오로지 연인에 대해서만 이야기

about her darling. And Peter really is a darling. When
하는.   페터는 정말 내 연인이야.

shall I be able to tell him so? Naturally, / only if he thinks
언제쯤 페터에게 사랑한다고 말할 수 있을까?   당연히,   페터도 생각할 때의 경우이지만

/ I'm a darling too. But I'm quite capable of looking after
역시 날 사랑한다고.   하지만 내 자신을 꽤 잘 돌볼 수 있고,

myself, / and he knows that very well. And he likes his
           페터도 그것을 잘 알고 있지.   그리고 페터는 조용한 것을

tranquility, / so I have no idea / how much he likes me. In
좋아해서,   모르겠어   날 얼마나 좋아하는지.

any case, / we are getting to know each other a bit. I wish
어떤 경우이든,   우리는 서로를 조금씩 알아가고 있어.   바라

/ we dared to tell each other much more / already. Who
서로에게 더 많은 것을 이야기 하는 사이였으면 하고   벌써.   아무도

knows, / the time may come sooner / than I think! I get an
모르지,   그런 날이 더 빨리 올지   내가 생각하는 것보다.

understanding look from him / about twice a day, / I wink
페터는 내게 이해하는 듯한 표정을 짓고   하루에 두 번 정도,   난 윙크로

back, / and we both feel happy.
답하고,   둘 다 행복감을 느껴.

I certainly seem quite mad / to be talking about him /
확실히 제정신은 아닌 것 같지만   페터에 대해서 이야기 하다니

being happy, / and yet I feel pretty sure / that he thinks just
행복해 하면서,   꽤 확신하게 돼   페터도 같은 생각을 한다는

the same / as I do.
것을   나와.

Yours, Anne
안네가

to what extent 어는 정도까지 | tranquility 조용함, 고요함

Saturday, 4 March, 1944
1944년 3월 4일 토요일

Dear Kitty,
키티에게,

This is the first Saturday / for months and months / that
오늘은 첫 토요일이야   몇 개월 만에 맞이한

hasn't been boring, / dreary, / and dull. And Peter is the
지루하지도,   몽롱하지도,   그리고 심심하지도 않았던.

cause.
페터가 그 원인이지.

This morning / I went to the attic / to hang up my apron,
오늘 아침에   다락방으로 갔어   내 앞치마를 널기 위해,

/ when Daddy asked / whether I'd like to stay and talk
그때 아빠가 물어보셨지   같이 프랑스어로 말해 보지 않겠냐고.

some French. I agreed. First we talked French, / and
동의했지.   처음에 아빠와 프랑스어로 얘기했고,

I explained something to Peter; / then we did some
페터에게 좀 설명해 줬어;   그리고 영어로 좀 이야기 했지.

English. Daddy read out loud to us from Dickens / and
아빠는 우리에게 디킨스를 크게 읽어 주셨고

I was in the seventh heaven, / because I sat on Daddy's
행복의 절정이었어,   왜냐하면 아빠의 의자에 앉아 있었거든

chair / very close to Peter.
페터와 아주 가깝게.

Key Expression

감탄문 만들기
영어의 감탄문은 how와 what으로 시작하는 두 가지가 있어요.
how는 형용사나 부사의 문장에, what은 명사가 있는 문장에 사용합니다.

▶ How + 형용사 / 부사 + (주어 + 동사)!
▶ What + (a / an) + 형용사 + 명사 + (주어 + 동사)!

ex) What lovely talks I have with him!
    내가 그와 함께 얼마나 사랑스러운 대화를 나누는지!
    How mistaken he is!
    그는 얼마나 잘못 생각하고 있는지!
    How scandalous!
    얼마나 불명예스러운지!

I went downstairs at eleven o'clock. When I came
11시에 아래층으로 내려갔어.   다시 위층으로 왔을 때

upstairs again / at half past eleven, / he was already
11시 30분에,   페터는 이미 날 기다리고 있었지

waiting for me / on the stairs. We talked / until a quarter
계단에서.   이야기 했어   1시 15분까지.

to one. If, / as I leave the room, / he gets a chance / after
만약,   내가 방을 나설 때,   그에게 기회가 생기면

a meal, / for instance, / and if no one can hear, / he says:
식사 후에,   예를 들어,   그리고 아무도 듣지 않으면,   말하지:

/ "Good-by, / Anne, / see you soon."
   "안녕,   안네,   곧 보자."

Oh, / I am so pleased! I wonder / if he is going to fall
아,   정말 기뻐!   궁금해   페터가 나와 사랑에 빠지는 걸까

in love with me / after all? Anyway, / he is a very nice
결국?   어쨌든,   페터는 아주 좋은 사람이고

fellow / and no one knows / what lovely talks / I have
아무도 몰라   얼마나 사랑스럽게 대화하는지

with him!
페터와 함께!

Mrs. Van Daan quite approves / when I go and talk to
반 단 아주머니는 허락하는 편이지만   내가 페터에게 가서 이야기 하는 것을,

him, / but she asked today teasingly, / "Can I really trust
오늘은 놀리는 듯이 물으시더라,   "정말 믿어도 되겠니

you two / up there together?"
너희 둘만 위층에 내버려 둬도?"

"Of course," / I protested, / "really you quite insult me!"
"그럼요,"   난 항변했어,   "절 모욕하시는군요!"

From morn till night / I look forward to seeing Peter.
아침부터 밤까지   페터 만나기만을 고대해.

Yours, Anne
안네가

---

the seventh heaven 행복의 절정 | protest 항의하다 | insult 모욕하다, 창피 주다

Monday, 6 March, 1944
1944년 3월 6일, 월요일

Dear Kitty,
키티에게,

I can tell / by Peter's face / that he thinks / just as much
난 알 수 있어   페터의 표정으로   그 애가 생각한다는 것을   나와 똑같이,

as I do, / and when Mrs. Van Daan / yesterday evening
반 단 아주머니가   어제 저녁

/ said scoffingly: / "The thinker!" / I was irritated. Peter
비웃듯이 말했을 때: "몽상가!"   기분이 상했어.

flushed and looked very embarrassed, / and I was about
페터는 얼굴이 붉어지고 아주 당황한 듯이 보여서,   난 폭발할 뻔 했지.

to explode.

Why can't these people keep their mouths shut?
왜 사람들은 입을 다물지 못하는 걸까?

You can't imagine / how horrible it is / to stand by / and
넌 상상도 못할 거야   얼마나 끔찍한지   옆에 서서

see how lonely he is / and yet not be able to do anything.
페터가 얼마나 외로운지 보면서   아무것도 할 수 없는 것이.

I can so well imagine, / just as if I were in his place, /
아주 잘 상상할 수 있어,   내가 그의 입장에 선 것처럼,

how desperate he must feel / sometimes / in quarrels and
페터가 얼마나 비참하게 느낄지   때때로   싸움과 사랑 속에서.

in love. Poor Peter, / he needs love very much!
불쌍한 페터,   그 애는 사랑이 아주 많이 필요해!

When he said / he didn't need any friends / how harsh
페터가 말했을 때   친구가 전혀 필요없다고   그 말이 얼마나

the words sounded / to my ears. Oh, / how mistaken he
잔인하게 들렸는지   내 귀에.   아,   페터는 정말 오해하고 있는 거야!

is! I don't believe / he meant it a bit.
믿지 않아   그 말이 진심이라고.

He clings to his solitude, / to his affected indifference
페터는 자기의 외로움에 집착하면서,   억지로 무관심 하고 어른인 체 하지만,

and his grown-up ways, / but it's just an act, / so as
그것은 단지 시늉일 뿐이야,

never, / never to show his real feelings. Poor Peter, / how
결코,   결코 자기의 진짜 감정들을 드러내지 않으려는.   불쌍한 페터,

long will he be able to go on / playing this role? Surely
얼마나 계속할 수 있을까   이런 연극 놀이를?

a terrible outburst must follow / as the result of this
분명히 끔찍한 감정의 폭발하고 말 거야   이 초인적인 노력의 결과로?

superhuman effort?

Oh, Peter, / if only I could help you, / if only you would
아, 페터,   내가 도울 수만 있다면,   널 돕도록 허락해 준다면!

let me! Together / we could drive away / your loneliness
함께   우리는 쫓아 버릴 수 있을 거야   서로의 외로움을!

and mine!

I think a lot, / but I don't say much. I am happy / if I
난 많이 생각하지만,   많이 말하지 않아.   행복해

see him / and if the sun shines / when I'm with him. I
페터를 보면   또 해가 빛나고 있기만 하면   페터와 함께 있을 때.

was very excited yesterday; / while I was washing my
어제는 굉장히 흥분했었어;   머리를 감고 있는 동안,

hair, / I knew / that he was sitting / in the room next to
알았거든   페터가 앉아 있다는 것을   우리 옆 방에.

ours. I couldn't do anything about it; / the more quiet
어쩔 수 없었어;   더 진지해지고

and serious / I feel inside, / the more noisy / I become
속으로 생각할수록,   더 시끄럽게 굴거든   겉으로는.

outwardly.

---

scoffingly 비웃어, 조소하여 | thinker 몽상가, 사색가 | explode 폭발하다 | harsh 가혹한, 잔인한 | mistake
잘못 생각하고 있는, 틀린 | cling to 달라붙다, 집착하다 | solitude 고독, 쓸쓸함 | affected 가장된, 주민 | so as
to~ ~하기 위해서 | effort 노력 | drive away 쫓아 버리다 | outwardly 외면상, 겉보기에는

Who will be the first / to discover and break through /
첫 번째 사람은 누가 될까   발견하고 뚫고 들어올 사람이

this armor? I'm glad / after all / that the Van Daans have
이 마음의 갑옷을? 기뻐하고 있어   결국은   반 단 가족에게 아들이 있다는 것을

a son / and not a daughter, / my conquest could never
딸이 아니고,   사랑을 차지하기 위한 이 과정이 결코

have been / so difficult, / so beautiful, / so good, / if I had
매우 힘겹거나,   아름답거나,   멋지지도 않았을테니,

not happened to hit on / someone of the opposite sex.
만약 마주치지 않았다면   이성의 누군가와.

Yours, Anne
안네가

P.S. / You know / that I'm always honest with you, / so I
추신   알고 있지   네게는 항상 정직하다는 것을,

must tell you / that I actually live / from one meeting to
그래서 말해야 해   실제 살고 있다고   계속되는 만남 때문에.

the next. I keep hoping to discover / that he too is waiting
계속 발견하기를 바라고 있고   페터도 역시 날 기다리고 있다는

for me / all the time / and I'm thrilled / if I notice / a
것을   언제나   흥분돼   발견하게 되면

small shy advance / from his side. I believe / he'd like to
수줍게 다가오려는 작은 움직임을 페터 쪽에서.   믿어   페터가 많이 말하고

say a lot / just like I would; / little does he know / that it's
싶어 하는 것을 꼭 내가 그러는 것처럼;   페터는 거의 모르고 있어

just his clumsiness / that attracts me.
그의 서투른 태도라는 것을   날 매혹하는 것은.

Sunday, 12 March, 1944
1944년 3월 12일 일요일

Dear Kitty,
키티에게,

I can't seem to sit still / lately; / I run upstairs and down
가만히 앉아 있을 수 없는 것 같아   최근에는;   위층으로 아래층으로 왔다 갔다

/ and then back again. I love talking to Peter, / but I'm
오르락 내리락 해.   페터하고 이야기 하는 것이 정말 좋지만,

always afraid of being a nuisance. He has told me a bit
귀찮아하지 않을까 항상 걱정이 돼.   페터가 이야기를 좀 해 주었어,

/ about the past, / about his parents / and about himself.
과거에 대해,   부모님에 대해   그리고 자신에 대해.

It's not half enough though / and I ask myself / why it
하지만 전혀 충분하다 생각되지 않아서   내 자신에게 물어봤어   왜일까

is / that I always long for more. He used to think / I was
언제나 이야기를 더 듣기 바라는 것은.   페터는 생각했고   내가 참을

unbearable; / and I returned the compliment; / now I
수 없는 아이라고;   나도 그 평가를 되돌려 주었지;

have changed my opinion, / has he changed his too?
지금은 내 의견을 바꿨어.   페터도 바꿨을까?

I think so; / still it doesn't necessarily mean / that we
그렇다고 생각해;   아직 완전히 의미하는 것은 아니지만

shall become great friends, / although as far as I am
우리가 대단한 친구가 되었다고,   비록 내가 생각하기에는

concerned / it would make the time here / much more
이곳에 있는 시간이   휠씬 참을 만한 시간이

bearable. But still, / I won't get myself upset about it /
되겠지만.   하지만 그래도,   그런 일로 속상해 하지 않을 거야

— I see quite a lot of him / and there's no need / to make
— 페터에 대해서 꽤 많이 알고 있고   필요없으니까

you unhappy about it too, / Kitty, / just because I feel so
너까지 불행하게 만들,   키티,   단지 내가 비참하게 느낀다 해서.

miserable.

break through 뚫고 지나가다 | armor 갑옷 | conquest 획득, (이성을) 꾀어 차지함 | opposite sex 이성 |
clumsiness 어색함, 서투름 | attract 매혹하다, 매료하다 | unbearable 참을 수 없는

251

On Saturday afternoon / I felt in such a whirl, / after
토요일 오후에는 아주 혼란스러워서,

hearing a whole lot of sad news, / that I went and lay on
슬픈 소식을 많이 듣고 난 후에, 침대에 가서 누웠어

my divan / for a sleep. I only wanted to sleep / to stop
잠을 자려고. 잠들고 싶을 뿐이었지

myself thinking. I slept till four o'clock, / then I had to
생각하는 것을 멈추기 위해. 4시까지 자고 나서, 거실로 가야만 했지.

go into the living room. I found it difficult / to answer
어려웠어

all Mummy's question / and think of some little excuse
엄마의 질문에 대답하는 것과 핑계거리를 생각해 내는 것이

/ to tell Daddy, / as an explanation for my long sleep. I
아빠에게 말할, 긴 잠을 잔 일에 대해 설명하려고.

resorted to a "headache," / which wasn't a lie, / as I had
"두통"을 핑계로 삼았지, 그것은 거짓말이 아니었어, 좀 아프니까…

one… / but inside!
하지만 정신적인 두통이었지!

Ordinary people, / ordinary girls, / teen-agers like
보통 사람들, 보통의 소녀들, 나같은 10대들은,

myself, / will think / I'm a bit cracked / with all my
생각할 거야 내가 좀 이상하다고 자기 연민에 빠져서.

self-pity. Yes, / that's what it is, / but I pour out my heart
그래, 그것은 그렇지만, 마음속 이야기를 네게 쏟아내고,

to you, / then for the rest of the day / I'm as impudent,
그리고 나서 나머지 시간에는 덜렁대고, 즐거워하고, 그리고

gay, and self-confident / as I can be, / in order to avoid /
자신감에 차 있으려고 해 할 수 있는 한, 피하기 위해

questions / and getting on my own nerves.
질문들과 날 짜증나게 하는 일을.

Margot is very sweet / and would like me to trust her,
마르호트 언니는 아주 상냥하고 내가 언니를 신뢰하기를 바라고 있지만,

/ but still, / I can't tell her everything. She's a darling, /
아직도, 언니에게 모든 것을 이야기 할 수 없어. 언니는 사랑스럽고,

whirl 혼란 | cracked 미친, 머리가 돈 | impudent 무모한, 신중치 못한 | get on one's own nerves 남의 신경을
건드리다, 남을 초조하게 하다 | nonchalance 태연, 무관심 | untangle (분쟁 따위를) 해결하다

she's good and pretty, / but she lacks the nonchalance / for
착하고 예쁘지만,   냉정함이 부족해

conducting deep discussions; / she takes me so seriously, /
깊은 대화를 나누기에는;   언니는 날 아주 심각하게 받아들여,

much too seriously, / and then thinks about her queer little
너무 심각하게,   그리고 나서 이상한 동생에 대해 생각하고

sister / for a long time afterwards, / looks searchingly /
sister   나중에 오랫동안,   탐색하듯이 살피면서

at me, / at every word I say, / and keeps on thinking: /
날,   내가 하는 모든 말을,   계속 생각해:

"Is this just a joke / or does she really mean it?" I think /
"농담일까   아니면 정말일까?"   생각해

that's because we are together / the whole day long, / and
그것은 우리가 함께 있기 때문이고   하루 종일,

that if I trusted someone completely, / then I shouldn't
내가 누군가를 완전히 믿는다면,

want them hanging around me / all the time.
내 주변에 있도록 하지 않을 거야   항상.

When shall I finally untangle my thoughts, / when shall I
언제쯤이면 마침내 내 고민들을 해결할 수 있을까,   언제쯤 평화와 안식을

find peace and rest / within myself / again?
찾을 수 있을까   내 마음속에서   다시?

Yours, Anne
안네가

가목적어 it

find, think, believe, consider, make, 등의 동사는 가목적어 it을 사용한
5형식 표현으로 자주 쓰입니다.
to부정사나 that절을 목적어로 취할 경우에는 가목적어 it과 진목적어 to부
정사를 사용한 5형식 구문으로 표현됩니다.

▶ find   ┐
   think   ┤ + it + 형용사/명사 + to부정사/that절
   believe   ┤ (가목적어) (목적보어)   (진목적어)
   consider ┤
   make   ┘

ex) I found it difficult to answer all Mummy's question.
    나는 엄마의 질문에 대답하는 것이 어렵다는 것을 알았어.

253

Thursday, 16 March, 1944
1944년 3월 16일 목요일

Dear Kitty,
키티에게,

The weather is lovely, superb, / I can't describe it; / I'm
날씨가 상쾌하고, 엄청 멋져서, 묘사도 할 수 없을 정도야;

going up to the attic / in a minute.
다락방에 올라갈 거야 곧.

Now I know / why I'm so much more restless / than Peter.
지금은 알게 되었어 왜 내가 훨씬 더 안절부절 못 하는지 페터보다.

He has his own room / where he can work, / dream, / think,
그 애는 자기 방이 있잖아 공부하고, 꿈꾸고, 생각하고,

/ and sleep. I am shoved about / from one corner to another.
잘 수 있는. 나는 밀쳐지지 이쪽 저쪽으로.

I hardly spend any time / in my "double" room / and yet it's
거의 시간을 보낼 수 없어서 내 "2인용" 방에서 나만의 방을 갖는

something / I long for so much. That is the reason too / why
것이야 내가 굉장히 바라는 일은. 그것이 이유이기도 해

I so frequently escape to the attic. There, / and with you,
다락방으로 자주 탈출하는. 그곳에서, 그리고 너와 있을 때,

/ I can be myself / for a while, / just a little while. Still, / I
내 자신일 수 있어 잠시 동안, 아주 잠시 동안. 그래도

don't want to moan about myself, / on the contrary, / I want
내 자신에 대해 불평하고 싶지 않아, 반대로,

to be brave. Thank goodness / the others can't tell / what
용감해지고 싶어. 감사하게도 다른 사람들은 몰라

my inward feelings are, / except that I'm growing cooler /
내가 속으로 어떻게 느끼는지, 내가 점점 더 냉정해지고

towards Mummy / daily, / I'm not so affectionate to Daddy
엄마에게 날마다, 아빠에게 그다지 애정이 없고

/ and don't tell Margot a single thing. I'm completely closed
언니에게 한 마디도 하지 않는 것을 빼고는. 난 완전히 닫혀 지내.

up. Above all, / I must maintain my outward reserve, / no
무엇보다, 밖으로 표현하는 것을 삼가야만 해,

one must know / that war still reigns incessantly / within.
아무도 알아서는 안 돼 전쟁이 끊임없이 일어나고 있다는 것을 내 안에서.

superb 최고의, 매우 뛰어난 | shove 밀다, 밀어젖히다 | affectionate 애정이 있는 | reserve 삼가기, 자제 |
incessantly 계속적으로

War between desire and common sense. The latter has
욕망과 상식 사이의 전쟁 말이야.   지금까지는 상식이 이겼지만;

won up till now; / yet will the former prove / to be the
                    욕망이 드러나게 될까   더 강하다는 것을

stronger / of the two? Sometimes I fear / that it will / and
둘 중?   때로는 두려워 하면서   욕망이 앞설까 봐

sometimes I long for it to be!
때로는 그러기를 바라지!

Oh, / it is so terribly difficult / never to say anything to
아,   끔찍하게 어렵지만   페터에게 아무 말도 하지 않는 것은,

Peter, / but I know / that the first to begin / must be he; /
알아   처음 시작해야 하는 사람은   페터여야만 한다는 것을;

there's so much I want to say and do, / I've lived it all / in
말하고 싶고 하고 싶은 것들이 아주 많지만,   전부 가능한 일이고

my dreams, / it is so hard to find / that yet another day has
꿈속에서나,   발견하는 것은 매우 힘들지만   하루가 또 지나갔다는 것을

gone by, / and none of it comes true! Yes, / Kitty, / Anne is
            아무것도 실현되지 않았어!   그래,   키티,

a crazy child, / but I do live in crazy times / and under still
안네는 미친 아이지만,   난 미친 시대에 살고 있고

crazier circumstances.
더욱 미친 환경에서 살고 있어.

But, / still, / the brightest spot of all is / that at least I can
하지만,   여전히,   이런 모든 일의 가장 긍정적인 면은   적어도 쓸 수 있다는 것이야

write down / my thoughts and feelings, / otherwise I would
                내 생각과 감정을,   그렇지 않았다면 완전히 숨이

be absolutely stifled! I wonder / what Peter thinks about all
막혔을 거야!   궁금해   페터는 이런 일들을 어떻게 생각하고 있는지?

these things? I keep hoping / that I can talk about it to him
                계속 바라고 있어   그 애와 이것에 대해 이야기 할 수 있기를

/ one day. There must be something / he has guessed about
언젠가.   뭔가 있음에 틀림없어   페터가 나에 대해 추측한,

me, / because he certainly can't love / the outer Anne, /
왜냐하면 사랑할 수 없을 테니까   겉으로 보이는 안네와,

which is the one he knows so far.
지금까지 알아왔던.

stifle 숨막히게 하다, 억누르다

255

How can he, / who loves peace and quiet, / have any
페터가 어떻게,   평화와 고요한 것을 사랑하는,

liking for all my bustle and din? Can he possibly be / the
왁자지껄한 나를 좋아하겠어?   어쩌면 페터가 될 수 있을까

first and only one / to have looked through my concrete
최초이자 유일한 사람이   내 단단한 갑옷을 꿰뚫어 볼?

armor? And will it take him long / to get there? Isn't
시간이 오래 걸리게 될까   꿰뚫어 볼 때까지?

there an old saying / that love often springs from pity, /
오래된 격언이 있지 않나   사랑은 종종 연민에서 나온다거나,

or that the two go hand in hand? Is that the case with me
사랑과 연민은 손을 잡고 나란히 간다는?   내 경우에도 그런 것일까?

too? Because I'm often just as sorry for him / as I am for
왜냐하면 페터에게서도 종종 연민을 느끼거든   내 자신에게 느끼

myself.
는 것만큼.

I really don't honestly know / how to begin, / and
정말 솔직히 모르겠어   페터가 어떻게 시작할지,

however would he be able to, / when he finds talking so
어떻게든 할 수 있을지,   그 애는 이야기 하는 것을 훨씬 어려워

much more difficult / than I do? If only I could write to
하는데   나보다?   글을 쓸 수만 있다면,

him, / then at least I would know / that he would grasp /
그러면 적어도 알텐데   페터가 이해하리라는 것을

what I want to say, / because it's so terribly difficult / to
내가 무슨 말을 하고 싶은지,   왜냐하면 아주 어려운 일이니까

put it into words!
말로 표현하는 것은!

Yours, Anne
안네가

Sunday, 19 March, 1944
1944년 3월 19일 일요일

Dear Kitty,
키티에게,

Yesterday was a great day for me. I had decided / to talk
어제는 대단한 날이었어.   결심했지

things out with Peter. Just as we were going to sit down
페터와 털어놓고 이야기 하기로.   저녁을 먹으러 앉으면서

to supper / I whispered to him, / "Are you going to do
         페터에게 속삭였어,   "속기 연습 할 거니

shorthand / this evening, / Peter?" / "No," / was his reply.
         오늘 저녁에,   페터?"   "아니,"   페터가 대답했어.

"Then I'd just like to talk to you / later!" He agreed.
"그럼 이야기 좀 하자   나중에!"   그 애는 동의했지.

After the dishes were done, / I stood by the window / in
설거지를 끝내고,   창문가에 서 있었어

his parents' room / awhile for the look of things, / but it
페터 부모님 방의   잠시 상황을 보려고,

wasn't long / before I went to Peter. He was standing / on
하지만 오래지 않아   페터에게 갔어.   페터는 서 있었지

the left side of the open window, / I went and stood on the
열린 창문 왼쪽에,   난 오른쪽에 가서 섰지.

right side, / and we talked. It was much easier / to talk /
         그리고 이야기 했어.   훨씬 쉬웠고   이야기 하기가

beside the open window / in semidarkness / than in bright
열린 창문 옆에서   어둑어둑한 가운데   환한 불빛에서보다,

light, / and I believe / Peter felt the same.
         믿어   페터도 똑같이 느꼈다고.

We told each other so much, / so very very much, / that I
우리는 많은 이야기를 했어,   아주 아주 많이,

can't repeat it all, / but it was lovely; / the most wonderful
다 말할 수는 없지만,   정말 좋았어;   가장 훌륭한 저녁이었어

evening / I have ever had / in the "Secret Annexe." I will
         내가 보냈던   "은신처"에서.

just tell you briefly / the things we talked about.
간단하게 말해 줄게   우리가 나눴던 이야기를.

First we talked about / the quarrels / and how I regard
우선 이야기 했고   말다툼에 대해   그리고 말다툼을 어떻게 받아

them / quite differently / now, / and then about the
들이는지 꽤 다르게   지금은,   그리고 나서 불화에 대해 이야기 했어

estrangement / between us and our parents.
                우리와 부모님 간의.

I told Peter / about Mummy and Daddy, / and Margot, /
페터에게 말했지   엄마와 아빠,   언니,

and about myself.
그리고 내 자신에 대해.

At one moment / he asked, / "I suppose / you always give
어느 순간   페터가 물어봤어, "생각하는데   너희 가족은 언제나 해 준다고

each other / a good night kiss, / don't you?"
서로에게   굿나잇 키스를,   안 그래?"

"One, / dozens, / why, / don't you?"
"하지,   많이,   왜,   너희는 안 하니?"

"No, / I have hardly ever kissed / anyone."
"응,   입맞춘 적 없어   누구에게도."

"Not even on your birthday?"
"네 생일조차도?"

"Yes, / I have then."
"하지,   그때는."

We talked about / how we neither of us confide / in our
우리는 이야기 했어   왜 둘 다 비밀을 털어놓을 수 없는지

parents, / and how his parents would have loved to have /
부모님한테,   페터의 부모님이 얼마나 얻고 싶어 했는데

his confidence, / but that he didn't wish it. How I cry my
그의 신뢰를,   그 애는 그러고 싶지 않았는지.   내가 잠자리에서 얼마나

heart out in bed, / and he goes up into the loft / and swears.
가슴이 터지게 우는지,   그리고 페터는 다락방에 올라가서   욕지거리 하는지.

awhile 잠깐 | estrangement 불화, 소원 | confidence 신뢰, 신임 | swear 욕지거리 하다

259

How Margot and I really only know / each other / well / for
어떻게 언니와 내가 겨우 알 수 있게 되었는지   서로를   잘

a little while, / but that, / even so, / we don't tell each other
조금밖에,   그러나,   그렇다 해도,   서로 모든 것을 이야기 하지 않는지,

everything, / because we are always together. Over every
언제나 함께 있기 때문에.   상상 가능한 모든

imaginable thing / — oh, / he was just as I thought!
주제에 대해 이야기 했어   — 아,   페터는 내가 생각하는 그대로였어!

Then we talked about 1942, / how different we were then.
그리고 우리는 1942년에 대해 이야기 했어,   그때는 우리가 얼마나 달랐는지.

We just don't recognize / ourselves as the same people /
그저 생각하지 않아   서로가 더 이상 같은 사람이라고.

any more. How we simply couldn't bear / each other / in
얼마나 참을 수 없었는지   서로를

the beginning. He thought / I was much too talkative and
처음에는.   페터는 생각했고   내가 너무 말이 많고 제멋대로 군다고,

unruly, / and I soon came to the conclusion / that I'd no
내가 바로 결론을 내렸지   페터를 생각해 줄

time for him. I couldn't understand / why he didn't flirt
시간이 없었다고.   이해하지 못했지만   왜 페터가 내게 잘 보이려고 하지

with me, / but now I'm glad. He also mentioned / how much
않았는지,   지금은 기뻐.   그 애는 또 말했어   얼마나

he isolated himself / from us all. I said / that there was not
얼마나 자신을 고립시켜 왔는지   우리 모두에게서.   난 말했어

much difference / between my noise and his silence. That
별로 다른 점이 없다고   내 시끄러움이나 페터의 침묵에는.

I love peace and quiet too, / and have nothing for myself
나도 역시 평화와 고요함을 사랑하고,   내 자신만을 위한 것이 없다고 했어,

alone, / except my diary. How glad he is / that my parents
일기장 말고는.   페터가 얼마나 기쁜지 이야기 하고

have children here, / and that I'm glad he is here.
부모님에게 아이들이 있어서,   그리고 나도 페터가 이곳에 있어서 기쁘다 했어.

That I understand / his reserve / now / and his relationship
알게 되었다고 했어   그의 신중함을   이제

with his parents / and how I would love to be able to help
부모님과의 관계를   또 내가 얼마나 페터를 돕고 싶은지.

him.

"You always do help me," / he said. "How?" / I asked,
"넌 언제나 날 돕고 있어,"   페터가 말했어. "어떻게?"   내가 물었지,

/ very surprised. "By your cheerfulness." That was
   굉장히 놀라서.   "네가 쾌활하게 행동해서."

certainly the loveliest thing / he said. It was wonderful, /
분명히 가장 사랑스러운 말이었어   그가 한.   멋진 일이고,

he must have grown to love me as a friend, / and that is
페터가 날 친구로서 받아들인 것이 틀림없다는 것은,

enough / for the time being. I am so grateful and happy, /
충분해   지금으로서는.   지금 아주 기분이 좋고 행복해서,

I just can't find the words. I must apologize, / Kitty, / that
표현할 수 없어.   사과해야겠어,   키티,

my style is not up to standard today.
오늘 내 문체가 그다지 좋지 않은 것을.

I have just written down / that came into my head. I have
그저 적어 내려가고 있거든   내 머리 속에 떠오르는 것을.

the feeling now / that Peter and I share a secret. If he
지금 느끼고 있어   페터와 내가 비밀을 공유하고 있다고.

looks at me / with those eyes that laugh and wink, / then
페터가 나를 보면   웃고 윙크하는 눈으로,

it's just as if a little light goes on / inside me. I hope / it
마치 작은 불빛이 들어오는 것 같아   내 안에.   바라고 있어

will remain like this / and that we may have / many, many
계속 이런 상태로 남아서   갖게 되기를

more glorious times / together!
많은, 아주 더 많은 멋진 시간을   함께!

Your grateful, happy Anne
기분 좋고, 행복한 안네가

Tuesday, 28 March, 1944
1944년 3월 28일 화요일

Dear Kitty,
키티에게,

I could write a lot more about politics, / but I have heaps of
정치에 대해 많은 이야기를 쓸 수 있지만, 다른 것들이 많이 있어

other things / to tell you today. First, / Mummy has more
오늘 네게 말할. 첫째, 엄마가 좀 금지하셔

or less forbidden me / to go upstairs so often, / because, /
위층으로 자주 가는 것을, 왜냐하면,

according to her, / Mrs. Van Daan is jealous. Secondly, /
엄마에 따르면, 반 단 아주머니가 질투한대. 둘째,

Peter has invited Margot / to join us / upstairs; / I don't know
페터는 언니를 초대했어 우리와 함께하자고 위층에서; 모르겠어

/ whether it's just out of politeness / or whether he really
단지 예의상 그런 것인지 정말 그러기를 원하는 것인지.

means it. Thirdly, / I went and asked Daddy / if he thought
셋째, 아빠에게 가서 물어봤어 생각하시는지

/ I need pay any regard / to Mrs. Van Daan's jealousy, / and
내가 신경 써야 한다고 반 단 아주머니의 질투를, 아빠는

he didn't think so. What next? Mummy is cross, / perhaps
그렇게 생각하지 않으신대. 다음에는? 엄마가 화가 나셨어, 아마 역시 질투 때

jealous too. Daddy doesn't grudge / us these times together, /
문인가 봐. 아빠는 꺼려하지 않으시고 우리가 함께 시간을 보내는 것을,

and thinks / it's nice / that we get on so well. Margot is fond
생각하시지, 좋다고 우리가 잘 지내는 것이. 언니도 페터를 역시 좋아

of Peter too, / but feels / that two's company / and three's a
하지만, 느껴 둘은 지내기에 좋지만

crowd.
셋은 많다고.

Mummy thinks / that Peter is in love with me / quite frankly,
엄마는 생각하셔 페터가 나랑 사랑에 빠졌다고 솔직하게,

more or less 다소, 대체로 | grudge 꺼리다 | quit 비긴, 피장파장의 | poke one's nose in ~에 쓸데없이
참견하다

/ I only wish he were, / then we'd be quits / and really be
나도 그랬으면 좋겠어,　　　　　그러면 피장파장이 되는 것이고

able to get to know each other. She also says / that he keeps
정말 서로 잘 알 수 있게 될 테니까.　　　엄마는 또 말씀하셔

on looking at me. Now, / I suppose / that's true, / but still
페터가 계속해서 날 본다고.　지금은,　나도 생각하지만　맞고,

I can't help it / if he looks at my dimples / and we wink at
여전히 어쩔 수 없잖아　페터가 만약 내 보조개를 보고　　서로 윙크한다고 해도

each other / occasionally, / can I?
가끔은,　　　　안 그래?

I'm in a very difficult position. Mummy is against me / and
정말 어려운 처지에 있어.　　　엄마는 날 반대하시고

I'm against her, / Daddy closes his eyes / and tries not to
나도 엄마가 싫어,　아빠는 눈을 감고　　보지 않으려 하셔

see / the silent battle between us. Mummy is sad, / because
엄마와 나의 침묵의 싸움을.　　엄마는 슬퍼하셔,

she does really love me, / while I'm not in the least bit sad,
진짜로 날 사랑하기 때문에,　하지만 하나도 슬프지 않아,

/ because I don't think / she understands. And Peter / — I
생각하지 않으니까　엄마가 날 이해한다고.　그리고 페터는

don't want to give Peter up, / he's such a darling. I admire
— 페터를 포기하고 싶지 않아,　정말 사랑스러워.　페터를 정말

him so; / it can grow into something beautiful / between us;
존경해;　뭔가 아름다운 것이 자라날 수 있어　우리 사이에;

/ why do the "old 'uns" have to poke their noses in / all the
왜 "어른"들은 쓸데없이 참견해야 하는 걸까

time? Luckily / I'm quite used to hiding my feelings / and
언제나?　운좋게도　난 감정을 숨기는데 꽤 익숙하고

I manage extremely well / not to let them see / how mad I
굉장히 잘 감출 수 있어　어른들이 알지 못하도록　내가 얼마나 페터를

am about him. Will he ever say anything? Will I ever feel
좋아하는지.　페터가 무슨 말을 할까?

his cheek against mine, / like I felt Petel's cheek / in my
내 뺨에 그의 뺨을 느낄 수 있게 될까,　페텔의 뺨을 느꼈듯이　내 꿈 속에서?

dream? Oh, / Peter and Petel, / you are one and the same!
아,　페터와 페텔,　너희는 하나이고 같은 사람이야!

They don't understand us; / won't they ever grasp / that we
are happy, / just sitting together / and not saying a word.

They don't understand / what has driven us together like
this. Oh, / when will all these difficulties be overcome?

And yet it is good / to overcome them, / because then the
end / will be all the more wonderful. When he lies / with
his head on his arm / with his eyes closed, / then he is still
a child; / when he plays with Boche, / he is loving; / when
he carries potatoes or anything heavy, / then he is strong;
/ when he goes and watches the shooting, / or looks for
burglars in the darkness, / then he is brave; / and when he
is so awkward and clumsy, / then he is just a pet.

I like it much better / if he explains something to me /
than when I have to teach him; / I would really adore him
/ to be my superior / in almost everything.

What do we care / about the two mothers? Oh, / but if
only he would speak!

Yours, Anne

Saturday, 1 April, 1944
1944년 4월 1일 토요일

Dear Kitty,
키티에게,

And yet everything is still so difficult; / I expect / you can
아직도 모든 것이 아주 어려워;　　　　　　　　　생각해　　　너도 추측할

guess / what I mean, / can't you? I am so longing for a
수 있다고　내가 의미하는 것을,　안 그래?　간절하게 키스를 바라고 있어,

kiss, / the kiss that is so long in coming. I wonder / if all
오기에 아주 오래 걸리는 키스.　　　　　궁금해

the time / he still regards me as a friend? Am I nothing
항상　　　아직도 페터가 날 친구로 생각하고 있는지?　난 그 이상은 아닌 걸까?

more?

You know and I know / that I am strong, / that I can carry
너도 알고 나도 알아　　　내가 강하다는 것을,

most of my burdens / alone. I have never been used / to
거의 모든 내 짐을 지고 갈 수 있어 혼자.　결코 익숙하지 않고

sharing my troubles with anyone, / I have never clung to
내 문제를 남들과 나누는 것에,　　　　　엄마에게 매달려 본 적도 없지만,

my mother, / but now I would so love to / lay my head on
지금은 하고 싶어　　　　　내 머리를 "그의" 어깨에

"his" shoulder / just once / and remain still.
기대고　　　한 번이라도　가만히 있고 싶어.

I can't, / I simply can't ever forget / that dream of Peter's
할 수 없어,　그저 잊을 수 없어　　　페터의 뺨이 나왔던 꿈을,

cheek, / when it was all, all so good! Wouldn't he long
그 꿈 속에서 얼마나 좋았든지!,　　　페터도 역시 키스를 갈망하지

for it too? Is it that he is just too shy / to acknowledge his
않을까?　페터는 그저 너무 수줍어서　　　사랑을 인정하지 못하는 것일까?

love? Why does he want me with him / so often? Oh, /
페터는 왜 나와 함께 있고 싶어 할까　　　그토록 자주?　아,

why doesn't he speak?
왜 말해 주지 않는 거지?

I'd better stop, / I must be quiet, / I shall remain strong
그만하는 것이 좋겠어   조용히 있어야지,   강하게 있으면서

/ and with a bit of patience / the other will come too, /
조금 참고 기다리면   그쪽에서도 다가오겠지,

but — and that is the worst of it — / it looks just as if
하지만 — 가장 최악인 일은 —   내가 페터를 쫓아다니는 것처럼

I'm running after him; / I am always the one / who goes
보인다는 것이지;   언제나 나이고   위층으로 올라가는

upstairs, / he doesn't come to me.
것은,   페터는 내게 오지 않으니까.

But that is just because of the rooms, / and he is sure to
하지만 그것은 단지 방 때문이고,

understand the difficulty.
페터도 확실히 그 어려움을 이해하고 있어.

Oh, yes, / and there's more / he'll understand.
아, 그래,   더 많은 것을   페터는 이해해 줄 거야.

Yours, Anne
안네가

Sunday morning, just before eleven o'clock,
1944년 4월 16일 일요일 아침 11시 직전

16 April, 1944

Dear Kitty,
키티에게,

Remember yesterday's date, / for it is a very important
어제 날짜를 기억해 줘,   아주 중요한 날이니까

day / in my life. Surely / it is a great day for every girl /
내 생애에서.   분명히   모든 소녀들한테 굉장한 날이겠지

when she receives her first kiss? Well, / then, / it is just
첫 키스를 받은 날은?   자,   그럼,

as important for me too! Bram's kiss on my right cheek
그 날은 내게도 똑같이 중요해!   내 오른쪽 볼에 받은 브람의 입맞춤은

/ doesn't count any more, / likewise the one from Mr.
더 이상 중요하지 않아,   마찬가지로 워커 씨에게 받은 입맞춤도

Walker / on my right hand.
오른손에.

run after ~을 뒤쫓다 | come by ~을 얻다, 입수하다

How did I suddenly come by this kiss? Well, / I will tell
어떻게 갑자기 키스를 받게 되었냐고?   자,   말해 줄게.

you.

Yesterday evening at eight o'clock / I was sitting with
어제 저녁 8시에,   페터와 함께 앉아 있었어

Peter / on his divan, / it wasn't long before / his arm went
        침대에,   잠시 후   페터의 팔이 날 감싸

round me. "Let's move up a bit," / I said, / "then I don't
안았지.   "조금만 옮기자,"   내가 말했어,   "머리를 부딪치지 않을

bump my head / against the cupboard." He moved up,
거야   선반에."   페터가 자리를 옮겼고,

/ almost into the corner, / I laid my arm under his and
  거의 구석으로,   난 그의 등에 팔을 둘러서,

across his back, / and he just about buried me, / because
                    페터의 몸이 나를 덮을 뻔 했지,

his arm was hanging on my shoulder.
그의 팔이 내 어깨 위에 올려져 있었거든.

Now / we've sat like this / on other occasions, / but never
지금까지 이런 식으로 앉은 적이 있지만   다른 때에도,

so close together / as yesterday. He held me firmly against
이렇게 가까운 적은 없어   어제처럼.   페터는 날 자기 쪽으로 꼭 안았고,

him, / my left shoulder against his chest; / already my
      내 왼쪽 어깨가 그의 가슴에 닿았지;

heart began to heat faster, / but we had not finished yet.
내 심장은 이미 빠르게 뛰기 시작했지만,   아직 끝이 아니었어.

He didn't rest / until my head was on his shoulder / and
페터는 멈추지 않았어   그의 어깨에 내 머리를 얹고   그의 머리를

his against it. When I sat upright again / after about five
나한테 얹을 때까지.   내가 다시 똑바로 앉자   약 5분 후에,

minutes, / he soon took my head in his hands / and laid it
페터는 내 머리를 손으로 잡아서

against him once more. Oh, / it was so lovely, / I couldn't
자기 쪽으로 다시 끌어당겼지.   아,   아주 사랑스러웠어,   말도 별로 할 수

talk much, / the joy was too great. He stroked my cheek
없었어,   기쁨이 너무 커서.   페터는 내 볼과 팔을 잠시 쓰다듬은 후

and arm a bit / awkwardly, / played with my curls / and
어색하게,   내 머리를 만지작거렸고

our heads lay touching more of the time. I can't tell you,
우리는 거의 머리를 붙이고 있었어.   설명할 수 없구나,

/ Kitty, / the feeling that ran through me / all the while. I
키티,   내 몸 속에 흐르던 그 느낌을   그 동안 내내.

was too happy for words, / and I believe he was as well.
너무 행복해서 말도 할 수 없었고,   페터도 마찬가지였을 거야.

We got up at half past eight. Peter put on his gym shoes,
우리는 8시 30분에 일어났어.   페터는 운동화를 신고 있었지,

/ so that when he toured the house / he wouldn't make
집을 돌아다닐 때   소리를 내지 않으려고,

a noise, / and I stood beside him. How it came about so
그리고 난 페터 옆에 서 있었어.   어떻게 갑자기 그렇게 되었는지,

suddenly, / I don't know, / but before we went downstairs
나도 모르겠지만,   아래층으로 내려가기 전에

/ he kissed me, / through my hair, / half on my left cheek,
그 애가 키스했어,   내 머리카락 사이로,   입술의 반은 내 왼쪽 뺨에,

/ half on my ear; / I tore downstairs / without looking
반은 내 귀에 대고;   아래층으로 달려 내려갔지   뒤도 돌아보지 않고,

round, / and am simply longing for today!
오늘을 얼마나 기다렸는지!

Yours, Anne
안네가

all the while 그 동안 죽, 내내

Monday, 17 April, 1944
1944년 4월 17일 월요일

Dear Kitty,
키티에게,

Do you think / that Daddy and Mummy would approve
생각하니   아빠와 엄마가 받아들이실 거라고

/ of my sitting and kissing a boy in a divan / — a boy of
남자와 침대에 앉아서 키스한 것을

seventeen and a half / and a girl of just under fifteen? I
— 17살 반의 소년과   15살도 안 된 소녀가?

don't really think they would, / but I must rely on myself
부모님이 허락할 거라고 생각하지 않지만,   내 자신을 믿어야겠지

/ over this. It is so quiet and peaceful / to lie in his arms /
이 문제에 대해서는. 아주 조용하며 평화로운 기분이었어   그의 팔에 안겨

and to dream, / it is so thrilling to feel his cheek against
꿈을 꾸는 것은,   내 뺨에 페터의 뺨을 느끼는 것은 매우 가슴이 뛰며,

mine, / it is so lovely / to know / that there is someone
멋진 일이지   알게 되는 것은   날 기다리는 누군가가 있다는 것.

waiting for me. But there is indeed a big "but," / because
하지만 사실은 커다란 "그러나"가 있어,

will Peter be content / to leave it at this? I haven't
페터가 만족할까   이런 상태에 머무는 것에?

forgotten his promise already, / but…he is a boy!
그 애의 약속을 벌써 잊지 않았어,   하지만…페터는 남자잖아!

I know myself / that I'm starting very soon, / not even
내 자신도 알고 있지   내가 매우 빨리 성숙해졌으며,   심지어 15살도

fifteen, / and so independent already! It's certainly hard
안 되었는데,   이미 아주 독립적이라는 것을!   확실히 어렵지

/ for other people / to understand, / I know almost for
다른 사람은   이해하기가,   난 거의 확신하고 있지만

certain / that Margot would never kiss a boy / unless
마르호트 언니는 절대 남자와 키스하지 않으리라는 것을

there had been some talk of an engagement or marriage,
약혼이나 결혼 이야기가 없다면,

/ but neither Peter nor I / have anything like that in mind.
페터도 나도   결혼같은 것은 생각하고 있지 않아.

I'm sure too / that Mummy never touched a man / before
또한 확신해   엄마도 남자를 만져본 적이 없었다고

Daddy. What would my girl friends say about it / if they
아빠 이전에. 여자 친구들은 뭐라고 할까   알게 된다면

knew / that I lay in Peter's arms, / my heart against his
          페터의 팔에 안겨,   가슴을 페터의 가슴에 기대고,

chest, / my head on his shoulder / and with his head
          머리를 페터의 어깨에 기댄 채   머리를 마주대고 있었다는 것을!

against mine!

Oh, / Anne, / how scandalous! But honestly, / I don't
아,   안네,   정말 창피하구나!   하지만 솔직히,   난 그렇게 생각하지

think it is; / we are shut up here, / shut away from the
않아;   우리는 이곳에 갇혀 있어,   세상으로부터 갇혀 있다고,

world, / in fear and anxiety, / especially just lately. Why,
          두려움과 걱정 속에서,   특히 최근에는.   왜,

/ then, / should we who love each other / remain apart?
    그렇다면,   서로 사랑하는 우리가   떨어져 있어야 하는 거지?

Why should we bother?
왜 신경 써야 하는 거지?

Key Expression

with를 사용한 부대상황 : ~ 하면서, ~ 한 채로

두 가지 일이 동시에 일어날 때를 부대상황이라고 합니다. 부대상황은 with를 사용하여 다음과 같이 네 가지 형태로 표현할 수 있으며, '~하면서', 혹은 '~한 채로' 라고 해석합니다.

▶ with + 목적어 + 현재분사(목적어와 분사가 능동 관계)
▶ with + 목적어 + 과거분사(목적어와 분사가 수동 관계)
▶ with + 목적어 + 형용사
▶ with + 목적어 + 전치사구

ex) I lay in Peter's arms, my heart against his chest, my head on his shoulder
and with his head against mine!
나는 페터의 팔에 안겨, 내 가슴을 페터의 가슴에 기대고, 그 애의 머리를 내 어깨에 기댄 채 내 머리를 그의 어깨에 기대고 있었다.
When he lies with his head on his arm with his eyes closed, then he is still a child.
페터가 팔을 베고 눈을 감은 채 누워 있을 때면, 그는 아직 아이같아.

I have taken it upon myself / to look after myself; / he
난 스스로 책임져 왔고   자신을 돌보는 것은;

would never want to cause me / sorrow or pain. Why
페터는 결코 내게 주고 싶지 않을 거야   슬픔이나 고통을.

shouldn't I follow / the way my heart leads me, / if it
왜 따르면 안 되는 거지   내 마음이 이끄는 대로,

makes us both happy? All the same, / Kitty, / I believe
그것으로 둘이 행복해진다면?   동시에,   키티,   믿고 있지만

/ you can sense / that I'm in doubt, / I think / it must be
너도 알 수 있다고   내가 고민하고 있는 것을,   생각해   내 정직함 때문일

my honesty / which rebels against doing anything on the
거라고   무슨 일이든 몰래 하는 것을 싫어하는!

sly! Do you think / it's my duty to tell Daddy / what I'm
생각하니   아빠에게 말하는 것이 의무라고   내가 하는 일을?

doing? Do you think / we should share our secret / with
생각하니   우리의 비밀을 공유해야 한다고

a third person? A lot of the beauty would be lost, / but
다른 사람과?   아름다운 우리 관계가 많이 퇴색되겠지만,

would my conscience feel happier? I will discuss it with
내 양심은 더 행복해질까?   "그"와 의논해 봐야겠어.

"him."

Oh, / yes, / there's still so much / I want to talk to him
아,   그래,   아직도 아주 많아   페터와 이야기 하고 싶은 것들이,

about, / for I don't see / the use of only just cuddling
모르겠으니까   단지 서로 껴안고만 있는 것이 무슨 소용인지.

each other. To exchange our thoughts, / that shows
생각을 나누면,

confidence and faith / in each other, / we would both be
신뢰와 믿음을 보여 주는   서로,   분명 얻게 되는 것이 있겠지!

sure to profit by it!

Yours, Anne
안네가

scandalous 불명예스러운, 면목이 없는 | take it upon oneself to ~할 책임을 떠맡다 | rebel 아주 싫어하다 | on
the sly 살짝, 남몰래 | cuddle ~을 껴안다

271

Tuesday, 18 April, 1944
1944년 4월 18일 화요일

Dear Kitty,
키티에게,

Everything goes well here. Daddy's just said / that he
모든 일이 순조로워.   아빠가 방금 말씀하셨어

definitely expects / large-scale operations to take place /
확실히 기대하고 있다고   대규모 작전이 일어날 거라고

before the twentieth of May, / both in Russia and Italy, /
5월 20일 이전에,   러시아와 이탈리아,

and also in the West; / I find it more and more difficult /
그리고 서방에서도;   점점 더 어려워져

to imagine our liberation from here.
이곳에서 자유로워지는 것을 상상하는 것이.

Yesterday / Peter and I finally got down to our talk, /
어제   마침내 페터와 이야기를 나누게 되었어

which had already been put off / for at least ten days.
이미 미뤄왔던   열흘 이상이나.

I explained everything about girls to him / and didn't
여자에 대한 모든 것을 페터에게 설명했고

hesitate to discuss / the most intimate things. The
서슴치 않고 논의했지   가장 은밀한 이야기까지도.

evening ended / by each giving the other a kiss, / just
저녁을 끝냈어   서로에게 키스하면서,

about beside my mouth, / it's really a lovely feeling.
내 입 바로 옆에 키스했는데,   정말 좋은 느낌이었어.

Perhaps I'll take my diary up there / sometime, / to
아마 내 일기장을 갖고 올라가서   언젠가,

go more deeply into things / for once. I don't get any
더 깊은 이야기를 해 봐야겠어   한 번쯤.   만족할 수 없고

satisfaction / out of lying in each others' arms / day in,
                   서로의 팔에 안겨 있는 것으로는

day out, / and would so like to feel / that he's the same.
날이면 날마다, 무척 느끼고 싶어   페터도 같은 생각이라는 것을.

---

take place 일어나다 | intimate 개인적인, 은밀한 | day in, day out 날이면 날마다 | lingering 질질 끄는,
오래가는 | narcissus 수선화 | hyacinth 히아신스

We are having a superb spring / after our long, lingering
최고의 봄을 맞았어   길고, 질질 끌던 겨울 뒤에;

winter; / April is really glorious, / not too hot and not too
4월은 정말 눈부시게 아름다워,   너무 덥지도 춥지도 않고,

cold, / with little showers now and then. Our chestnut
가끔씩 가랑비가 오는.

tree is already quite greenish / and you can even see /
밤나무는 벌써 꽤 초록빛이 돌고   볼 수 있어

little blooms here and there.
작은 꽃들이 여기저기 핀 것도.

Elli gave us a treat on Saturday, / by bringing four
엘리 언니가 토요일에 우리에게 선물을 줬는데,   네 다발의 꽃을 가져와서,

bunches of flowers, / three bunches of narcissus / and
수선화 세 다발과

one of grape hyacinths, / the latter being for me.
히아신스 한 다발,   히아신스가 내 선물이었어.

I must do some algebra, / Kitty — good-by.
수학 공부를 좀 해야겠다,   키티 — 안녕.

Yours, Anne
안네가

Tuesday, 2 May, 1944
1944년 5월 2일 화요일

Dear Kitty,
키티에게,

On Saturday evening / I asked Peter / whether he thought /
토요일 저녁에　　　　　페터에게 물어봤어　생각하는지

I ought to tell Daddy a bit about us; / when we'd discussed
아빠에게 우리에 대한 이야기를 좀 해야 한다고;　　　얼마 동안 의논한 후,

it a little, / he came to the conclusion / that I should. I
페터는 결론 내렸어　　　　　　말해야 한다고.

was glad, / for it shows / that he's an honest boy. As soon
난 기뻤지,　　나타내는 거니까　페터가 정직한 아이라는 것을.

as I got downstairs / I went off with Daddy / to get some
아래층으로 내려가자 마자　　아빠와 나갔지　　　　물을 좀 가지러;

water; / and while we were on the stairs / I said, / "Daddy,
그리고 계단에 있을 때　　　　말했어,　"아빠,

/ I expect you've gathered / that when we're together Peter
알고 계시리라 생각해요　　　페터와 있을 때

/ and I don't sit miles apart. Do you think / it's wrong?"
내가 떨어져 앉지 않는다는 것을.　생각하세요　잘못된 일이라고?"

Daddy didn't reply immediately, / then said, / "No, / I
아빠는 바로 대답하지 않으셨고,　　　말씀하셨어,　"아니,

don't think / it's wrong, / but you must be careful, / Anne;
생각하지 않지만　잘못된 일이라고,　조심해야 한단다,　　　안네;

/ you're in such a confined space here." When we went
넌 이곳의 아주 한정된 공간에 있거든."　　　위층으로 올라갔을 때

upstairs, / he said something else / on the same lines. On
아빠는 좀 더 말씀하셨어　　같은 선상에서.

Sunday morning / he called me to him and said, / "Anne,
일요일 아침　　　아빠는 날 불러 말씀하셨지,　　"안네,

/ I have thought more about / what you said." I felt scared
생각을 좀 더 해 봤는데　　　네가 말한 것에 대해."　이미 두려움을 느꼈지.

already. "It's not really very right / — here in this house; /
"아주 옳은 일은 아니다　　　— 이곳 이 집에서는;

I thought / that you were just pals. Is Peter in love?"
생각해　너희는 그저 친구라고.　페터가 사랑에 빠졌니?"

gather (관찰하여) 알다, 배우다 | confined 한정된, 갇힌 | line 방침, 주의, 방향

"Oh, / of course not," / I replied.
"아, 물론 그런 것은 아니에요," 난 대답했어.

"You know / that I understand both of you, / but you
"너도 알겠지만 너희 둘 다 이해한다는 것을,

must be the one / to hold back. Don't go upstairs so
너여야만 한다 제지하는 사람은. 위층에 너무 자주 올라가지 마라,

often, / don't encourage him more / than you can help.
페터를 더 이상 자극하면 안 된다 네가 감당할 수 있는 이상으로.

It is the man / who is always the active one / in these
남자란다 적극적인 사람은

things; / the woman can hold him back. It is quite
이런 일에; 하지만 여자는 남자를 제지할 수 있어. 많이 달랐을 거야

different / under normal circumstances, / when you are
보통 상황에서는, 네가 자유롭고,

free, / you see other boys and girls, / you can get away
다른 남녀 친구들을 볼 수 있으며, 가끔 밖에도 나갈 수 있고,

sometimes, / play games / and do all kinds of other
게임도 하고 다른 모든 일들도 할 수 있는 때라면;

things; / but here, / if you're together a lot, / and you
하지만 이곳에서, 너희들은 오랫동안 같이 있다가,

want to get away, / you can't; / you see each other / every
네가 달아나고 싶어지면, 할 수 없단다; 서로를 보고 있으니까

hour of the day / — in fact, / all the time. Be careful, /
거의 매 시간 — 사실, 항상 보고 있지. 조심하렴,

Anne, / and don't take it too seriously!"
안네, 그리고 너무 심각하게 받아들이지 마라!"

"I don't, / Daddy, / but Peter is a decent boy, / really a
"그러지는 않지만, 아빠, 페터는 착한 아이예요,

nice boy!"
정말 좋은 아이라고요!"

"Yes, / but he is not a strong character; / he can be easily
"그래, 하지만 강한 성격은 아니지; 쉽게 영향을 받는 아이야,

influenced, / for good, / but also for bad; / I hope for
좋은 쪽으로도, 나쁜 쪽으로도; 페터를 위해 바라고 있어

his sake / that his good side will remain uppermost, /
좋은 성격이 좋은 채로 남아 있기를,

because, / by nature, / that is how he is."
왜냐하면, 선천적으로, 페터는 착한 아이니까."

We talked on for a bit / and agreed / that Daddy should
우리는 잠시 이야기를 계속했고 동의했어 아빠가 페터에게도 이야기 해야

talk to him too.
한다는 것에.

On Sunday morning / in the attic / he asked, / "And have
일요일 아침 다락방에서 페터가 물었지,

you talked to your father, / Anne?"
"아빠한테 이야기 했니, 안네?"

"Yes," / I replied, / "I'll tell you about it. Daddy doesn't
"응," 대답했어, "이야기 해 줄게. 아빠는 생각하시는 것은 아

think / it's bad, / but he says / that here, / where we're so
니지만 나쁘다고, 말씀하셨어 이곳에서는, 너무 가까이 있으니까

close together / all the time, / clashes may easily arise."
항상 충돌이 쉽게 일어날 수 있다고."

"But we agreed, / didn't we, / never to quarrel; / and I'm
"하지만 우리는 동의했잖아, 그렇지 않니, 절대 싸우지 않기로;

determined to stick to it!"
그 약속을 꼭 지키기로 결심했어!"

"So will I, / Peter, / but Daddy didn't think / that it was
"나도 그렇지만, 페터, 아빠는 생각하시는 것이 아니야 이런 관계라고,

like this, / he just thought / we were pals; / do you think /
생각하실 뿐이지 우리가 친구라고; 생각하니

that we still can be?"
아직도 친구로 지낼 수 있다고?"

"I can / — what about you?"
"할 수 있어 — 넌 어때?"

"Me too, / I told Daddy / that I trusted you. I do trust you,
"나도, 아빠에게 말했어 널 믿는다고. 널 신뢰하고,

/ Peter, / just as much as I trust Daddy, / and I believe /
페터, 내가 아빠를 믿는 것만큼, 생각해

you to be worthy of it. You are, / aren't you, / Peter?"
넌 믿을 가치가 있는 아이라고. 넌 그렇거든, 안 그러니, 페터?"

hold back 말리다, 억제하다 | circumstance 상황 | influence ~을 좌우하다, 영향을 주다 | for one's sake
남을 위하여 | uppermost 최고의, 가장 중요한 | by nature 선천적으로 | clash (견해, 이익의) 충돌 | determine
결정하다 | stick 충실히 지키다

277

"I hope so." (He was very shy / and rather red in the face.)
"그러기를 바라지." (페터는 매우 수줍어 하며   얼굴이 약간 빨개졌어.)

"I believe in you, / Peter," / I went on, / "I believe / that
"널 믿어,   페터,"   난 계속했어,   "믿어

you have good qualities, / and that you'll get on / in the
넌 좋은 자질을 갖고 있고,   성공하게 될 거야

world."
세상에 나가서."

After that, / we talked about other things. Later I said,
그런 다음,   우리는 다른 일들에 대해 이야기 했어.   나중에 내가 말했지,

/ "If we come out of here, / I know quite well / that you
"우리가 이곳에서 나간다면,   잘 알고 있어

won't bother about me any more!"
넌 더 이상 나에 대해 신경 쓰지 않을 거라는 것을!"

He flared right up. "That's not true, / Anne, / oh no, / I
페터는 바로 격분했어.   "그렇지 않아,   안네,   아, 아니야,

won't let you think that of me!"
날 그런 식으로 생각하지 마!"

Then I was called away.
그때 누가 날 불러서 내려갔어.

Daddy has talked to him; / he told me about it today.
아빠는 페터에게 이야기 하셨지;   그 애가 오늘 이야기 해 줬어.

"Your father thought / that the friendship might develop
"너희 아빠는 생각하셔   우정이 사랑으로 발전할 수 있다고

into love / sooner or later," / he said. But I replied / that we
조만간'이라고,   말했어.   하지만 난 대답했지

would keep a check on ourselves.
우리들이 서로 자제할 거라고.

quality 자질, 소질 | get on 성공하다, 출세하다 | flare up 격분하다 | develop into 발전하다, 전개하다 | sooner
or later 머지 않아 | keep a check on 억제하다, 억누르다 | right 바로잡다, 개선하다 | straight away 곧장,
당장에 | learn off ...을 암기하다 | by heart 외어서, 암기하여 | piccalilli 피커릴리 (인도의 향신료가 든 야채 절임)

Daddy doesn't want / me to go upstairs so much / in the
아빠는 원치 않으셨지만   내가 위층으로 그렇게 자주 올라가는 것을

evenings now, / but I don't want that. Not only because I
이제 저녁에,   그러고 싶지 않아.

like being with Peter; / I have told him / that I trust him. I
페터와 함께 있고 싶을 뿐 아니라;   페터에게 말했기 때문이지   믿는다고.

do trust him / and I want to show him / that I do, / which
정말 페터를 믿고 있고 보여 주고 싶은데   믿는다는 것을,

can't happen / if I stay downstairs / through lack of trust.
그럴 수 없게 되잖아   아래층에 머문다면   믿음이 부족해서.

No, I'm going!
아니야, 갈 거야!

In the meantime / the Dussel drama has righted itself
한편   뒤셀 씨의 사건은 다시 정상으로 돌아왔어.

again. At supper on Saturday evening / he apologized in
토요일 저녁 식사 시간에   아저씨는 사과하셨어

beautiful Dutch. Van Daan was nice about it / straight
아름다운 네덜란드 어로.   반 단 아저씨도 상냥했어   바로;

away; / it must have taken Dussel a whole day / to learn
뒤셀 씨는 하루종일 걸렸을 거야

that little lesson off by heart.
그 짧은 말을 암기하느라.

Sunday, / his birthday, / passed peacefully. We gave him
일요일,   아저씨 생일은,   평화롭게 흘러갔어.   아저씨에게 선물했고

/ a bottle of good 1919 wine, / from the Van Daans /
1919년산 좋은 와인 한 병을,   반 단 아저씨 네는

(who could give their presets now after all), / a bottle of
(결국은 이제 선물을 줄 수 있게 되었어),   피커릴리 한 병과

piccalilli / and a packet of razor blades, / a jar of lemon
면도날 한 봉지를,   크랄러 씨는 레몬잼 한 병,

jam from Kraler, / a book, *Little Martin*, from Miep, / and
미프 아주머니는 〈리틀 마르틴〉이라는 책,   그리고

a plant from Elli. He treated each one of us to an egg.
엘리 언니에게서 화분을 받았어. 아저씨는 우리에게 달걀을 하나씩 대접하셨지.

Yours, Anne
안네가

A. 다음 문장을 해석해 보세요.

(1) I lay in Peter's arms, / my heart against his chest, / my head on his shoulder and with his head against mine!
→

(2) Elli gave us a treat on Saturday, / by bringing four bunches of flowers, / three bunches of narcissus / and one of grape hyacinths, / the latter being for me.
→

(3) He clings / to his solitude, / to his affected indifference and his grown-up ways, / but it's just an act, / so as never, / never to show his real feelings.
→

(4) If he looks at me / with those eyes that laugh and wink, / then it's just as if a little light goes on / inside me.
→

B. 다음 주어진 문장이 되도록 빈칸에 써 넣으세요.

(1) 오늘 저녁에 페터와 엘리 둘 다 틀림없이 아주 부주의했었군.

_____ this evening.

(2) 그도 내가 하는 것과 똑같은 생각을 하고 있다고 꽤 확실히 느껴.

I feel pretty sure that _____

(3) 나는 페터와 함께 침대에 앉아 있었고, 오래지 않아 페터의 팔이 날 감싸 안았지.

I was sitting with Peter on his divan, _____
_____ .

A. (1) 나는 페터의 팔에 안겨, 내 가슴을 페터의 가슴에 기대고, 그 애 머리를 내 어깨에 기댄 채 내 머리를 그의 어깨에 기대고 있었다. (2) 엘리 언니가 토요일에 우리에게 선물로 네 다발의 꽃을 줬어. 수선화 세 다발과 히아신스 한 다발인데 후자(히아신스)가 내 선물이었어. (3) 페터는 자신이 외로움과 무관심한 어른인 체 하려는 행동에 집착하지

(4) 내게는 스스로를 돌볼 책임이 있어.

→

C. 다음 주어진 문구가 알맞은 문장이 되도록 순서를 맞춰 보세요.

(1) 내가 그와 함께 얼마나 사랑스러운 대화를 나누는지!
(have / him / lovely / What / I / with / talks)
→

(2) 나는 엄마의 질문에 대답하는 것이 어렵다는 것을 알았어.
(all / difficult / I / it / question / answer / Mummy's / to / found)
→

(3) 속으로는 더 조용하고 심각할수록, 겉으로는 더 시끄럽게 굴거든.
(inside, / I feel / outwardly / noisy / quiet and serious / The more / the more / I become)
→

(4) 페터도 나도 그런 것은 신경 쓰지 않아.
(like / Neither / anything / Peter / I / mind / have / that / in / nor)
→

D. 다음 단어에 대한 맞는 설명과 연결해 보세요.

(1) bustle ▶   ◀ ① very personal and private

(2) estrangement ▶   ◀ ② busy and noisy activity

(3) untangle ▶   ◀ ③ the state of being separated
                          from someone

(4) intimate ▶   ◀ ④ put the confused situation right

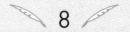

8

Wednesday, 3 May, 1944
1944년 5월 3일 수요일

Dear Kitty,
키티에게,

First, / just the news of the week. We're having a holiday
우선,   한 주 간의 소식이야.   정치 소식은 별로 없어;

from politics; / there is nothing, / absolutely nothing
아무것도 없어,   알릴 만한 소식이 전혀 없어.

to announce. I too am gradually beginning to believe /
나도 서서히 믿기 시작했어

that the invasion will come. After all, / they can't let the
연합군 침공이 일어날 거라고.   결국,

Russians clear up everything; / for that matter, / they're
러시아가 모든 것을 해결하게 할 수 없어;   그 문제에 대해,

not doing anything either / at the moment.
러시아도 아무것도 하고 있지 않으니까   지금은.

Mr. Koophuis comes to the office / every morning again
쿠피스 씨가 사무실에 오셔   다시 매일 아침에

/ now. He's got a new spring / for Peter's divan, / so Peter
이제.   아저씨가 용수철을 갖다 주셔서   페터의 침대에 쓸

will have to do some upholstering, / about which, / quite
페터는 용수철 대는 일을 해야 했지,   그것 때문에,

understandably, / he doesn't feel a bit happy.
이해는 가지만,   별로 기뻐하지는 않아.

Key Expression

save A B : A에게 B를 덜어 주다

Save는 '구하다, 저축하다, 저장하다, 모으다, 아끼다, 남겨두다' 등 다양한 의미로 쓰이는 단어입니다.
Save A B와 같이 4형식 동사로 쓰일 때에는 'A에게 B를 덜어 주다'라는 의미가 됩니다.

ex) This saves us a meal.
이렇게 해서 우리에게 식사 한 끼를 줄여 주지.

Have I told you / that Boche has disappeared? Simply
내가 말했던가   보쉬가 사라졌다고?   그저 사라져

vanished / — we haven't seen a sign of her / since
버렸어   — 아무런 흔적도 볼 수 없었지

Thursday of last week. I expect / she's already in the
지난주 목요일부터.   생각해   이미 고양이들의 천국으로 갔다고,

cats' heaven, / while some animal lover is enjoying / a
어떤 동물 애호가가 즐기는 동안

succulent meal from her. Perhaps some little girl will be
육즙이 흐르는 보쉬 고기를.   어쩌면 어떤 작은 소녀가 받게 될지도 모르지

given / a fur cap out of her skin. Peter is very sad about it.
보쉬 가죽으로 만든 털모자를.   페터는 매우 슬퍼하고 있어.

Since Saturday / we've changed over, / and have lunch /
토요일부터   우리는 바꿔서,   점심을 먹어

at half past eleven in the mornings, / so we have to last
오전 11시 30분에,   그래서 견뎌야 해

out / with one cupful of porridge; / this saves us a meal.
     죽 한 컵으로;   이렇게 해서 식사 한 끼를 줄이지.

Vegetables are still very difficult to obtain: / we had
채소는 여전히 아주 구하기 어려워:

rotten boiled lettuce / this afternoon. Ordinary lettuce,
상한 양상추 삶은 것을 먹었어   오늘 오후에.   일반 양상추,

/ spinach / and boiled lettuce, / there's nothing else.
  시금치   그리고 삶은 양상추,   다른 것은 없어.

With these / we eat rotten potatoes, / so it's a delicious
이 채소와   썩은 감자를 먹어,   맛있는 조합이지!

combination!

As you can easily imagine / we often ask ourselves here
쉽게 상상할 수 있듯이   이곳에서 종종 스스로에게 묻곤 하지

/ despairingly: "What, / oh, / what is the use of the war?
  절망스럽게: "뭐,   아,   전쟁이 무슨 소용이지?

---

upholster (의자 따위에) 용수철 등을 대다 | succulent 즙이 많은 | last out 견디다, 유지되다 | combination
조합 | despairingly 절망적으로

Why can't people live peacefully / together? Why all this
왜 사람들은 평화롭게 살지 못하는 거지   함께?

destruction?"
왜 이렇게 파괴하는 거지?"

The question is very understandable, / but no one has
이런 질문은 아주 당연한 것이지만,   아무도 찾지 못했어

found / a satisfactory answer to it / so far. Yes, / why
       만족할 만한 대답을   지금까지. 그래,   왜 사람들은

do they make / still more gigantic planes, / still heavier
만드는 거지   아직도 더 많은 거대한 비행기와,   더욱 더 무거운 폭탄을,

bombs and, / at the same time, / prefabricated houses
       동시에,   재건축 조립식 주택들을?

for reconstruction? Why should millions be spent daily
왜 사람들은 매일 수십 억을 쓰면서

/ on the war / and yet there's not a penny available / for
   전쟁에   쓸 수 있는 돈이 한 푼도 없는 걸까

medical services, / artists, / or for poor people?
의료 시설이나,   예술가,   혹은 가난한 사람들을 위해서는?

Why do some people have to starve, / while there are
왜 어떤 사람들은 굶주려야 하고,   반면 남는 음식이 썩어가는

surpluses rotting / in other parts of the world? Oh, / why
걸까   지구 반대편에서는?   아,

are people so crazy?
왜 사람들은 그렇게 미친 것일까?

I don't believe / that the big men, / the politicians and the
믿지 않아   높은 사람들만,   정치가나 사업자 같은,

capitalists alone, / are guilty of the war. Oh no / the little
       전쟁에 대한 책임이 있다고.   아 아니야   일반 사람들도

man is just as guilty, / otherwise the peoples of the world
마찬가지로 죄가 있어,   그렇지 않다면 세상 사람들이

/ would have risen in revolt / long ago! There's in people
   일어나서 혁명을 일으켰겠지   오래 전에!   사람들에게는 있는 거야

destruction 파괴 | gigantic 거대한 | prefabricated 조립식 공정의 | starve 굶주리다 | surpluses 나머지,
과잉 | in revolt 반항하여, 반란을 일으켜 | urge 충동, 욕망 | wage [전쟁을] 하다 | cultivated 경작된, 개간된
disfigure 훼손시키다, 손상시키다 | downcast 의기 소침한, 풀이 죽은 | privation 곤란 | grumble 불평하다,
투덜거리다

/ simply an urge to destroy, / an urge to kill, / to murder
그저 파괴의 충동과,   죽이고 싶은,   살인과 분노가,

and rage, / and until all mankind, / without exception,
그래서 마침내 모든 인류가,   예외 없이,

/ undergoes a great change, / wars will be waged, /
커다란 변화를 겪을 때까지,   전쟁은 일어날 거야,

everything / that has been built up, / cultivated, / and
모든 것이   만들어지고,   경작되고,

grown / will be destroyed and disfigured, / after which /
육성된   파괴되고 훼손될 때까지,   그런 다음

mankind will have to begin / all over / again.
인류는 시작해야 할 거야   모든 것을   다시 한 번.

I have often been downcast, / but never in despair; / I
난 종종 낙심하곤 하지만,   결코 절망에 빠지지 않아;

regard / our hiding as a dangerous adventure, / romantic
난 생각하지 은신처 생활은 위험한 모험이고,

and interesting / at the same time. In my diary / I treat /
낭만적이고 흥미롭다고   동시에.   일기에서는   난 다루지

all the privations as amusing. I have made up my mind
모든 곤란한 문제들을 즐겁게.   이제 마음 먹었어

now / to lead a different life / from other girls and, / later
         다른 삶을 살기로   다른 여자 애들과,   나중에,

on, / different from ordinary housewives. My start has
         평범한 주부들과도 다른.

been so very full of interest, / and that is the sole reason
내 삶의 시작은 흥미거리로 가득하고,   그것이 유일한 이유야

/ why I have to laugh / at the humorous side of the most
         내가 웃어야 하는   가장 위험한 순간에도 익살스러운 면을 찾아.

dangerous moments.

I am young / and I possess many buried qualities; / I am
난 어리고   잠재된 자질을 많이 가지고 있어;

young and strong / and am living a great adventure; / I
어리고 강하며   굉장한 모험 속에서 살고 있어;

am still in the midst of it / and can't grumble / the whole
아직도 모험의 한가운데에 있으니   불평하고 있을 수 없어   하루 종일

day long. I have been given a lot, / a happy nature, / a
         많은 혜택을 받았지,   낙천적인 성격과

285

great deal of cheerfulness and strength. Every day / I feel
엄청난 쾌활함과 강인함.   매일   느껴

/ that I am developing inwardly, / that the liberation is
  내면적으로 발전하고 있으며,   자유가 가까워지고 있다고

drawing nearer / and how beautiful nature is, / how good
              그리고 자연이 얼마나 아름다운지,

the people are about me, / how interesting this adventure
사람들이 얼마나 내게 잘해 주는지,   이 모험이 얼마나 흥미로운지를!

is! Why, / then, / should I be in despair?
왜,   그렇다면,   내가 절망에 빠져야 해?

Yours, Anne
안네가

Sunday morning, 7 May, 1944
1944년 5월 7일 일요일 아침

Dear Kitty,
키티에게,

Daddy and I had a long talk / yesterday afternoon, / I
아빠와 긴 이야기를 나누었어   어제 오후에,

cried terribly / and he joined in. Do you know / what he
몹시 울었고   아빠도 우셨지.   알고 있니   아빠가 내게

said to me, / Kitty? "I have received many letters / in my
뭐라고 하셨는지,   키티?   "많은 편지를 받았지만   사는 동안,

life, / but this is certainly the most unpleasant! You, /
        이 편지가 확실히 가장 불쾌하구나!   넌,

Anne, / who have received such love / from your parents,
안네,   그토록 사랑을 받았고   부모한테,

/ you, / who have parents / who are always ready to help
  넌,   부모가 있잖니   항상 도와줄 준비가 되어 있고,

you, / who have always defended you / whatever it might
      항상 널 변호해 주는   무슨 일이 있더라도,

be, / can you talk / of feeling no responsibility / towards
말할 수 있니   책임감을 느끼지 않는다고   우리에 대해서?

us? You feel wronged and deserted; / no, / Anne, / you
넌 푸대접 받고 버림 받았다고 느꼈구나;   아니야, 안네,

have done us a great injustice!"
넌 우리를 엄청 부당하게 취급해!"

"Perhaps you didn't mean it / like that, / but it is what
"아마 말하려던 것은 아니겠지만   그런 식으로,   그렇게 쓰여 있구나;

you wrote; / no, / Anne, / we haven't deserved such a
아니다, 안네,   우리는 비난을 받을 일은 하지 않았어

reproach / as this!"
이와 같은!"

Oh, / I have failed miserably; / this is certainly the worst
아,   완전히 실패하고 말았어;   이것은 확실히 최악의 일이야

thing / I've ever done / in my life. I was only trying to
내가 지금까지 해 왔던   살아오면서.   단지 보여 주려고 했을 뿐이야

show off / with my crying and my tears, / just trying to
울고 눈물을 흘리면서,   단지 대단하게 보이려고,

appear big, / so that he would respect me. Certainly, / I
아빠는 날 존중하려는 것이었어.   확실히,

have had a lot of unhappiness, / but to accuse / the good
불행한 순간들이 있었지만,   비난하다니   좋은 아빠를,

Pim, / who has done / and still does do / everything for
해 주셨고   아직도 해 주시는   날 위해 모든 것을

me / — no, / that was too low for words.
— 아니,   너무 품위 없는 말들이었어.

It's right / that for once / I've been taken down / from my
옳은 일이야   한 번쯤   끌려 내려 와

inaccessible pedestal, / that my pride has been shaken
내가 있던 접근불가의 공간에서,   내 자존심이 조금 흔들리는,

a bit, / for I was becoming much too taken up / with
왜냐하면 난 지나치게 우쭐했으니까

myself / again. What Miss Anne does / is by no means
내 자신에게   또 다시.   안네 양이 하는 일은   항상 옳다고 할 수 없지!

always right! Anyone / who can cause such unhappiness
누구든   그런 불행함을 안겨 주는 사람은

/ to someone else, / someone he professes to love, / and
다른 사람에게,   자신이 사랑한다고 고백한 사람에게,

on purpose, / too, / is low very low!
고의로,   역시,   정말 비열한 사람이야!

reproach 비난, 질책 | accuse ~을 책망하다 | low 품위가 낮은, 저속한 | inaccessible 접근하기 어려운 |
pedestal 기초, 근거 | take up 들어올리다 | profess 고백하다

And the way Daddy has forgiven me / makes me feel /
그리고 아빠가 날 용서해 주는 방법 때문에   느꼈어

more than ever ashamed of myself, / he is going to throw
내 자신이 더 부끄럽다고,   아빠는 그 편지를 던질 생각이고

the letter / in the fire / and is so sweet to me now, / just as
볼 속에   이제는 네게 아주 다정하셔,

if he had done something wrong. No, / Anne, / you still
무슨 잘못한 일이라도 있는 것처럼.   아니야, 안네,

have a tremendous lot to learn, / begin by doing that first,
넌 아직도 배워야 할 것이 엄청 많으니,   우선 배우는 것을 시작해,

/ instead of looking down on others / and accusing them!
다른 사람들을 깔보고   비난하는 대신!

I have had a lot of sorrow, / but who hasn't at my age?
슬픈 일이 많았지만,   내 나이에 누군들 슬픔이 없겠어?

I have played the clown a lot too, / but I was hardly
나 역시 어릿광대 짓을 많이 했지만,   거의 의식하지 못했어;

conscious of it; / I felt lonely, / but hardly ever in despair! I
외롭다고 느꼈지만,   절망에 빠진 적은 거의 없어!

ought to be deeply ashamed of myself, / and indeed I am.
내 자신에 대해 깊이 부끄러워 해야 하고,   정말이지 부끄러워.

What is done / cannot be undone, / but one can prevent /
일어난 일은   되돌릴 수 없지만,   막을 수는 있어   다

it happening again. I want to start / from the beginning
시 이런 일이 일어나지 않도록. 시작하고 싶어   처음부터

/ again / and it can't be difficult, / now that I have Peter.
다시   어렵지 않을 거야,   페터가 있기 때문에.

With him to support me, / I can and will!
페터가 도와주면,   할 수 있고 하고 말 거야!

I'm not alone any more; / he loves me. I love him, / I
더 이상 혼자가 아니야;   페터는 날 사랑하셔. 나도 그를 사랑하고,

have my books, / my storybook and my diary, / I'm not
내게는 책이 있고,   내가 쓴 이야기 책과 일기장이 있고,   그렇게 끔찍하게

so frightfully ugly, / not utterly stupid, / have a cheerful
못생기지도 않았고,   완전히 바보도 아니며,   명랑한 기질을 갖고 있으며

temperament / and want to have a good character!
좋은 성격을 가지고 싶어 하니까!

Yes, / Anne, / you've felt deeply / that your letter was too
그래,　안네,　넌 깊게 느꼈어　네 편지가 너무 심했고

hard / and that it was untrue. To think that you were even
사실이 아니었다는 것을.　심지어 그 편지를 자랑스럽게 생각했다니!

proud of it! I will take Daddy as my example, / and I will
아빠를 내 본보기로 삼을 것이고,

improve.
더 나은 사람이 되겠어.

Yours, Anne
안네가

Saturday, 13 May, 1944
1944년 5월 13일 토요일

Dear Kitty,
키티에게,

It was Daddy's birthday yesterday. Mummy and Daddy
어제는 아빠의 생일이었어.　엄마와 아빠는 결혼하신지

have been married / nineteen years. The charwoman wasn't
19년이 되었어.　청소부 아주머니는 아래층에 없고

below / and the sun shone / as it has never shone before / in
태양은 빛났지　어제처럼 빛났던 적이 없었던 것처럼

1944. Our horse chestnut is in full bloom, / thickly covered
1944년에. 우리 집 밤나무는 꽃이 만발하고,　잎으로 두껍게 덮여 있으며

with leaves / and much more beautiful / than last year.
휠씬 아름다워　작년보다.

Daddy received / a biography of *the life of Linnaeus* from
아빠는 받으셨어　쿠피스 씨에게서 〈린네의 전기〉를,

Koophuis, / a book on nature from Kraler, / *Amsterdam by*
크랄러 씨에게서 자연에 관한 책을,

the Water from Dussel, / a gigantic box from Van Daan, /
뒤셀 씨에게서 〈물의 암스테르담〉을,　반 단 가족에게서 커다란 상자를,

beautifully done up / and almost professionally decorated,
아름답게 만들어졌고　전문가 수준으로 장식된,

tremendous 엄청나게 큰 | play the clown 익살떨다 | conscious 자각하고 있는, 알고 있는 | now that ~이기
때문에 | temperament 기질, 성질 | chestnut 밤나무 | professionally 전문적으로, 전문가답게

/ containing / three eggs, / a bottle of beer, / a bottle of
들어 있었지   달걀 세 개와,   맥주 한 병과,   요거트 한 병과,

yoghourt, / and a green tie. It made our pot of syrup seem
초록색 넥타이가.   그 상자 때문에 시럽 단지가 작아 보였지.

rather small. My roses smelled lovely / compared with
내가 드린 장미꽃은 사랑스러운 향기가 났어

Miep's and Elli's carnations, / which had no smell, / but
미프 아주머니와 엘리 언니의 카네이션에 비하면,   향기가 없었지만,

were very pretty too. He was certainly spoiled. Fifty fancy
역시 아주 예뻤던.   아빠는 확실히 좋은 대우를 받으셨어.   50개의 맛있는

pastries have arrived, / heavenly! Daddy himself treated
패스트리 빵이 도착했어,   무지 기뻐!   아빠는 대접하셨지

us to / spiced ginger bread, / beer for the gentlemen, / and
양념된 생강빵을,   그리고 신사들에게 맥주를,

yoghourt for the ladies. Enjoyment all around!
숙녀들에게한 요거트를.   즐거움이 가득했어!

Yours, Anne
안네가

Monday, 22 May, 1944
1944년 5월 22일 월요일

Dear Kitty,
키티에게,

On May 20th / Daddy lost five bottles of yoghourt / on a
5월 20일에   아빠는 요거트 다섯 병을 잃으셨어

bet with Mrs. Van Daan. The invasion still hasn't come
반 단 아주머니와의 내기에서.   연합군 침공은 아직 일어나지 않았어;

yet; / it's no exaggeration to say / that all Amsterdam, /
          과장할 것도 없이   암스테르담 전역과,

all Holland, / yes, / the whole west coast of Europe, / right
네덜란드 전체,   그래,   유럽의 서해안 지역 전체가,

down to Spain, / talks about the invasion / day and night, /
스페인에 이르기까지,   침공에 대해 이야기 하고   밤낮으로,

debates about it, / and makes bets on it / and···hopes.
토론하고,   내기를 하고   ··· 희망을 갖고 있지.

---

spice 양념을 넣다 | bluff 허세, 엄포, 으름장 | masterly 명인 솜씨의, 교묘한 | see beyond one's own nose
선견지명이 있다, 현명하게 판단하다 | explicitly 명백하게, 명확하게

The suspense is rising to a climax. By no means everyone
긴장감이 최고조에 이르렀어.   결코 모든 사람들이

/ we had regarded as "good" Dutch / have stuck to their
   "선량한" 네덜란드인이라고 간주되는   믿고 있는 것은 아니지만

faith / in the English; / by no means everyone thinks / the
영국을;   또한 모든 사람들이 생각하는 것은 아니지만

English bluff a masterly piece of strategy, / oh no, / the
영국의 엄포를 교묘한 작전의 일부라고,   아 아니야,

people want to see deeds / at last, / great, heroic deeds.
사람들은 행동을 보고 싶어 해   결국,   위대하고, 영웅적인 행동을.

Nobody sees beyond his own nose, / no one thinks / that
누구에게도 선견지명이 있는 것은 아니지만,   아무도 생각하지 않지

the English are fighting / for their own land and their
영국이 싸우고 있다고는   자기네 국토와 자국민을 위해,

own people, / everyone thinks / that it's their duty to save
모든 사람들이 생각해   네덜란드를 구하는 것이 영국의 의무라고,

Holland, / as quickly and as well as they can.
           할 수 있는 한 빨리 그리고 좋은 방법으로.

What obligations have the English / towards us? How have
영국이 무슨 책임이 있다는 거지   우리에게?

the Dutch earned the generous help / that they seem so
어떻게 네덜란드는 관대한 도움을 얻은 거지   사람들이 명백하게 기대하고

explicitly to expect? Oh no, / the Dutch will have made a
있는 것 같은?   아 아니야,   네덜란드는 큰 실수를 한 거야,

big mistake, / the English, / in spite of all their bluff, / are
영국이,   그 모든 헛소리에도 불구하고,

certainly no more to blame / than all the other countries,
더 큰 비난을 받을 이유는 없어   다른 모든 나라들보다 더,

/ great and small, / which are not under occupation. The
크고 작은,   점령되지 않은.

English really won't offer us their apologies, / for even if
영국이 진짜 우리에게 사과하지는 않을 거야,

we do reproach them / for being asleep / during the years
심지어 우리가 비난한다 해도   잠자코 있었던 것을   그 몇 년의 기간 동안

/ when Germany was rearming, / we cannot deny / that all
독일이 재무장을 하고 있던,   우리는 부정할 수 없으니까

the other countries, / especially those bordering Germany,
다른 모든 나라들도,   특히 독일과 국경을 접하고 있는 나라들 역시,

291

/ also slept. We shan't get anywhere / by following an
잠자고 있었다는 것을. 아무것도 할 수 없어 눈 가리고 아웅해 봐야.

ostrich policy. England and the whole world have seen /
영국과 전 세계가 그것을 알게 되었고

that / only too well / now, / and that is why, / one by one, /
너무도 잘 지금, 그 때문이야. 하나씩 하나씩,

England, / no less than the rest, / will have to make heavy
영국이, 다른 나라만큼이나, 무거운 희생을 해야 하는 것을.

sacrifices.

No country is going to sacrifice its men / for nothing / and
어느 나라도 자기네 국민을 희생시키지 않을 것이고 가치 없는 일에

certainly / not in the interests of another. England is not
확실히 다른 나라의 이익을 위해서는 더욱 아니지. 영국 역시 그러지 않을 거야.

going to do that either. The invasion, / with liberation and
침공은, 자유와 해방을 위한,

freedom, / will come sometime, / but England and America
언젠가는 일어날 것이지만, 영국과 미국이 날짜를 정할 거야,

will appoint the day, / not all the occupied countries put
모든 점령국들이 함께 정하는 것이 아니고.

together.

To our great horror and regret / we hear / that the attitude
공포스럽고 유감스럽게도 들었어

of a great many people / towards us Jews / had changed.
아주 많은 사람들의 태도가 유대인에 대한 바뀌었다고.

We hear / that there is anti-Semitism now / in circles that
들었어 반유대주의 분위기가 일고 있다고

never thought of it / before. This news has affected us all /
그런 생각이 없었던 그룹에도 전에는. 모두 이 소식에 영향을 받았어

very, very deeply. The cause of this hatred of the Jews / is
아주, 아주 깊게. 유대인에 대한 증오의 원인은

understandable, / even human sometimes, / but not good.
이해할 만하고, 심지어 가끔 있는 일이기는 해도, 좋은 일은 아니야.

The Christians blame the Jews / for giving secrets away
기독교인들은 유대인을 비난해   독일인에게 비밀을 말한 것과,

to the Germans, / for betraying their helpers / and for the
                 도와준 사람을 배신한 것과,

fact that, / through the Jews, / a great many Christians
그 사실에 관해, 유대인을 통해서,   굉장히 많은 기독교인들이 가게 되었고,

have gone / the way of so many others before them, / and
전에 많은 사람들이 가야 했던 그 길을,

suffered terrible punishments and a dreadful fate.
끔찍한 처벌과 무서운 운명에 고통 받은.

This is all true, / but one must always look at / these things
이것은 사실이지만,   사람은 항상 봐야 해   이런 일을

/ from both sides. Would Christians behave differently / in
양쪽 시각에서.·   기독교인들은 다르게 행동했을까   우리

our place? The Germans have a means / of making people
처지에 있었다면? 독일군에게는 방법이 있어   사람들의 입을 열게 하는.

talk. Can a person, / entirely at their mercy, / whether Jew
할 수 있겠어,   완전히 자기 의지대로,   유대인이든 기독교인

or Christian, / always remain silent? Everyone knows /
이든,   항상 침묵하는 일을?   모두 알고 있어

that is practically impossible. Why, / then, / should people
그것은 실질적으로 불가능하다는 것을.   왜,   그러면,   사람들은 요구하는 것일까

demand / the impossible of the Jews?
        유대인에게 불가능한 것을?

It's being murmured / in underground circles / that the
회자되고 있어   지하 조직 사이에서

German Jews / who emigrated to Holland / and who are
독일계 유대인들은   네덜란드에 이주했다가   지금은 폴란드에 있는

now in Poland / may not be allowed to return here; / they
이곳으로 돌아오지 못하게 될 것이라고;

once had the right of asylum in Holland, / but when Hitler
네덜란드의 수용소에 있을 권리가 있었지만,   히틀러가 사라지면

has gone / they will have to go back to Germany / again.
        독일로 돌아가야만 해   다시.

ostrich policy 눈 가리고 아웅하기, 자기 기만의 얕은 꾀 | appoint 정하다, 약속하다 | put together 짜 맞추다,
모으다 | anti-Semitism 반유대주의의 | human (결점 따위가) 흔히 있는 | at one's mercy ~의 마음대로 |
emigrate 이주하다 | asylum 수용소

When one hears this / one naturally wonders / why we are
이런 이야기를 들으면   자연스레 궁금해하게 되지   왜 우리는 계속하고

carrying on with / this long and difficult war. We always
있는 것일까   이 길고 어려운 전쟁을.   언제나 듣고 있어

hear / that we're all fighting together / for freedom, / truth,
모두 싸우고 있다고   자유를 위해,   진리와,

/ and right! Is discord going to show itself / while we are
권리를 위해! 불화가 생겨나는 걸까   우리가 여전히 싸우는

still fighting, / is the Jew once again worth less / than
동안,   유대인은 다시 한 번 가치가 없다고   다른 민족보다?

another? Oh, / it is sad, / very sad, / that once more, / for
아, 슬퍼, 매우 슬퍼, 다시 한 번,

the umpteenth time, / the old truth is confirmed: / "What
셀 수 없을 정도로,   옛 진리가 확인되었으니까:

one Christian does is / his own responsibility, / what one
"기독교인 한 사람이 한 일은   자기 자신의 책임이지만,   유대인 한 사람이

Jew does is / thrown back at all Jews."
한 일은   모든 유대인에게 책임이 돌아간다."

Key Expression

최상급의 범위 표현

최상급 문장은 뒤에 범위를 나타내는 표현이 따라오는데요, 다음과 같이 다양하게 표현할 수 있습니다.

▶ the + 최상급 + in + 단수명사(장소)
▶ the + 최상급 + of + all (the 복수명사)
▶ the + 최상급 + 명사 + 관계사절

ex) The most oppressed, the unhappiest, perhaps the most pitiful of all peoples of the whole world.
전세계의 모든 민족 중에서 가장 억압받고, 가장 불행하며, 아마도 가장 불쌍한 민족일 것이다.

carry on with ~을 계속하다 | discord 불화 | totter 비틀거리다 | unjust 옳지 못한, 부당한 | bundle 꾸러미 | fatherland 고국, 모국

Quite honestly, / I can't understand / that the Dutch, / who
솔직히, 이해할 수 없어 네덜란드인이,

are such a good, / honest, / upright people, / should judge
그렇게 착하고, 정직하며, 공정한 사람들이, 우리를 판단한다는 것을

us / like this, / we, / the most oppressed, / the unhappiest, /
그런 식으로, 우리는, 가장 억압받고, 가장 불행하며,

perhaps the most pitiful / of all peoples of the whole world.
아마도 가장 불쌍한 민족일 거야 전세계의 모든 민족 중에서.

I hope one thing only, / and that is / that this hatred of the
난 단 한 가지를 바랄 뿐이야, 그것은 이런 유대인에 대한 증오가

Jews / will be a passing thing, / that the Dutch will show /
지나가는 것이야, 네덜란드인이 보여 주기를 바라지

what they are / after all, / and that they will never totter /
그들의 본모습을 결국, 그리고 결코 비틀거리거나

and lose their sense of right. For anti-Semitism is unjust!
정의감을 잃지 않는 것이야. 왜냐하면 반유대 정책은 부당하니까!

And if this terrible threat should actually come true, / then
그리고 만약 이런 끔찍한 협박이 실제 현실이 된다면,

the pitiful little collection of Jews / that remain / will have
불쌍한 소수의 유대인 집단은 남아 있는

to leave Holland. We, / too, / shall have to move on / again
네덜란드를 떠나야 할 거야. 우리도, 역시, 이동해야겠지 다시

/ with our little bundles, / and leave this beautiful country,
작은 짐을 들고, 이 아름다운 나라를 떠나야 할 거야,

/ which offered us such a warm welcome / and which now
우리를 그토록 따뜻하게 환영해 주었지만 지금은

/ turns its back on us.
우리에게 등을 돌려 버린.

I love Holland. I who, / having no native country, / had
네덜란드를 사랑해. 난, 조국이 없는,

hoped / that it might become my fatherland, / and I still
바랐어 네덜란드가 나의 조국이 되기를,

hope it will!
그리고 아직도 바라고 있어!

Yours, Anne
안네가

Thursday, 25 May, 1944
1944년 5월 25일 목요일

Dear Kitty,
키티에게,

There's something fresh every day. This morning / our
매일 새로운 일이 일어나고 있어.   오늘 아침에는

vegetable man was picked up / for having two Jews / in
우리에게 채소를 대는 아저씨가 잡혔어   유대인 두 명을 숨기고 있다가

his house. It's a great blow to us, / not only that those
그 사람 집에.   우리에게 큰 충격이었지,   그 불쌍한 유대인들이

poor Jews / are balancing on the edge of an abyss, / but
                    지옥의 문턱에 서 있었기 때문만이 아니라,

it's terrible for the man himself.
그 아저씨에게도 너무 끔찍한 일이기 때문에.

The world has turned topsy-turvy, / respectable people
세상이 뒤죽박죽이야,   훌륭한 사람들이 잡혀 가고

are being sent off / to concentration camps, / prisons,
                          수용소로,   감옥으로,

/ and lonely cells, / and the dregs that remain / govern
그리고 외로운 독방으로,   남아 있는 쓰레기 같은 인간들이   지배하지,

/ young and old, rich and poor. One person walks into
젊은이와 노인, 부자와 가난한 사람들을.   누군가는 덫으로 걸어 들어가고

the trap / through the black market, / a second through
암시장 때문에,   누군가는 돕다가 덫에 걸리고

helping / the Jews / or other people who've had to go
유대인이나   "지하"로 들어가야 했던 사람들을;

"*underground"; / anyone who isn't a member of the
                    N.S.B. 당 일원이 아닌 사람들은 누구라도

N.S.B. / doesn't know / what may happen to him / from
          알지 못하지   무슨 일이 자신에게 생길지

one day to another.
하루 하루.

---

* 지하 반란 조직, '레지스탕스'를 말함.

blow 타격 | abyss 구렁텅이 | topsy-turvy 뒤죽박죽으로 | respectable 훌륭한, 덕망 있는 | dreg 쓰레기 같은
사람 | haul 운반하다, 끌어들이다 | bombard 폭격하다

This man is a great loss to us too. The girls can't and
채소 아저씨는 우리에게도 크나큰 손실이야.   미프 아주머니와 엘리 언니는

aren't allowed to haul / along our share of potatoes, / so
구할 수 없어서   우리 몫의 감자까지,

the only thing to do / is to eat less. I will tell you / how
할 수 있는 일이란   적게 먹는 것 뿐이야. 말해 줄게   우리가 이 일을

we shall do that; / it's certainly not going to make things
어떻게 하고 있는지;   물론 이 일은 상황을 즐거운 일은 아니지.

any pleasanter. Mummy says / we shall cut out breakfast
엄마가 말씀하시지   다 함께 아침을 거르고,

altogether, / have porridge and bread for lunch, / and for
점심으로 죽과 빵을 먹고,

supper fried potatoes / and possibly once or twice per week
저녁으로는 감자 튀김을   그리고 가능하면 일 주일에 한두 번

/ vegetables or lettuce, / nothing more. We're going to be
채소나 상추를 먹어야 한다고,   더 이상은 없어.   배가 고프겠지만,

hungry, / but anything is better than being discovered.
무엇이든 발각되는 것보다는 나아.

Yours, Anne
안네가

Tuesday, 6 June, 1944
1944년 6월 6일, 화요일

Dear Kitty,
키티에게,

"This is D-day," / came the announcement / over the
"오늘이 디데이입니다,"   라는 발표가 나왔고

English news / and quite rightly, / "this is the day." The
영국 방송에서   맞아,   "오늘이 디데이야."

invasion has begun.
연합군 침공이 시작되었어.

The English gave the news / at eight o'clock this morning:
영국은 소식을 내보냈어   오늘 아침 8시에:

/ Calais, / Boulogne, / Le Havre, / and Cherbourg, / also
칼레,   볼로뉴,   르아브르,   셰르부르,

the Pas de Calais / (as usual), / were heavily bombarded.
파드칼레에도   (언제나처럼),   심한 폭격이 있었어.

Moreover, / as a safety measure / for all occupied
게다가,   안전 조치로

territories, all people who live / within a radius of
점령국에 살고 있는 사람을 위한,

thirty-five kilometers from the coast / are warned / to
해안으로부터 35km 반경 안에   경고했어

be prepared for bombardments. If possible, / the English
폭격에 대비하라고.   가능하면,

will drop pamphlets / one hour beforehand.
영국군은 팸플릿을 뿌릴 거래   한 시간 전에.

According to German news, / English parachute troops
독일 뉴스에 의하면,   영국의 낙하산 부대가 상륙했고

have landed / on the French coast, / English landing craft
프랑스 해안에,   영국군의 상륙 전함이 싸우고 있다고

are in battle / with the German Navy, / says the B.B.C.
독일 해군과,   B.B.C. 뉴스에서 말했어.

We discussed it / over the "Annexe" breakfast / at nine
우리는 의논했어   "은신처" 아침을 먹으면서

o'clock: / Is this just a trial landing / like Dieppe / two
9시에: 이것은 시험적인 상륙일까   디에프에서처럼

years ago?
2년 전에?

English broadcast / in German, / Dutch, / French, / and
영국은 방송했어   독일어,   네덜란드어,   프랑스어,

other languages / at ten o'clock: / "The invasion has
그리고 다른 나라 언어로   10시에: "침공이 시작됐습니다!"

begun!" / — that means the "real": / invasion. English
— 이것은 "진짜"를 의미하는 거야: 침공.

broadcast in German / at eleven o'clock, / speech by the
영국은 독일어로 방송했어   11시에,   총사령관의 연설을,

Supreme Commander, / General Dwight Eisenhower.
드와이트 아이젠하워 장군의.

---

radius 반경 | bombardment 포격 | parachute troops 낙하산 부대 | craft 선박, 항공기

The English news / at twelve o'clock / in English: / "This
영국 뉴스에서   12시에   영어로 방송된:

is D-day." General Eisenhower said to the French people:
"오늘이 디데이입니다."   아이젠하워 장군은 프랑스 국민에게 말했어:

/ "Stiff fighting will come now, / but after this the victory.
"격전이 지금 시작될 것이지만,   이 격전 후에는 승리입니다.

The year 1944 is the year of complete victory; / good luck."
1944년은 완전한 승리의 해입니다;   행운을 빕니다."

English news in English / at one o'clock / (translated) :
영어로 방송된 영국 뉴스야　1시에　(번역됨) :

/ 11,000 planes stand ready, / and are flying to and fro /
11,000대의 비행기가 준비되었고,　왔다 갔다 날아다니고 있습니다

nonstop, / landing troops and attacking / behind the lines;
쉴새 없이,　상륙 부대가 공격하고 있습니다　후방을;

/ 4,000 landing boats, / plus small craft, / are landing /
상륙 보트 4,000대와,　소형 함정이　상륙시키고 있습니다

troops and materiel / between Cherbourg and Le Havre
부대와 군수품을　셰르부르와 르아브르 사이에서

/ incessantly. English and American troops are already
계속해서.　영국과 미국 부대는 이미 교전 중입니다

engaged / in hard fighting. Speeches / by Gerbrandy, / by
치열한 전투에서.　계속된 연설　헤르브란디와,

the Prime Minister of Belgium, / King Haakon of Norway,
벨기에 수상,　노르웨이의 하콘 국왕,

/ De Gaulle of France, / the King of England, / and last, /
프랑스의 드 골 장군,　영국 국왕,　그리고 마지막이지만,

but not least, / Churchill.
조금도 덜 중요하지 않은, 처칠 수상의.

Great commotion in the "Secret Annexe"! Would the
"은신처"에 굉장한 동요가 있었지!

long-awaited liberation / that has been talked of so much,
오랫동안 기다려왔던 자유가　그렇게 많이 이야기 했지만,

/ but which still seems too wonderful, / too much like a
아직도 너무 굉장하게만 보이고,　너무 동화같은,

fairy tale, / ever come true? Could we be granted / victory
실현될 것인가?　우리가 맞을 수 있을까　승리의 해,

this year, 1944? We don't know yet, / but hope is revived
1944년을?　아직 모르지만,　우리 안에 희망이 되살아났어;

within us; / it gives us fresh courage, / and makes us strong
희망은 새로운 용기를 주고,　다시 강하게 만들어.

again. Since we must put up bravely / with all the fears, /
용감하게 견뎌야 하기 때문에　모든 두려움과,

privations, / and sufferings, / the great thing now is / to
곤란함과, 그리고 고통을, 지금 중요한 일은

remain calm and steadfast. Now more than ever / we must
냉정과 인내를 유지하는 거야. 지금은 어느 때보다

clench our teeth / and not cry out. France, / Russia, / Italy, /
이를 악물고 울지 말아야 해. 프랑스, 러시아, 이탈리아,

and Germany, too, / can all cry out / and give vent to their
그리고 독일, 역시, 울면서 자신들의 불행을 표출할 수 있지만,

misery, / but we haven't the right to do that yet!
우리는 아직 그럴 권리도 없어!

Oh, / Kitty, / the best part of the invasion is / that I have
아, 키티, 침공의 가장 좋은 점은

the feeling / that friends are approaching. We have been
느낀다는 것이지 친구들이 다가오고 있는 것을. 우리는 억압받아 왔어

oppressed / by those terrible Germans / for so long, / they
끔찍한 독일군에게 오랫동안,

have had their knives so at our throats, / that the thought of
그들은 우리 목에 칼을 들이댔지, 친구와 해방에 대한 생각은

friends and delivery / fills us with confidence!
우리를 자신감에 차게 해!

Now / it doesn't concern the Jews / any more; / no, / it
이제 전쟁은 유대인에게만 관련된 것이 아니야 더 이상; 아니, 그것은

concerns / Holland and all occupied Europe. Perhaps, /
관계되어 있지 네덜란드 및 점령당한 모든 유럽에. 어쩌면,

Margot says, / I may yet be able to go back to school / in
마르호트가 말하기를, 내가 학교에 돌아갈 수 있을지 모르겠다고

September or October.
9월이나 10월에.

Yours, Anne
안네가

P.S. / I'll keep you up to date / with all the latest news!
추신 계속 알려 줄게 최신 소식을!

---

to and fro 앞뒤로, 왔다 갔다 | incessantly 그칠 새 없이 | commotion 동요, 흥분 | revive 회복시키다 |
privation 결핍, 곤란 | steadfast 확고한, 부 | clench one's teeth 이를 악물다, 굳게 결의하다 | vent 발로, 표출
| delivery 석방, 해방

301

Friday, 9 June, 1944
1944년 6월 9일 금요일

Dear Kitty,
키티에게,

Super news of the invasion. The Allies have taken Bayeux,
침공에 대한 굉장한 소식이야. 연합군이 바이유를 점령했고,

/ a small village on the French coast, / and are now fighting
프랑스 해안의 작은 마을인, 지금은 카엔을 공격하고 있어.

for Caen. It's obvious / that they intend to cut off / the
분명히 차단하려는 의도이지

peninsular where Cherbourg lies. Every evening / war
셰르부르가 있는 반도를. 매일 저녁

correspondents give news / from the battle front, / telling
종군 기자들은 소식을 전해 주지 전방에서, 우리에게 말하

us / of the difficulties, / courage, / and enthusiasm / of the
면서 어려움들, 용기와, 열정을

army; / they manage to get hold / of the most incredible
군인들의; 기자들은 찾아내곤 해 가장 놀라운 이야기들을.

stories. Also some of the wounded / who are already back
또한 부상병들 몇몇은 이미 영국으로 후송된

in England again / came to the microphone. The air force
마이크 앞에 섰어.

are up all the time / in spite of the miserable weather. We
공군은 항상 하늘에 떠 있어 열악한 날씨에도 불구하고.

heard over the B.B.C, / that Churchill wanted to land / with
B.B.C. 방송에서 들었어, 처칠 수상이 상륙하려 했는데

the troops / on D-day, / however, / Eisenhower and the other
군대와 함께 디데이에, 하지만, 아이젠하워와 다른 장군들이

generals / managed to get him out of the idea. Just think of
겨우 말렸다고. 생각해 봐,

it, / what pluck he has / for such an old man / — he must be
얼마나 대단한 용기를 가졌는지 그 나이에

seventy at least.
— 적어도 일흔 살은 되었을 걸.

correspondent 특파원 | incredible 놀라운 | pluck 용기, 담력 | wear off 차츰 없어지다, 소멸하다 | grizzling
투덜거리기, 불평하기 | nag 잔소리로 괴롭히다, 들볶다 | trilogy 3부작 | virtuoso (예술의) 대가, 거장, 명인 |
prodigy 천재, 신동

The excitement here has worn off a bit; / still, / we're
이곳의 흥분은 좀 가라앉았어;   아직도,   우리는 바라고

hoping / that the war will be over / at the end of this year.
있어   전쟁이 끝나기를   올해 말에.

It'll be about time too! Mrs. Van Daan's grizzling is /
거의 시간이 다 되기도 했어!   반 단 아주머니의 불평은

absolutely unbearable; / now she can't any longer drive us
정말 참을 수 없어;   지금은 더 이상 우리를 미쳐 버리게 할 수 없어서

crazy / over the invasion, / she nags us / the whole day long
미쳐   침공에 대한 불평으로,   잔소리를 해   하루종일

/ about the bad weather. It really would be nice / to dump
    안 좋은 날씨에 관해.   정말 좋겠어   아주머니를 빠뜨

her / in a bucket of cold water / and put her up in the loft.
려서   찬 물통에   다락에 가뒀으면 좋겠어.

The whole of the "Secret Annexe" / except Van Daan
"은신처"의 모든 사람들이   반 단 아저씨와 페터를 제외한

and Peter / have read the trilogy Hungarian Rhapsody.
형가리안 랩소디 3부작을 읽었어.

This book deals with / the life history of the composer,
이 책은 다루고 있지   작곡가의 생애를,

/ virtuoso, and child prodigy, / Franz Liszt. It is a very
    거장이자, 꼬마 신동인,   프란츠 리스트를.

interesting book, / but in my opinion / there is a bit too
아주 재미있는 책이지만,   내 생각에는   너무 많은 것 같아

much / about women / in it. In his time / Liszt was not only
많이   여자에 관한 이야기가   그 책에는. 그 시대에

the greatest and most famous pianist, / but also the greatest
리스트는 위대하고 가장 유명한 피아니스트일 뿐만 아니라,   여자도 엄청나게 많은 사람이었어

ladies' man / — right up to the age of seventy. He lived
                — 나이가 일흔 살이 될 때까지.   살았대

/ with the Duchess Marie d'Agoudl, / Princess Caroline
    마리 다구 공작 부인,   카롤리네 사인-비트겐슈타인 공주,

Sayn-Wittgenstein, / the dancer Lola Montez, / the pianist
                        무용가 롤라 몬테츠,

Agnes Kingworth, / the pianist Sophie Menter, / Princess
피아니스트 아그네스 킹워스,   피아니스트 소피 멘터,

Olga Janina, / Baroness Olga Meyendorff, / the actress
올가 야니나 공주,   올가 메이엔도르프 남작 부인,   303

Lilla what's-her-name, / etc., etc.; / it is just endless. The
릴라 뭐라고 하는 여배우,   기타 등등과;   끝이 없어.

parts of the book / that deal with music and art / are much
책의 부분은   음악과 예술을 다룬

more interesting. Among those mentioned are / Schumann,
훨씬 재미있어.   이름이 언급된 사람들은   슈만,

/ Clara Wieck, / Hector Berlioz, / Johannes Brahms, /
클라라 비크,   헥터 베를리오즈,   요하네스 브람스,

Beethoven, / Joachim, / Richard Wagner, / Hans von
베토벤,   요아힘,   리하르트 바그너,   한스 폰 뷜로,

Bülow, / Anton Rubinstein, / Frédéric Chopin, / Victor
          안톤 루빈스타인,   프레데릭 쇼팽,   빅토르 위고,

Hugo, / Honoré de Balzac, / Hiller, / Hummel, / Czerny, /
오노레 드 발자크,   힐러,   홈멜,   체르니,

Rossini, / Cherubini, / Paganini, / Mendelssohn, / etc., etc.
로시니,   케루비니,   파가니니,   멘델스존,   기타 등등이야.

Liszt was personally a fine man, / very generous, / and
리스트는 한 인간으로서 좋은 남자였고,   아주 관대했으며,

modest about himself / though exceptionally vain. He
자기 자신에 대해 겸손했어   비록 지나치게 허영심이 강하기는 했지만.

helped everyone, / his art was everything to him, / he was
리스트는 모든 사람을 도왔고, 그에게 예술이 전부였으며,

mad about cognac and about women, / could not bear to
꼬냑과 여자에 탐닉했고,   눈물을 보면 참지 못했고,

see tears, / was a gentleman, / would never refuse to do
          신사였으며,   누구에게나 호의를 베풀기를 거절하지 않았으며,

anyone a favor, / didn't care about money, / loved religious
          돈에 연연하지 않았고,

liberty and world freedom
종교의 자유와 세계 평화를 사랑했어.

Yours, Anne
안네가

---

vain 허영심이 강한 | botany 식물학 | sweet pea 스위트피(식물 이름) | gale 매우 센 바람, 강풍

Tuesday, 13 June, 1944
1944년 6월 13일 화요일

Dear Kitty,
키티에게,

Another birthday has gone by, / so now I'm fifteen. I
또 한 번의 생일이 지나가서,   이제 15살이 되었어.

received quite a lot of presents.
꽤 많은 선물을 받았지.

All five parts of Sprenger's History of Art, / a set of
슈프링거의 예술사 다섯 권 전부,

underwear, / a handkerchief, / two bottles of yoghourt,
속옷 한 벌,   손수건,   요거트 두 병,

/ a pot of jam, / a spiced gingerbread cake, / and a book
잼 한 병,   양념된 생강빵으로 만든 케이크,   식물학에 관한

on botany / from Mummy and Daddy, / a double bracelet
책 한 권   엄마 아빠로부터,   언니에게서는 두 줄짜리 팔찌,

from Margot, / a book from the Van Daans, / sweet peas
반 단 가족에게서는 책,   뒤셀 씨에게서는

from Dussel, / sweets and exercise books from Miep and
스위트피,   미프 아주머니와 엘리 언니에게서는 과자와 연습장

Elli / and, the high spot of all, / the book *Maria Theresa*
그리고, 무엇보다도,   〈마리아 테레사〉 책과

/ and three slices of full-cream cheese / from Kraler. A
크림이 가득 든 치즈 세 장을   크랄러 씨에게서.

lovely bunch of peonies from Peter; / the poor boy took
페터에게서는 사랑스러운 작약 한 다발을 받았어;   불쌍한 페터는 고생이 많았지만

a lot of trouble / to try and find something, / but didn't
뭔가 찾으려고 노력하느라,

have any luck.
운이 없었어.

There's still excellent news / of the invasion / in spite of
여전히 멋진 소식이 있어   침공에 관해서는

the wretched weather, / countless gales, / heavy rains, /
지독한 날씨와,   끊임없는 강풍,   폭우,

and high seas.
그리고 높은 파도에도 불구하고.

Yesterday / Churchill, / Smuts, / Eisenhower, / and Arnold
어제 처칠, 스무츠, 아이젠하워와, 아놀드 장군이

/ visited French villages / which have been conquered
프랑스 마을들을 방문했어 점령되었다가 해방된.

and liberated. The torpedo boat / that Churchill was in /
수뢰정이 처칠이 탄

shelled the coast. He appears, / like so many men, / not to
해안을 폭격했어. 처칠은 보여, 다른 많은 남자들과 마찬가지로,

know what fear is / — makes me envious!
두려움이 뭔지 모르는 것처럼 — 질투가 나!

It's difficult / for us to judge / from our secret redoubt
어려워 우리가 판단하기는 비밀 요새에서

/ how people outside have reacted / to the news.
바깥 사람들이 어떻게 반응하는지 뉴스에.

Undoubtedly / people are pleased / that the idle (?) English
의심할 여지 없이 사람들이 기뻐하고 있어 게으른 (?) 영국이 소매를 걷어붙이고

have trolled up their sleeves / and are doing something
뭔가 하는 것을

/ at last. Any Dutch people / who still look down on the
마침내. 네덜란드 사람들은 여전히 영국군을 무시하며,

English, / scoff at England and her government of old
늙은 신사의 나라 영국과 정부를 비웃고,

gentlemen, / call the English cowards, / and yet hate the
영국을 겁쟁이라 부르지만, 그러면서도 독일군을 싫어하는

Germans / deserve a good shaking. Perhaps it would put
비난을 받아야 해. 아마 제 정신이 들겠지

some sense / into their woolly brains.
양모로 가득찬 둔한 머리에도.

I hadn't had a period for over two months, / but it finally
두 달 동안 생리가 없었지만,

started again / on Saturday. Still, / in spite of all the
드디어 다시 시작했어 토요일에. 여전히, 불쾌하고 귀찮지만,

unpleasantness and bother, / I'm glad it hasn't failed me
더 이상 거르지 않는 것이 기뻐.

any longer.

Yours, Anne
안네가

Tuesday, 27 June, 1944
1944년 6월 27일 화요일

Dear Kitty,
키티에게,

The mood has changed, / everything's going wonderfully.
분위기가 바뀌어서,   모든 일이 순조로워.

Cherbourg, / Vitebsk, / and Sloben fell today. Lots of
셰르부르,   비텝스크,   그리고 슬로벤이 오늘 함락되었어.

prisoners and booty. Now the English can land / what
수많은 포로들과 전리품이 생겼지. 이제 영국군은 상륙할 수 있어   원하는 곳에

they want / now they've got a harbor, / the whole Cotentin
항구를 점령했기 때문에,   코탕텐 반도 전역을

Peninsular / three weeks after the English invasion! A
침공 3주 만에!

tremendous achievement! In the three weeks since D-day /
엄청난 성과이지!   디데이 이후 3주 동안

not a day has gone / by without rain and gales, / both here
하루도 없지만   비바람과 폭풍이 없었던 날이,   이곳과 프랑스

and in France, / but a bit of bad luck didn't prevent / the
양쪽 모두에서,   약간의 불운도 막지 못했지

English and Americans / from showing their enormous
영국과 미국이   강력한 힘을 보여 주는 것을,

strength, / and how! Certainly the "wonder weapon" is in
대단해!   분명히 "비밀 병기"가 본격적으로 사용되었지만,

full swing, / but of what consequence are a few squibs /
결과는 빈정거림이었지

apart from a bit of damage in England / and pages full of
영국군에 약간의 피해를 끼친 것 외에는   그리고 그것에 대해 떠드는 것은

it / in the Boche newspapers? For that matter, / when they
독일 신문뿐이겠지?   그 이야기에 대해 말하면,   그들이 정말 깨닫게

really realize / in "Bocheland" / that the Bolshevists really
되면   "독일 땅에"   볼셰비키 군대가 진짜로 진격 중이라는 것을,

are on the way, / they'll get even more jittery.
더 안절부절 못하게 될 거야.

torpedo 어뢰, 수뢰 | shell 폭격하다 | redoubt 요새 | scoff 비웃다, 조소하다 | sense 의식, 지각 | woolly
양모로 덮인 | booty 노획물, 약탈물 | in full swing 본격적으로, 최고조로 | squib 풍자, 빈정거림 | jittery
안절부절 못하는, 불안해 하는

All German women / not in military service / are being
모든 독일 여자들은　　　　　군인이 아닌　　　　　　이주 당하고 있어

evacuated / to Groningen, / Friesland, / and Gelderland
　　　　그로닝겐,　　　　프리슬란트,　　그리고 헬데르란트로

/ with their children. *Mussert has announced / that if
아이들과.　　　　　　무세르트가 발표했어

they get as far as here with the invasion / he'll put on a
만약 연합군이 여기까지 침공한다면　　　　　자기도 군복을 입겠다고.

uniform. Does that old fatty want to do some fighting?
　　　　그 늙은 뚱보가 싸움을 하고 싶을까?

He could have done so / in Russia before now. Some
할 수도 있었지　　　　　전에 러시아에서.

time ago / Finland turned down a peace offer, / now the
얼마 전에　판란드가 평화 제안을 거부했어.

negations have just been broken off again, / they'll be
지금은 교섭이 다시 결렬되었어,

sorry for it later, / the silly fools!
나중에 후회할 거야,　　바보들!

How far do you think / we'll be on July 27?
얼마나 진전될 거라고 생각하니　7월 27일에는?

Yours, Anne
안네가

Friday, 21 July, 1944
1944년 7월 21일 금요일

Dear Kitty,
키티에게,

Now I am getting really hopeful, / now things are going
이제 정말 희망을 갖게 되었어,　　　모든 것이 마침내 잘 되어가고 있거든.

well at last. Yes, / really, / they're going well! Super
　　　　그래,　정말,　연합군은 잘하고 있어!　굉장한 소식이 있어!

news! An attempt has been made on Hitler's life / and
히틀러를 암살하려는 시도가 있었는데

not even by Jewish communists / or English capitalists
심지어 유대인 공산주의자나　　　영국인 자본주의자도 아니고

negation 반대의 진술 | count 백작 | Divine 신의 | Providence 섭리, 신의 | get off 면하게 되다 | culprit
범인, 죄인 | pit 지옥, 나락 | dictator 독재자 | tarry 머무르다 | on purpose 일부러, 고의로 | advantageous
유리한 | impeccable 결점이 없는, 나무랄 데 없는

/ this time, / but by a proud German general, / and what's
이번에는,   자부심 있는 독일 장군이래,   더구나,

more, / he's a count, / and still quite young. The Führer's
백작이고,   아직 꽤 젊대.   총통의 목숨은 무사하고

life was saved / by Divine Providence / and, unfortunately,
신의 뜻에 따라,   그리고, 불행히도,

/ he managed to get off / with just a few scratches and
면하게 되었어   단지 몇몇 찰과상과 화상만 입고.

burns. A few officers and generals / who were with him /
몇몇 장교와 장군이   히틀러와 함께 있던

have been killed and wounded. The chief culprit was shot.
죽거나 부상 당했어.   주동자는 사살되었어.

Anyway, / it certainly shows / that there are lots of officers
어쨌든,   확실히 보여 주는 사건이지   장교나 장군이 많이 있다는 것을

and generals / who are sick of the war / and would like to
전쟁에 염증을 느끼고   보고 싶어 하는

see / Hitler descend into a bottomless pit. When they've
히틀러가 끝이 없는 나락으로 떨어지는 것을.   히틀러를 제거하고 나서,

disposed of Hitler, / their aim is to establish a military
그들의 목적은 군 독재자를 세우는 거야,

dictator, / who will make peace with the Allies, / then they
연합군과 평화 협정을 맺는,   그리고 의도하

intend / to rearm and start another war / in about twenty
는 것이지   재무장해서 다른 전쟁을 시작하려는   약 20년 후에.

years' time. Perhaps the Divine Power tarried on purpose
어쩌면 신의 힘이 고의로 늦추는 것일지도 몰라

/ in getting him out of the way, / because it would be
히틀러를 제거하는 것을,   훨씬 더 쉽고 이익이 클 테니까

much easier and more advantageous / to the Allies / if the
연합군에게

impeccable Germans kill each other off; / it'll make less
결점을 잡을 수 없는 독일인들이 서로를 죽인다면;   일이 줄어들 것이고

work / for the Russians and the English / and they'll be
러시아나 영국에게   시작할 수 있을 거야

able to begin / rebuilding their own towns / all the sooner.
자기 나라의 재건을   훨씬 일찍.

* 네덜란드 국가사회주의당 당수

But still, / we're not that far yet, / and I don't want to
하지만 아직,   거기까지는 가지 않았고,   예견하고 싶지 않아

anticipate / the glorious events / too soon. Still, / you
영광스러운 사건들을   너무 일찍.   그래도,

must have noticed, / this is all sober reality / and that
네가 알아야만 해,   이것은 과장하지 않은 현실이고

I'm in quite a matter-of-fact mood / today; / for once, /
꽤 객관적으로 상황을 보고 있어   오늘;   한번은,

I'm not jabbering about high ideals. And what's more,
높은 이상만을 지껄이지는 않을 거야   그리고 더구나,

/ Hitler has even been so kind / as to announce / to his
히틀러는 친절하기까지 하다니까   발표할 정도로

faithful, devoted people / that from now on / everyone
자신의 충직하고, 헌신적인 군대에   지금부터

in the armed forces / must obey the Gestapo, / and that
군대에 있는 모든 사람은   게슈타포에게 복종해야만 하고,   어떤 군인이라도

any soldier / who knows / that one of his superiors was
알고 있는   상관이 관련되었다는 것을

involved / in this low, cowardly attempt upon his life /
히틀러를 암살하려는 비열하고, 비겁한 시도에

may shoot the same on the spot, / without court-martial.
즉석에서 총살할 수 있다는 것을,   군법 회의 없이.

Key Expression !

what is more : 더욱이

what is more는 '더욱이, 게다가'라는 의미로 앞에서 말한 내용에 대해 추가하는 뜻을 내포한 접속사입니다. in addition + more의 의미가 내포되고 있습니다.

▶ what is more : 더욱이
▶ what is better : 금상첨화
▶ what is worse : 설상가상

ex) And what's more, Hitler has even been so kind as to announce…
그리고 더구나, 히틀러는 발표할 정도로 친절하기까지 하다…

sober 과장이 없는, 사실을 왜곡하지 않은 | matter-of-fact 있는 그대로의, 객관적인 | jabber 지껄이다 | on the
spot 즉석에서, 당장 | court-martial 군법 회의 | shamble 수라장 | snap at 딱딱거리다, 날카롭게 말하다 | tick
off 발끈하게 하다 | eternal life 영원한 생명 | eternal death 영원히 구원 없는 사멸 | take the lead 선두에
서다, 지도적 위치를 차지하다 | prospect 가망, 가능성 | dearie 사랑하는 사람 | contradiction 모순

What a perfect shambles it's going to be. Little Johnnie's
완벽한 수라장이 되고 말 거야.   어린 조니라는 병사의 발이

feet begin hurting him / during a long march, / he's
아프기 시작하고   행군하는 동안,

snapped at by his boss, / the officer, / Johnnie grabs his
보스가 호통을 치면,   장교인,   조니는 총을 잡고 소리지르는 거야:

rifle and cries out: / "You wanted to murder the Führer, / so
                              "총통을 암살하려고 했으니,

there's your reward." One bang / and the proud chief / who
대가를 받아라."   총소리가 울리고   거만한 상사는

dared to tick off little Johnnie / has passed into eternal life
감히 어린 조니를 발끈하게 한   영원한 삶으로 가 버리는 거야

/ (or is it eternal death?). In the end, / whenever an officer
(영원한 죽음인가?).   결국,   장교가 병사를 거스를 때마다.

finds himself up against a soldier. Or having to take the
                                                  혹은 명령해야 할 때마다,

lead, / he'll be wetting his pants from anxiety, / because the
          걱정으로 바지가 젖게 될 거야,

soldiers will dare to say / more than they do. Do you gather
병사들은 감히 말할 때니까   허락되는 것보다 더 많이.   조금이라도 알겠니

a bit / what I mean, / or have I been skipping too much /
         내가 의미하는 바를,   아니면 내가 너무 많이 건너 뛰었니

from one subject to another? I can't help it; / the prospect
이 주제 저 주제로?   어쩔 수 없어;   가능성이

/ that I may be sitting on school benches / next October /
   내가 학교 벤치에 앉아 있을지도 모른다는   오는 10월에는

makes me feel far too cheerful / to be logical! Oh, dearie
나를 너무 쾌활하게 만들어서   논리적일 수 없어!   아, 나 좀 봐,

me, / hadn't I just told you / that I didn't want to be too
         방금 말하지 않았니   너무 희망적이 되고 싶지는 않다고?

hopeful? Forgive me, / they haven't given me the name /
용서해 줘,   내게 그 별명을 주지는 않았을 거야

"little bundle of contradictions" / all for nothing!
"꼬마 모순덩어리"   이유도 없이!

Yours, Anne
안네가

311

Tuesday, 1 August, 1944
1944년 8월 1일 화요일

Dear Kitty,
키티에게,

"Little bundle of contradictions." That's how I ended /
"꼬마 모순덩어리."   이 말로 끝맺었는데

my last letter / and that's how I'm going to begin / this
지난번 편지를   이 말로 시작하려고 해   이번 편지를.

one. "A little bundle of contradictions," / can you tell me
"꼬마 모순덩어리"라니,   정확하게 말할 수 있니

exactly / what it is? What does contradiction mean? Like
무슨 뜻인지?   모순이 무슨 뜻이지?

so many words, / it can mean two things, / contradiction
다른 많은 단어들처럼   두 가지를 의미할 수 있어

from without / and contradiction from within.
밖에서 볼 때의 모순과   안에서 볼 때의 모순.

The first is the ordinary / "now giving in easily, / always
첫 번째 것이 보통   "쉽게 굴복하지 않고,

knowing best, / getting in the last word," / *enfin*, / all
항상 아는 체 하며,   말 끝에 끼어드는"이라는 의미야,   결국,

the unpleasant qualities / for which I'm renowned. The
모든 불쾌한 특성들이지   내가 이름이 알려지게 된.

second nobody knows about, / that's my own secret.
두 번째는 아무도 몰라,   그것은 나만의 비밀이야.

I've already told you before / that I have, / as it were, /
이전에 말했었지   가지고 있다고,   이를테면,

a dual personality. One half embodies / my exuberant
이중인격을.   한쪽 성격은 구체화 된 것이지   생기에 넘치는 쾌활함과,

cheerfulness, / making fun of everything, / my high-
모든 것을 재미있어 하는 태도,

spiritedness, / and above all, / the way I take everything
기개 높음,   그리고 무엇보다도,   모든 것을 가볍게 받아들이는 모습이.

lightly. This includes / not taking offense / at a flirtation,
이것은 포함해   화를 내지 않는 것도   추근대는 것이나,

---

without ~외부, 외면 | renowned 유명한, 이름 높은 | as it were 말하자면, 이를테면 | embody 구체화하다 |
exuberant 생기에 넘치는 | high-spiritedness 기개 있음, 혈기 왕성함 | take offense 화를 내다

/ a kiss, / an embrace, / a dirty joke. This side is usually
키스, 포옹, 지저분한 농담에는. 이런 면은 보통 숨어서 기다리고

lying in wait / and pushes away the other, / which is
있다가 다른 면을 밀어내고 나타나지,

much better, deeper and purer. You must realize / that
훨씬 좋고, 깊이 있고, 순수한. 깨달아야만 하고

no one knows Anne's better side / and that's why most
아무도 안네의 좋은 면을 모른다는 것을 그렇기 때문에 대부분의 사람들이

people / find me so insufferable.
날 구제불능으로 여기는 거야.

Certainly I'm a giddy clown / for one afternoon, / but
확실히 내가 경박한 광대가 되었다가 어느 날 오후에, 다음 순간

then / everyone's had enough of me / for another month.
모두 날 질려하도록 만들지 한 달 동안은.

Really, / it's just the same / as a love film is / for deep-
정말로, 똑같은 거야 연애 영화가 깊이 생각하는

thinking people, / simply a diversion, / amusing just for
사람들에게는, 단지 기분 전환이며, 그저 한 번 즐기는 것처럼,

once, / something which is soon forgotten, / not bad, /
금방 잊혀지는 것이지. 나쁘지 않지만,

but certainly not good. I loathe having to tell you this, /
확실히 좋지도 않지. 이런 말하기는 정말 싫지만,

but why shouldn't I, / if I know / it's true anyway? My
왜 하면 안 되는 걸까, 알고 있는데 어쨌든 사실이라는 것을?

lighter superficial side / will always be too quick / for
더 가볍고 피상적인 면이 항상 너무 빠르기 때문에

the deeper side of me / and that's why it will always win.
내 깊은 면보다 그래서 언제나 이기는 쪽은 피상적인 편이지.

You can't imagine / how often I've already tried / to push
상상할 수 없을 거야 내가 이미 얼마나 자주 노력했는지

this Anne away, / to cripple her, / to hide her, / because
이런 안네를 밀어내고, 무력하게 하고, 감추고,

after all, / she's only half of what's called Anne: / but it
무엇보다, 그런 모습은 안네의 절반의 모습일 뿐이니까:

doesn't work / and I know, / too, / why it doesn't work.
하지만 소용없었고 알아, 역시, 왜 소용없었는지.

I'm awfully scared / that everyone / who knows me as
핑장히 겁이 나   모든 사람들이   평소의 내 모습을 나로 알고 있는

I always am / will discover / that I have another side, /
                    발견할까 봐   내게 다른 면이 있다는 것을,

a finer and better side. I'm afraid / they'll laugh at me,
더 좋고 착한 면이.   두려워   날 비웃을까 봐,

/ think I'm ridiculous and sentimental, / not take me
어리석고 감상적이라고 생각할까 봐,   날 진지하게 받아들이지

seriously. I'm used to not being taken seriously / but it's
않을까 봐.   심각하게 받아들이지 않는 것에 대해 익숙하지만

only the "lighthearted" Anne / that's used to it / and can
그것은 단지 "속 편한" 안네야   익숙하고   참을 수 있는;

bear it; / the "deeper" Anne is too frail for it. Sometimes,
"속 깊은" 안네는 역시 그런 일에 연약하지.   가끔은,

/ if I really compel the good Anne / to take the stage / for
내가 진짜 좋은 안네에게 억지로 시키면   무대를 차지해 보라고

a quarter of an hour, / she simply shrivels up / as soon as
15분 정도,   그런 안네는 무력해져서

she has to speak, / and lets Anne number one take over, /
입을 열자마자,   1번 안네에게 자리를 내어 주고,

and before I realize it, / she has disappeared.
나도 모르는 사이에,   사라져 버리지.

Therefore, / the nice Anne is never present / in company,
그래서,   착한 안네는 결코 나오지 않고   사람들 앞에,

/ has not appeared one single time / so far, / but almost
단 한 번도 나타나지 않았지만   지금까지,

always predominates / when we're alone. I know exactly
거의 항상 지배하지   혼자 있을 때는.   정확하게 알고 있어

/ how I'd like to be, / how I am too…inside. But, / alas,
내가 어떤 사람이 되고 싶은지,   내가 역시 어떤 모습인지…내면이.   하지만,   아,

/ I'm only like that for myself. And perhaps that's why,
혼자 있을 때뿐이야.   그리고 아마 그래서,

---

lie in wait 숨어서 기다리다 | insufferable 견딜 수 없는, 참을 수 없는 | giddy 경박한, 충동적인 | diversion
기분 전환 | superficial 피상적인 | cripple 무력하게 하다, 손상시키다 | lighthearted 근심이 없는, 속 편한 |
frail for 연약한 | compel 억지로 시키다, 무리하게 시키다 | shrivel up 무력해지다, 약해지다 | in company
사람들 앞에서 | predominate 우세하다, 압도하다

/ no, / I'm sure it's the reason / why I say / I've got a happy
아니야, 그것이 이유인지 확실하지 않아　나는 왜 말하고　내면에 행복한 성격을

nature within / and why other people think / I've got a
가졌다고,　왜 다른 사람들은 생각하는지

happy nature without. I am guided by the pure Anne within,
외면이 행복한 성격이라고.　내면의 순수한 안네에게 이끌리지만,

/ but outside / I'm nothing but a frolicsome little goat /
외적으로 보면　천방지축 어린 염소일 뿐이야

who's broken loose.
고삐가 풀린.

As I've already said, / I never utter my real feelings / about
이미 말한 대로,　난 진짜 감정을 말하지 않아

anything / and that's how I've acquired the name / of
그래서 이름을 얻게 되었지

chaser-after-boys, / flirt, / know-all, / reader of love stories.
남자를 따라다니는 애,　바람둥이,　아는 체 박사,　연애 소설 독자라는.

The cheerful Anne laughs about it, / gives cheeky answers,
쾌활한 안네는 그런 말을 웃어 넘기고,　건방지게 대답을 하고,

/ shrugs her shoulders indifferently, / behaves as if she
무관심하게 어깨를 으쓱하고,　상관하지 않는다는 듯 행동해,

doesn't care, / but, / oh dearie me, / the quiet honest, / then
그렇지만,　아 사랑하는 나는,　솔직히,

I must admit / that it does hurt me, / that I try terribly hard
인정해야겠어　그런 말로 상처 입고,　엄청나게 노력한다는 것을

/ to change myself, / but that I'm always fighting / against a
내 자신을 바꾸려고,　그렇지만 항상 싸우고 있다는 것을

more powerful enemy.
더 강한 적과.

A voice sobs within me: / "There you are, / that's what's
어떤 목소리가 내 안에서 울면서 말해:　"그것 봐라,　그렇게 됐어:

become of you: / you're uncharitable, / you look supercilious
넌 인정 없고,　거만하고 고집스러워 보여,

and peevish, / people dislike you / and all because you won't
사람들은 널 싫어해　모두 듣지 않기 때문에

listen / to the advice given you / by your own better half."
네게 말하는 충고를　네 좋은 반쪽이."

Oh, / I would like to listen, / but it doesn't work; / if I'm
아, 듣고 싶지만, 되지 않아;

quiet and serious, / everyone thinks / it's a new comedy /
내가 만약 조용하고 심각하면, 사람들은 생각하지 새로운 코미디라고

and then I have to get out of it / by turning it into a joke, /
그러면 벗어나야만 해 농담으로 바꿔서,

not to mention my own family, / who are sure to think I'm
우리 가족에게도 말하지 않고, 그리고 가족들은 내가 아프다고 확신하고,

ill, / make me swallow pills / for headaches and nerves, /
약을 삼키게 하며 두통과 신경 과민을 위한,

feel my neck and my head / to see whether I'm running a
목과 머리를 만져 보며 열이 있는지 보려고,

temperature, / ask if I'm constipated / and criticize me / for
변비가 있는지 물어보며 날 꾸중하지

being in a bad mood. I can't keep that up: / if I'm watched
토라져 있다고. 이런 것을 견딜 수 없어: 이 정도까지 보게 되면,

to that extent, / I start by getting snappy, / then unhappy, /
난 무뚝뚝해지기 시작했다가, 다음 순간 불행해져서,

and finally I twist my heart round again, / so that the bad
마침내 마음을 다시 돌려, 나쁜 면이 밖으로 나오고

is on the outside / and the good is on the inside / and keep
좋은 면은 안으로 들어가서

on trying to find a way of becoming / what I would so like
계속해서 될 수 있는 길을 찾을 수 있도록 내가 정말 되고 싶은 사람이,

to be, / and what I could be, / if···there weren't any other
그리고 내가 될 수 있는 사람이, 만약···사람들이 없다면

people / living in the world.
세상에 사는.

Yours, Anne
안네가

frolicsome 까불며 장난치는 | break loose 도망치다, 떠나다 | sob 흐느끼며 말하다 | uncharitable 무자비한,
신랄한 | supercilious 거만한, 오만한 | peevish 성격이 비뚤어진, 고집스러운 | keep up 유지하다 | snappy
무뚝뚝한

A. 다음 문장을 해석해 보세요.

(1) Why do they make / still more gigantic planes, / still heavier bombs and, / at the same time, / prefabricated houses for reconstruction?
→

(2) My start has been so very full of interest, / and that is the sole reason / why I have to laugh / at the humorous side of the most dangerous moments.
→

(3) What one Christian does is / his own responsibility, / what one Jew does is / thrown back at all Jews.
→

(4) The prospect / that I may be sitting on school benches next October / makes me feel far too cheerful / to be logical!
→

B. 다음 주어진 문구가 알맞은 문장이 되도록 순서를 맞춰 보세요.

(1) 이렇게 해서 우리에게 식사 한 끼를 줄여 주지.
(saves / This / meal / us / a)
→

(2) 나는 외롭다고 느꼈지만, 절망에 빠진 적은 거의 없어.
(felt / despair / but / I / ever / in / lonely, / hardly)
→

(3) 아빠를 내 본보기로 삼아서, 더 나은 사람이 되겠어.
(I will / I will / Daddy / as / improve / example, / my / take / and)
→

A. (1) 사람들은 왜 더욱 많은 거대한 비행기와 더욱 무거운 폭탄을 만들면서 동시에 재건을 위한 조립식 주택을 만드는 걸까? (2) 내 삶의 시작은 흥미거리로 가득했고, 그것이 이 모든 순간에도 웃어야 하는 순간을 발견해 웃어야 하는 유일한 이유야. (3) 기독교인 한 사람이 한 일은 자기 자신의 책임이지만, 유대인

(4) 어느 나라도 아무런 가치 없는 일에 자국민을 희생시키지 않을 거야.
(nothing / country / for / No / going / its / is / sacrifice / to / men)
→

C. 다음 주어진 문장이 본문의 내용과 맞으면 T, 틀리면 F에 동그라미 하세요.

(1) It became difficult to get some food.
(T / F)

(2) The war situation turned in the favor of the Allied Forces.
(T / F)

(3) They heard the news that the Führer had been murdered.
(T / F)

(4) Anne couldn't be logical because of the despair that she couldn't come back to her school again.
(T / F)

D. 의미가 비슷한 것끼리 서로 연결해 보세요.

(1) revolt   ▶   ◀ ① perfect
(2) culprit   ▶   ◀ ② rebellion
(3) impeccable   ▶   ◀ ③ shrivel up
(4) cripple   ▶   ◀ ④ criminal

Afterword

Anne Frank's diary ends here.

It is a work utterly complete in itself, and its eloquence requires no further comment. But the experiences Anne described become perhaps even more meaningful when seen in their immediate historical context.

후기

안네 프랑크의 일기는 여기서 끝난다.

이 작품은 그 자체로 완벽하며, 문체는 더 이상의 설명이 필요 없다.

하지만 그 당시의 역사적 맥락에서 본다면 안네가 묘사했던 경험은 아마 더욱 더 의미가 있는 것이 될 것이다.